ببليوغرافيا
إعلام وأعلام
معجم المقالات الحسينية
للكرباسي
(الجزء الأول)

بيت العلم للنابهين

ص. ب ١٤/٥٧٣٣ ـ المزرعة ـ بيروت ١١٠٥٢٠٧٠ ـ لبنان ـ هاتف: ٠١/٥٥٠٩٩٢

ببليوغرافيا
إعلام وأعلام
معجم المقالات الحسينية
للكرباسي

(الأجزاء: ١ ـ ٥)

إعداد وتعليق
د. نضير الخزرجي

(الجزء الأول)

بيت العلم للنابهين
بيروت ـ لبنان

بسم الله الرحمن الرحيم

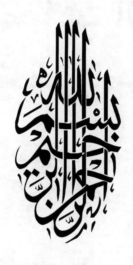

مقدمة الناشر

لم تعد وسائل الإعلام في عصرنا تنحصر بالتلفاز والمذياع والصحيفة والمجلة، ولم يعد دورها محصوراً بنقل الأخبار والأحداث وتحليلها وتداول المعلومات وتقديم البرامج السياسية والثقافية والاجتماعية والعلمية والترفيهية، ولم تعد هي المصادر الأولية للإعلام، إذ شهد العصر الحديث تطوراً تكنولوجياً متميزاً في وسائل الإعلام، من خلال ظهور تقنيات ووسائل إعلامية جديدة، فقد ظهرت المصادر الإعلامية الإلكترونيّة واستخدام الإنترنت، بالإضافة لوسائل التواصل الاجتماعيّ من الفيس بوك واليوتيوب وتويتر وغيرها من البرامج، والتي أصبح لها تأثير مهم وفعال، وربما أكبر من الوسائل الإعلامية التقليدية داخل المجتمعات المعاصرة.

والإعلام في يومنا هذا منقسم إلى إعلام هدام من خلال ما يبثه من برامج تقود المجتمع إلى الانحلال والفساد والتهتك، أو إعلام مضلل كاذب من خلال ما يبثه من أكاذيب متبعاً القاعدة التي تقول: اكذب اكذب حتى يصدقك الناس، وإعلام يسعى إلى بناء المجتمع، وهو ذلك الإعلام الذي يهتم بنشر القيم والأخلاقيات والسلوكيات التي تغير وعي أفراد المجتمع وتأخذ بأيديهم إلى الرقي والتقدم في كل المجالات، الإعلام المعبرعن قيم العدل والحرية والدعوة إلى سيادة القانون، الإعلام الذي ينحاز إلى الطبقات الفقيرة والمظلومة ويمد إليها برامجه، ويحمل كل مشكلاتها، ويضع لها الحلول والأفكار، إعلام الشعب المعبر عن قضاياه وهمومه ومشكلاته، لا إعلام السلطان الذي يتحدث بإسمه ويمجد مواقفه، الإعلام الذي ينقل الأخبار والمعلومات والحقائق من دون تحريف أو تزوير أو تشويه.

ولله الحمد يسجل اليوم حضور كبير لمثل هذه الوسائل الإعلامية، سواء كانت مرئية أو مسموعة أو مقروءة أو كانت وسائل إعلامية أو مواقع تزخر بها شبكة الإنترنت، وقد ساهمت هذه الوسائل وتساهم في نقل القيم والمبادىء الاسلامية والعقائدية والأخلاقية والتاريخية الصادقة.

هذا الكتاب يحصي المئات من وسائل الإعلام التي تتبنى هذا النهج، والهدف من إحصائها أنها نشرت مقالات ودراسات وأبحاث عن الإمام الحسين عليه السلام وأهل بيته وأصحابه وأحداث واقعة الطف، أو لفتت إلى كتب وموسوعات تحدّثت عن تلكم النهضة المباركة، مع الإشارة إلى أن من ضمنها وسائل إعلام غير متخصّصة بالخط الاسلامي، بل هي متنوعة المشارب والأهواء.

وهذه الوسائل الإعلامية ورد ذكرها في خمسة أجزاء من دائرة المعارف الحسينية المتعلقة بباب المقالات الحسينية الصادر منها حتى اليوم سبعة أجزاء، مع الإشارة إلى تاريخ تأسيسها، ومكان صدورها، ومؤسسها أو مؤسسيها، ورؤساء ومدراء تحريرها وسيرهم الذاتية بشكل مختصر، واهتماماتها، ومدى انتشارها، وإن كانت مستمرة بالصدور أو توقفت، أو تحولت إلى أسماء أخرى، ولغتها أو لغاتها، مبوّبة حسب التسلسل الألفبائي، وهو من نتاج الأستاذ الفاضل الدكتور نضير الخزرجي حفظه الله، مع مقدمات وافية في الإعلام والثقافة ووسائل الإعلام ودورها والمقالة، مستشهداً بدراسات قيمة وضعها مؤلف دائرة المعارف الحسينية سماحة آية الله الشيخ محمد صادق محمد الكرباسي دام ظلّه عن هذه المواضيع أدرجها سماحته في أجزاء الموسوعة أو سلسلة الشرائع، كشريعتي الإعلام والثقافة.

هذا الكتاب بحق هو موسوعة إعلامية نظراً لإحصائه هذا الكم الكبير من وسائل الإعلام لاسيما المواقع الإعلامية في الإنترنت، وهو عمل جبار لما يتطلبه إحصاء هذه المواقع من جهد ووقت وبحث وتواصل مع المعنيين، آثرنا وضعه بين أيديكم خدمة لكم وتقديراً لتلك الوسائل الإعلامية.

٢٨/حزيران/٢٠١٩م

٢٥/شوال/١٤٤٠هـ

مقدمة المعد

مـما يجب الإشاره إليه أن الإعلام في الوقت الحـاضر أصبح لـه دور فاعل وكبير في توجيه النـاس إلى ما فيه الخير، وبنفس النسبة فقد تـم توجيههم نحو الشر إن لم يكن أكثر، ويذكر سماحة الدكتور الشيخ محمد صادق الكرباسي مؤلف دائرة المعارف الحسينية في كلماته التي يتحدث فيها أيام الأسبوع في المركز الحسيني للدراسات ولدى الحديث عن دراسة الواقع المر الذي تمر به الأمة الإسلامية بل سائر الأمم أن الإعلام بعدما كانت لـه استقلاليته اختلف عما عليه اليوم حيث أصبح جزءاً من الثلاثي المقدس لدى الدول العظمى حيث أصبحت «السياسة والاقتصاد والإعلام» كتلة واحدة ذات أبعاد ثلاثة، وهذا الاندماج لم يحصل إلا بعد الحرب العالمية الثانية، وقد أصبح فاعلاً في تمزيق الأمم وأعطى نتائجه الفاعلة لصالح القوى المهيمنة على العالم، حالها حال السهم والذي يعرف بثلاث شعب الذي لا يدخل الجسم إلا ويمزقه تمزيقاً ويفعل فعلته النجلاء، فالذين من وراء هذا الاستخدام الثلاثي يسيطرون على السياسة العالمية وعلى الاقتصاد العالمي وعلى الإعلام العالمي، حيث يكسبون من خلال الإعلام الاقتصاد والسياسة، ومن خلال الاقتصاد يسيطرون على السياسة والإعلام، ومن استخدام السياسة يضعون أيديهم على الاقتصاد والإعلام، ومن هنا لا يمكن للمرء دراسة أي واحد منها لوحده، ولا ممارسة الحكم باتجاه واحد من هذه الأبعاد.

ومن يدرس التاريخ يجد أن العالم كان يسير بهذا الاتجاه إلّا إنَّ كل واحد منها كان له دوره وخصوصيته ولم يكن بهذا الشكل من الاتحاد بل كان له الأثر الكبير على الجانب الآخر، فالذي له قدرة مالية بإمكانه أن يجيِّش الجيوش ويحتل دولة بعد أخرى، ومن كان داهية في إدارة الأمور وسير الشؤون لهُ أن يحكم البلاد والعباد، ومن كان ذا سلطة وثراء لديه إمكانية جذب الشعراء والكتّاب والخطباء إلى جانب اتجاهات موافقة لهواه ليلقنهم ما يريده فيمدحونه بانجازات لم يفعلها ويهجون من له فضائل ومكارم وأيادٍ بيضاء على حساب الوجدان والضمير والعقيدة، حسب اتجاه بوصلة مصالح هذا السلطان أو ذاك حسب البازار السياسي ذي الجناحين، إنه بحق تزوير للحقيقة.

ومما يؤسف له أن الإعلام في الأعم الأغلب إذا وقع بيد القابع على كرسي الحكم بالاضطهاد والقهر والظلم فإنه يسخر الأموال التي سيطر عليها من دون حق في توجيه الناس إلى الضلال والانحراف وقلب الحقائق لصالحه ليصبح البريء متهماً والصالح طالحاً والمؤمن فاسقاً، والعكس بالعكس أيضاً ـ يمكن تحققه، بما يهواه القوي وذلك بإرادة ظالمة ونفوس ضعيفة تهفو إلى المال والجاه، وهذا بالفعل ما حدث أيام يزيد بن معاوية(١) عندما سيطر على ناصية الأمة الإسلامية بالقوة والغلبة ووجّه معظم الخطباء وجل الشعراء إلى تثبيت دعائم حكمه الظالم، وتقويض نهضة الإمام الحسين عليه السلام ضد الظلم والطغيان، فنشروا بين الناس بأنه خارجي أراد تفريق الأمة فنزعوا عنه نسبه وعلمه وعدله وحكمته وعصمته، ولكن الحق

---

(١) يزيد بن معاوية: هو حفيد أبي سفيان (صخر) الأموي، ولد عام ٢٥هـ في الماطرون من ضواحي دمشق، تولى الحكم بعد أبيه عام ٦٠هـ، وفي عهده وقعت مأساة كربلاء واستشهاد الإمام الحسين عليه السلام، ثم واقعة الحرة حيث استباح المدينة المنورة، وثالثها ضرب الكعبة بالمنجنيق، مات عام ٦٤هـ، ولم يُعرف له رفات أو قبر، خلفه ابنه معاوية الثاني.

منتصر ولو بعد حين ويُزهق الباطل وتظهر الحقيقة، من هنا فقد أخذ الإعلام الحسيني طريقه باتجاهات مختلفة، وما رصدناه في هذا الكتاب من اتجاه واحد ألا وهو المقالات التي كتبت في النهضة الحسينية المباركة والتي ألقى عليها الضوء الفقيه المحقق آية الله الشيخ محمد صادق الكرباسي[1] في باب (معجم المقالات الحسينية) من أبواب موسوعته الفريدة، والذي قد يصل لوحده إلى أكثر من ثلاثين جزءاً، مع ملاحظة أن الأجزاء ستزداد مع تقدم الزمن، حيث لا يتوقف معين الكتّاب في كل مناسبة ما استمرت عقارب الساعة من الحركة، ولكننا اقتصرنا في الجزء الأول من هذا الكتاب على خمسة أجزاء من الأجزاء السبعة المطبوعة حتى اليوم، حيث أتينا بكل الوسائل الإعلامية التي وردت في مقدمات هذه الأجزاء الخمسة لتكون باقة واحدة يسهل الإطلاع عليها من قبل القراء والباحثين والمهتمين بالشأن الإعلامي والتوثيق المعرفي (ببليوغرافيا الصحافة)، وهي جديرة بأن تطبع لوحدها خدمة للعلم والمعرفة، وقد استفدنا مما كتبه سماحته حول الإعلام

(١) محمد صادق الكرباسي: هو إبن محمد بن أبي تراب (علي) بن محمد جعفر بن محمد ابراهيم بن محمد حسن النخعي الأشتري، فقيه أصولي ومحقق ومفسر وأديب وشاعر وعالم عروضي، ولد في مدينة كربلاء المقدسة يوم ١٣٦٦/١٢/٥هـ (١٩٤٧/١٠/٢٠م)، نشأ ودرس في مسقط رأسه وتخرج من الحواضر العلمية في كربلاء المقدسة والنجف الأشرف وطهران وقم المقدسة، وتتلمذ على أبيه والسيد محمد الشيرازي والسيد روح الله الخميني والسيد أبي القاسم الخوئي، وغيرهم، هاجر إلى إيران قسراً وسكن لبنان وسوريا واستقر في المملكة المتحدة منذ سنة ١٩٨٦م، وفي سنة ١٩٨٧م شرع بكتابة موسوعته الشهيرة (دائرة المعارف الحسينية)، له سلسلة (الشرائع) في ألف عنوان، وتفسير القرآن، وأكثر من عشرين ديوان شعر، إلى جانب مؤلفات أخرى في أبواب مختلفة، أسس وشارك في تأسيس نحو أربعين مؤسسة مختلفة المشارب والأدوار في أكثر من ثمانية بلدان، له شهادات دكتوراه فخرية من جامعات غربية وشرقية نظير جهده المعرفي المتميز، من مؤلفاته الأخرى: هندسة العروض من جديد، الأوزان والمقاييس، سفائن الأمل في الحسين والقلل.

ورتبناه بشكل فنّي بغية سهولة الحصول على المعلومة والسيرة الذاتية للمؤسسين ورؤساء التحرير.

وبحكم عملي كباحث في المركز الحسيني للدراسات، واشتغالي منذ مقتبل العمر في الصحافة والإعلام، فقد أولاني سماحته مهمة بيان تاريخ كل وسيلة إعلامية وردت في الأجزاء الصادرة من «معجم المقالات الحسينية»، وهي مهمة السهل الممتنع، التي وجدت فيها متعة ما بعدها متعة رغم الصعوبات والعقبات الكثيرة التي تكتنف البحث والتنقيب وبيان الغامض من تاريخ كل وسيلة إعلامية وترجمة ذاتية للمؤسس أو رئيس التحرير أو مدير التحرير، ولا أزعم أني أتيت بالكمال من المعلومات، ولكن الجهد المبذول في هذا المجال وسعة صدر المؤلف المحقق الكرباسي في الوصول إلى الكمال بغض النظر عن الوقت والمال، يشفعان لأي تقصير أو قصور أو نقصان في المعلومة، والتفاوت في سعة المعلومات بين وسيلة إعلامية وأخرى يعكس في أحد أوجهه صعوبة الوصول إلى المعلومة، بخاصة وإن معجم المقالات الحسينية ينطوي على وسائل إعلامية بلغات مختلفة، نحتاج في بعضها الاستعانة بمن يجيد هذه اللغة أو تلك، فما يمكننا الوقوف عليه ما كان بلغة عربية أو فارسية أو إنكليزية، وبغيرها نستعين بآخرين، لأن القدر المتيقن كما هو دأب المؤلف الكرباسي الوصول إلى المعلومة، لأن سياسته التوثيق والتثبت من المعلومة وليس التأليف المجرد من أجل التأليف، وهذه سمة إيجابية قلما يمتاز بها كتّاب اليوم.

وسيجد القارئ في الفصول التالية كمّاً من المعلومات المفيدة حول الإعلام وما يحيط به من صغيرة وكبيرة بقلم المحقق الكرباسي أودعها في عدد من مؤلفاته المطبوعة، نشير إليها في محله.

د. نضير الخزرجي

٢٠١٩/٣/٢٧ ـ لندن

الإعلام في اللغة والاصطلاح

قبل الحديث عن وسائل الإعلام الورقية والإلكترونية وشروحاتها الوارد ذكرها في خمسة من أجزاء «معجم المقالات الحسينية» من دائرة المعارف الحسينية، سنتحرك في هذا الفصل وبقية الفصول اللاحقة في دائرة الإعلام وتفاصيلها والدوائر القريبة والبعيدة المتقاطعة مع قطر الإعلام، مستندين بنصوص متونها إلى ما أورده المؤلف المحقق الشيخ محمد صادق الكرباسي في عدد من أبواب الموسوعة الحسينية.

الإعلام في اللغة: هو الإخبار، وفي مصطلح أهل الفن هو التعبير الموضوعي للخبر ومعالجته في إطار عقلية الجماهير بميولاتها المختلفة وتوجهاتها المتباينة.

بشكل عام هو الإخبار بالشيء بغرض أخذ العلم بالموضوع.

الإعلام في الاصطلاح: هو الإخبار بقصد الإشاعة لغرضٍ ما بالوسائل المعدّة لذلك، وهو مأخوذ من أعلمَ بمعنى أخبر، تقول: أخبر زيد عمراً بأن العدو قد هاجم البلدة، ولكن الإعلام من حيث التطبيق والتعامل هو: «عملية إيصال ما يهم إيصاله من الأخبار إلى أكبر عدد ممكن من الناس، ليكون له مردود في الغرض الذي من أجله أُريد إشاعة الخبر»، والخبر من وجهة نظر الإعلاميين هو الإخبار بأمر فيه شيء من الغرابة أو خلاف المتوقَّع، ولذلك يمثلون دائماً بأن الخبر هو أن تقول: «الإنسان عضّ

الكلبَ»، أما إذا قلت: «الكلبُ عضَّ الإنسان» فليس بخبر لأنه أمر مألوف، وأما الأول فليس بمألوف[1].

إن المفردات المستخدمة في هذا المجال تتوزع بين الإعلان والإعلام والدعاية والتي يعايشها المرء يومياً عبر العديد من الوسائل المقروءة والمسموعة والمرئية، وللوصول إلى حقيقتها يحتاج مناقشة طويلة، إلّا إنَّه يمكن اختصارها في الأسطر التالية:

١ ـ الإعلان: هو الإظهار.

٢ ـ الإعلام: هو الإخبار.

٣ ـ الدعاية: هو التبليغ والتبشير (الدعوة).

فالأولان مصدران من باب الإفعال، والثالث مصدر من باب فَعَل الدال على الحرفة كالزراعة.

وأما أهل الفن فقد اختلفوا في تعريف هذه المفردات إلى أقوال وآراء لكن أقربها بعد التعديل كالتالي:

الإعلان: هو فن الإغراء والإيحاء غير المباشر، وعليه فلا يمكن عد الإعلان إخباراً.

الإعلام: هو فن التعبير الموضوعي للخبر ومعالجته في إطار عقلية الجماهير بميولاتها المختلفة[2].

الدعاية: هو فن التأثير والممارسة والسيطرة والإلحاح والتغيير والترغيب[3].

---

(١) راجع: شريعة الإعلام، للكرباسي: ١٣ (مخطوط).

(٢) راجع: الإعلام له تاريخه ومذاهبه: ٢٣، عبد اللطيف حمزة، دار الفكر العربي، القاهرة، ١٩٦٥م.

(٣) الإعلام والدعاية: ١٣٩، عبد اللطيف حمزة، الهيئة المصرية العامة للكتاب، القاهرة=

رغم أن الإعلام ظاهرة من ظواهر القرن الرابع عشر الهجري (القرن العشرين الميلادي) إلّا إنَّ جذوره ضاربة في أعماق الماضي البعيد وقد شهدت تلك العصور الغابرة أشكالاً مختلفة ومتباينة من أشكال الإعلام.

ففي العصور البدائية استخدم الإعلام عبر الحكماء والمعلمين والمنبئين لاستتباب الوضع الداخلي في كثير من البلاد، وفي بداية عصر التاريخ قام الملوك باستخدام الكهنة للتأثير على أتباعهم عن طريق تزويدهم بمعلومات وأنباء تحببهم في نفوس الأتباع من جهة، وتساعدهم على السيطرة عليهم من جهة أخرى.

وكل الشعوب والحضارات والمدنيات القديمة استخدمت الإعلام، وكل حسب طريقته وفهمه فمنهم مَن كان يجسده عبر الاحتفالات، ومنهم من كان يحققه من خلال إقامة المباني العملاقة كما هو الحال عند فراعنة مصر[(١)].

وبهذا القدر نكتفي بتسليط الضوء على مفردة الإعلام، والألفاظ ذات الصلة به، لكن يجب القاء الضوء على الوسائل التي كانت أو ما زالت تستخدم في الإعلام كالخطابة ونظم الشعر المصاحب للخطابة إلى جانب الكتابة في صورتيها القصيرة والطويلة حيث يطلق على الأولى بالمقالة وعلى الثانية بالتأليف، وبيان صور أخرى من الإعلام كالصوت والصورة واللوحة والتمثال والقصص بما يسمح لنا المجال.

=١٩٨٤م. راجع: معجم خطباء المنبر الحسيني، للكرباسي: ١/١٠٤ ـ ١٠٥، محمد صادق الكرباسي، المركز الحسيني للدراسات، لندن ـ المملكة المتحدة، ١٤٢٠هـ (١٩٩٩م).

(١) راجع: معجم خطباء المنبر الحسيني، للكرباسي: ١/٩٩.

أقسام الإعلام وأكثرها فاعلية

إنَّ الإعلام والدعاية صادقتان على الخطابة وبالأخص الحسينية منها، حيث إنَّ الخطيب لا بد وأن يكون تعبيره بشكل موضوعي يتناسب وعقلية الجماهير المحتشدة ذات الاتجاهات المختلفة، ومن جهة أخرى فإن الهدف من ذلك هو ممارسة تغيير الجماهير نحو الأفضل وإلى ما فيه خيرهم.

إذا الخطابة وسيلة من الوسائل الإعلامية وأسلوب من أساليب الدعاية النزيهة.

ولا يخفى أن وسائل الإعلام لا تنحصر في الخطابة بل أن هناك وسائل متعددة إلّا إنَّ جوهرها واحد، فالإذاعة والشاشة الصغيرة «التلفزة» وشبكة الاتصال الدولي «الإنترنت» والصحف بأنواعها المختلفة كلها وسائل إعلامية إلّا إنَّ مآلها إلى الخطابة، فما يكتب في الصحف فهي المقالة المقروءة وهي خطاب مكتوب، وأما ما يلقى في الإذاعات فهو خطاب مسموع، وأما ما ينشر عبر التلفاز فهو خطاب مقروء ومسموع معاً.

إذاً فدور الخطابة وأهميتها لم ينته بعد، بل تعددت جوانبها وأساليبها، فبدلاً من أن يقوم شخص بإلقاء الخطب المباشرة تحول إلى خطاب عبر الآلات، وبدلاً من أن يتجول شخص للدعاية والتبشير تقوم الوسائل الحديثة المعروفة بالتجوال في جميع البيوت والمراكز العامة.

إنَّ الوسائل الإعلامية بدأت ولم تنته بلون معين حيث جاء الشعر والقصة

والكتاب والقلم والمسلسل والصحيفة والمذياع والمحطة المرئية والهاتف النقال إلى غيرها، أصبحت وسيلة إعلامية تستخدم للهدف ذاته، والحديث عن هذا طويل وذو شجون، نذكر ما ورد في شريعة الإعلام لسماحة المؤلف ما نصه :

الإعلام في هذه الأيام خرج من منظوره الأولي، إذ أصبحت الوسائل الإعلامية تُستخدم لأغراض مختلفة أو متعددة المشارب، فعلى سبيل المثال لا الحصر : أصبح وسيلة دعائية للحاكم أو صاحب الوسيلة، أو ترويجاً لبضاعة ما، سواء كانت مادية أو معنوية، ووسيلة لنشر الدعارة والفساد، وطريقا لكشف الشخصيات والنفوس، ووسيلة للترفيه والتفكُّه، ووسيلة علمية وثقافية، ووسيلة اقتصادية وتجارية، إلى غيرها من الأمور الخارجة في الأساس من الغرض الذي أريد له، ولا يعني خروجها اختراقاً لمفاهيم الحياة والتطور، بل اختراقاً لقوانين مهنة الإعلام، وربما في الكثير منها فائدة أكبر من الغرض المنظور الذي من أجله استقل الإعلام في عالم الاختصاص.

وعلى أي حال فإن الإعلام بات من أخطر الوسائل إن لم يكن أخطرها بعد أن تطورت وسائل الإعلام، وأصبحت تخاطب الشعوب بصورة ميسرة ومباشرة بحيث لم يعد هناك ما يفصل بين حدوث الواقعة وحواس الشعوب إلا ثوان معدودة إن لم تكن أقل، وأصبح إلى حد كبير خارجاً عن السيطرة بعد التطور العلمي في صناعة وسائل الاتصالات المرئية والمسموعة والمقروءة، وبات العالم أصغر من قرية بل غرفة صغيرة يمكن استيعاب أخبارها مباشرة من خلال الوسائل المستخدمة، ونحن عندما نتحدث عن الإعلام نتعامل معه كما هو على أرض الحقيقة والواقع ولا نتحدث لدى بيان الأحكام عن الإعلام المثالي أو الإعلام الإخباري، بل نتحدث عن الإعلام الذي دخل كل زوايا البيت وعلى مدى آناء الليل وأطراف النهار،

كهجين متكتل من الدعاية والأخبار والتبشير والميوعة والتثقيف، بغض النظر عن الوسيلة التي تحمل إلينا هذه المعلومات والاشارات في صورتها القائمة والمشرقة من خلال مناهجها المختلفة لجميع الطيف البشري ومراحله.

إن الإعلام بالرغم من أنَّه الوسيلة المُثلى لتثقيف الناس إلّا أنَّه أصبح أداة ذا حدّين، واختلط فيه الحابل بالنابل حتى لم يعد يتميز الخبيث عن الطيب، وقد تكون المعلومة الواحدة تحمل إلى البراعم أكثر من إشارة ملغومة إلّا إنَّها معسولة تارة بالثقافة وأخرى بالترفيه أو غير ذلك، عسى أن تدخل القلوب وتغيّر النفوس وتدير العقول وتصنع الأفكار وتقنن السلوك، وتحصد النتائج لصالح الموجِّه الذي يخطط من وراء الستار وتحت جنح الخفاء وسلطة الممول بسخاء.

وبعدما كان القدامى لا يملكون غير الخطابة أو بعض القصاصين وسيلة أخرى للإعلام، أصبحت الوسائل في يومنا الحاضر متنوعة ومختلفة بحيث لا يمكن استيعابها ولا الإحاطة بها مهما أوتي الإنسان الفرد أو المجتمع من قوة إلا بالإعلام المضاد الذي يكون فيه الإيمان قيد الفتك، وهذا كالقابض على الجمرة في ظروف باتت أشبه بالجحيم[١].

الحديث عن الإعلام لا يقتصر على نشرات الأخبار المسموعة والمنتقاة، حيث لم يرد منها ايصال الحقيقة التي هي من أسس الإعلام بل أريد منها أن تكون موجهة بوجهة معينة، فيأتي المشرف ليستقطع منها ما يشاء ويتلاعب بالكلمات ويقدم جملة على أخرى وموضوعاً على آخر لقلب الحقائق، بل يأتي المحلل السياسي أو الاجتماعي أو.. أو... ليخلق

(١) جاء في الحديث النبوي الشريف: (يأتي على الناس زمان الصابر منهم على دينه كالقابض على الجمر) أمالي الطوسي: ٤٨٤ ـ ٤٨٥ ح١٠٦٠، محمد بن الحسن الطوسي، مؤسسة الوفاء، بيروت ـ لبنان، ١٤٠١هـ.

من اللاشيء شيئاً، ويحلّق في عالم الخيال ويقرأ النوايا كالمبصّرين والسحرة، أو يخلق من الشيء لا شيء، ويمحق الحق بالتشكيك والتعليق وبالغمز واللمز، وتأتي الرسوم المتحركة أو الرسوم المركبة بايحاءاتها لتأخذ دورها المؤثر والساخر في بعض الأحيان وتطغى برسالتها إلى المشاهدين والقراء.

ففي الحقيقة إن الإعلام الذي عبّر عنه بالسلطة الرابعة[1] لأهمية دوره المؤثر في النفوس والعقول كان فنّاً أو علماً مستقلاً بذاته، بُعيد أن ظهرت أهميته وشاع استخدامه إلّا إنَّه تحالف مع السياسة والاقتصاد ليصبح هذا الثلاثي في عالم اليوم هو قطعة كريستال ثلاثية الأضلاع يتلون كل ضلع منها بلون من هذه الألوان الثلاثة ولكنه في الواقع لا يمكن التعامل بأحد الأضلاع لوحده، حيث إنَّ التداخل انقلب إلى التمازج بحيث أصبحت الأمور توضع وتوزن بهذا التثليث الخطير، والأخطر من ذلك أن المادة الإعلامية قد تصنع على قاعدة سياسية أو اقتصادية، ويروَّج لها عبر الوسائل الإعلامية لأغراض سياسية أو اقتصادية، بل تشعل فتيل الحرب لهذه الأغراض، فتتحرك عجلة الاقتصاد عند فئة وتتوقف عند فئة أخرى، والغلبة لمن أحسن استخدام الإعلام لذلك، ومن هذا المنطلق قد لا يكون على أرض الواقع مادة إعلامية ولكنها تبتدع وفي أعقابها تستمر في السياسة والاقتصاد أو معاً، لأن الثلاثة وجوه لعملة واحدة، فكم من كذبة إعلامية تؤدي إلى أزمة سياسية والى حرب ذات دوافع اقتصادية في اتجاهين، نهب الخيرات واستخدام السلاح المفرط في الغالب لتحريك الوضع الاقتصادي.

قد يلاحظ المرء من جهة أخرى أن أحدهم يطلق كذبة على لسان أحد

---

(١) السلطة الرابعة: وهي سلطة الإعلام وسمِّيت بالرابعة بضميمة السلطات: التنفيذية والتشريعية والقضائية.

كبار المسؤولين ليفتعل أزمة سياسية وينشغل العالم بها لتمرر من خلالها صفقات تجارية ومعاهدات أو اتفاقيات، بل وتمرر الكثير من القضايا التي لا ترتضيها الشعوب التي تعيش حالة من الاستقرار بعيداً عن الاضطرابات المفتعلة، وتنشغل حتى تُمرِّر الكثير من تلك المحرمات، وتأتي القوانين الدولية لتُحرِّم على الدول نقض المعاهدات ومخالفة الاتفاقات.

ومما يحز في النفس أنك تعيش في عالم يقال عنه إن التعامل فيه يتم بازدواجية المعايير، ولكن الصحيح ليس بازدواجية التعامل والمعايير بل هي موحدة المعايير والتعامل، ولكن الوسائل المستخدمة قد تروّج لذلك باسم الديمقراطية أو الارهاب أو حرية التعبير أو ما شابه ذلك، وإلا فإنَّ الغرض الأول والنهائي هو المصلحة الذاتية دون غيرها من المعايير التي تعتبر وسيلة تجارية أو بالأحرى دعاية يستخدمها تجّار المال والسياسة بترويج إعلامي مباشر أو غير مباشر عبر عميل أو مستأجر.

وأود هنا الإشارة إلى وجود عصابة تحكم العالم من وراء الكواليس ويمكن مشاهدة نشاطها في كل يوم وفي كل بقعة من بقاع العالم وعندما تبحث عن خيوطها وارتباطاتها تجد أن ما يحدث في أقصى الشرق وأقصى الغرب، وما من مشكلة حدودية إلا وتتعلق بمسألة النفط مثلاً، أو فتنة تتعلق بمناجم الألماس وهكذا وهلمجرا، والإعلام هو اللولب الأول والأخير إذ تجد الوسائل الاعلامية تركز من حيث تشعر وهو الغالب، أو لا تشعر فيمن هي مغلوبة على أمرها ـ والتي لا يمكن أن يحسب لها حساب ـ ناشطة في هذا الاتجاه ثم تخمد وتوجه إلى غيرها وتتحول إلى مرحلة أخرى لتكمل مسيرتها المتشددة، ويتحقق ما لم يمكن تحققه إلا باستخدام الإعلام.

لقد تحدث ذات يوم نظام من الأنظمة الحاكمة عن هلال شيعي وهو يعلم سلفاً أنه لا بد له أن يعتذر عمّا قاله، ولكن عليه أن يطلق هذه الكلمة

لتبنى عليها الأسس، ويأتي بعدها ليعتذر أو يحرّف كلامه وبعد أشهر يأتي يوم آخر وينسب كل الشريحة إلى نظام معين وهو يعلم كذب مدّعاه كما يعلم انه مجرد تأجيج له آثار سلبية ولكن الصحيح انه يعلم أن هذا هو المراد، ويأتي بعد ذلك كصاحبه يعتذر ويصلح الأخطاء، ولكن هناك مراكز دراسات يفترض بها أن تأخذ المعلومة وتبني عليها أسساً علمية وموضوعية لتقول إن هذا التوجس لم يأت عن فراغ ولا بد وأن يكون هناك ما يدعو إلى مثل هذا التوجس، وتخرج الدراسة تلو الأخرى ويأتي دور المفكرين ذوي القوالب الخشبية ليعتمدوا هذه الدراسات ويصيغوا منها فكرة ويصوروها كأنها قضية واقعية وحقيقة ملموسة، وعلى إثرها تذهب المؤسسات الصانعة للقرارات السياسية لتتعامل مع هذه الأفكار والدراسات وتضع الخطط لمكافحة مثل هذه الفكرة المصطنعة على حساب الشعوب أو الدول التي لا تخضع لهيمنة الغول أو العنقاء، وتعمل أقبية أرباب الحرب على الاستعداد لشن الحرب وتوزيع التهم على هذه البقعة أو تلك وتساوم عليها مساومة التجار وتبيع الأفكار والأعمال بأطنان من الأوراق الذهبية أو براميل النفط السوداء، فإن اتفقوا بعد أخْذٍ وَرَدٍّ على الأسعار والبضائع ومدّة التسليم والتسلم صغت لهم الأزلام والعالم، وإن لم يتفقوا من على الطاولة أو من تحتها زمجرت أبواق الحرب واشتغلت مصانع الراجمات والصواريخ والسلاح وفي كلا الحالتين، فالمنشار جارٍ على طبيعته يأخذ في الكرِّ والفَرِّ، وبالطبع الإعلام اللّولب الأول والأخير، والمرافق والمستشار خير منفذ ومعين لهذه الخطة، ولكن يأتي السؤال من الذي يحكم، وهذا السؤال تعرفه تلك الزمرة التي تحاول أن تطغى على هذه المؤامرات التي لم تعد تسمى بمؤامرات بعدما أصبحت طافية على وجه البحر ولكنها تدعي أنها مؤامرات وتأتي لنا بمصطلح تلو الآخر لتقول إن نظرية المؤامرات قد ولّت ولا يصح أن يعتمد على ذلك، نعم إنهم يصدّقون أنها ليست مؤامرات، إنها حقائق نشاهدها

وندركها لحظة بلحظة رغم أنهم يرددون ويصرحون لنا نرجوكم لا تدركوا الحقائق، ابقوا على غفلتكم فإنا على الأبواب، تلك الزمرة تعتبر الحقائق مؤامرات، وتأتي وتفنّد فكرة المؤامرات وهي التي تطل برأسها من هنا وهناك من بلدان الضحية لتتحمل وزر تلك المخططات بتحليلات مأجورة لا سامحهم الله، ودماء الشعوب وجرائم هتك الأعراض ونهب الثروات تقع على عاتقهم وهم جزء من الإعلام، فمتى يتحرر الإعلام ويرجع إلى حضيرته وحضارته[1]؟

---

(١) راجع: شريعة الإعلام، للكرباسي: ١٣ (مخطوط).

الوسيلة الخطابية

لقد تناول المؤلف الكرباسي مفهوم الخطابة كإحدى وسائل الإعلام المهمة والخطيرة على مر التاريخ، وذلك لدى بيانه لأحكامها كما في شريعة الخطابة، حيث ذكر في التمهيد قائلاً:

الخطابة في اللغة: بالفتح مصدر خَطَبَ بالفتح وهي إلقاء الكلام على الغير.

في المصطلح: هو إلقاء الكلام على الجماهير لإيصال فكرةٍ ما.

إنَّ من نعم الله على عباده وعلى الإنسان بالذات والذي جعله أشرف مخلوقاته أن مَكَّنه من التخاطب بالأسلوب الحضاري القابل للتطور دون سائر خلائقه الذين لم يحرموا من التفاهم فيما بين النوع الواحد، فالنملة لها تفاهمها الخاص مع أمثالها، كما أنَّ لكل نوع من الطيور تفاهماً خاصاً بها، وهكذا سواء كان بالصوت أو الإشارة أو العلاقات أو الإشعاعات أو غير ذلك، والمهم أنها غير قابلة للتطور كالذي نشاهده في الإنسان هذا المخلوق الذي قال عنه الباري عزَّ اسمه: ﴿لَقَدْ خَلَقْنَا ٱلْإِنسَٰنَ فِىٓ أَحْسَنِ تَقْوِيمٍ﴾[1]، وقال عز من قائل: ﴿ٱقْرَأْ بِٱسْمِ رَبِّكَ ٱلَّذِى خَلَقَ * خَلَقَ ٱلْإِنسَٰنَ مِنْ عَلَقٍ * ٱقْرَأْ وَرَبُّكَ ٱلْأَكْرَمُ * ٱلَّذِى عَلَّمَ بِٱلْقَلَمِ * عَلَّمَ ٱلْإِنسَٰنَ مَا لَمْ يَعْلَمْ﴾[2]، وقال: ﴿نٓ وَٱلْقَلَمِ وَمَا يَسْطُرُونَ﴾[3]،

---

(١) سورة التين، الآية: ٤.

(٢) سورة العلق، الآيات: ١ ـ ٥.

(٣) سورة القلم، الآية: ١.

وأنزل عليهم الكتب وجعل ألسنتهم مختلفة، ومع هذا يتفاهم أهل اللغات فيما بينهم ويترجمون لغة إلى أخرى ويطوّرون أنفسهم بلغتهم ويضعون لها القواعد والمقررات، كل ذلك من اللطف الإلهي الذي لا يمكن إنكاره.

ووصل الأمر بالبشرية إلى أنْ وضعوا عدداً من العلوم في مجال الخطابة وعدداً آخر حول الكتابة وعدداً آخر حول اللغات وهكذا، إن هذا هو اللطف الإلهي الذي لا يمكن دركه إلا عندما يفتقد، وقد قال الشاعر أبو فراس الحمداني(١) من بحر الطويل:

سَيَذْكُرُني قَوْمي إذا جَدَّ جِدُّهُمْ وفي اللَّيْلَةِ الظَّلْماءِ يُفْتَقَدُ البَدْرُ(٢)

وفي الأثر: «نعمتان مجهولتان الصحة والأمان»(٣)، فمَن هو مُحاط بالنِّعم لا يدرك أهميتها إلا إذا سُلبت منه النعمة، وحتى لا تُسلب منه بل تزداد، عليه أن يشكر ربه عليها، وقد قال تعالى: ﴿لَئِن شَكَرْتُمْ لَأَزِيدَنَّكُمْ﴾(٤)، وشُكر كلّ أمرٍ يجب أن يتناسب مع ذلك الأمر بحكم تناسب الحكم مع الموضوع، ومن هنا جاء عن الإمام جعفر الصادق عليه السلام(٥): «إن

---

(١) أبو فراس الحمداني: هو الحارث بن سعيد بن حمدان التغلبي الوائلي (٣٢٠ ـ ٣٥٧هـ = ٩٣٢ ـ ٩٦٨م)، شاعر وفارس، نشأ وترعرع في مدينة حلب في سورية وقتل في حمص، وله دووابن جمعها ابن خالويه، واهتم الثعالبي بجمع الروميات من شعره في يتيمته.

(٢) ديوان أبي فراس الحمداني: ٦٧، شرح: عباس عبد الساتر، دار الكتب العلمية، بيروت ـ لبنان، ط١، ١٤٠٤هـ (١٩٨٣م).

(٣) شجرة طوبى: ٣٦٨/٢، محمد مهدي المازندراني، منشورات الشريف الرضي، قم ـ إيران، ١٤٠٨هـ.

(٤) سورة إبراهيم، الآية: ٧.

(٥) جعفر الصادق: هو إبن محمد بن علي بن الحسين بن علي بن أبي طالب عليه السلام، الإمام السادس من أئمة أهل البيت عليهم السلام (٨٣ ـ ١٤٨هـ) ولد في المدينة المنورة وفيها قضى نحبه مسموماً ودفن في مقبرة البقيع، تولى الإمامة مع وفاة أبيه الباقر عليه السلام في ٧ ربيع الأول ١١٣هـ، وخلفه في الإمامة إبنه موسى الكاظم عليه السلام، تخرج من مدرسته الكثير من العلماء في العلوم كافة، وإليه يُنسب فقه أهل البيت عليهم السلام.

لكل شيء زكاة وزكاة العلم أن يعلّمه أهله»[1]، اذاً لكل شيء زكاة وزكاة اللسان الذِّكر الحسن والذي منه شُكر الباري جل جلاله وحمده وثناؤه واستخدامه في الخير، وشُكر المعرفة نشرها، وأن الخطابة إحدى الوسائل الفاعلة منذ أن خلق الله آدم عليه السلام وإلى أنْ ينفخ في الصور فإنَّ الإنسان مهما طوَّر نفسه لا يستغني عن الخطاب لإلقاء ما بداخله وما يحمله من أفكار وعليه أن يسيّرها في سبيل الله الذي هو من وراء هذه النعمة، فالشُكر عليه هو إبلاغ ما أوجبه الله على البشرية وفرضَه عليهم ضمن العلاقات الست[2] التي ارتبطت به ولازمته ملازمة الظل للأجسام.

فالإنسان بما إنَّه يرتبط بربِّه يخاطبه بأبلغ الخطاب سواء في خلواته أو على مرأى من الناس وفي تجمعاتهم، ويدعو ليسأله حاجاته ويعترف بذنوبه ويطلب غفرانه، وبما إنَّه يرتبط بنفسه فإنه يجب أن يهدي نفسه بالذي يُرضي ربه وضميره، وبما إنَّه مرتبط بنظيره لحاجته إليه لا بد وأن يتفاهم معه ويستخدم لغة الخطاب ليطلب حاجاته ويلبّي طلباته، وبما إنَّه مرتبط بالجماهير والأمة حيث هو جزء منهم فإن من الضرورة أن يلقي ما يرشدهم إلى الصواب ويجنِّبهم الخراب، وكذلك فإنه لا بد وأن يرتبط بالنظام الذي يحكمه من خلال التطبيقات التي تُفرض عليه، وأما البيئة التي يعيشها ويستفيد منها فهي الأخرى لا بد من مزاولتها ورعايتها، كل ذلك يتم من خلال الخطاب إلى الجماهير في توجيهها نحو الله والنفس والنظير والمجتمع والدولة والبيئة ليكون المرء صادقاً مع الله ومع نفسه ومع الآخرين

(١) بحار الأنوار: ٢٤٧/٧٥، محمد باقر المجلسي، مؤسسة الوفاء، بيروت ـ لبنان، ١٤٠٣هـ.

(٢) العلاقات الست هي: ١ ـ علاقة الإنسان بربه، ٢ ـ علاقة الإنسان بنفسه، ٣ ـ علاقة الإنسان بالفرد الآخر، ٤ ـ علاقة الإنسان بالمجتمع، ٥ ـ علاقة الإنسان بالدولة، ٦ ـ علاقة الإنسان بالبيئة. راجع: الحسين والتشريع الإسلامي: ٣١/١.

ويرشده إلى السبيل المستقيم والطريق الصحيح في التعامل مع كل الجهات التي له علاقة بها، فإذا ما تم ذلك وسلكت الجماهير في المسالك التي يجب أن تسلكها كانت على خير وعمَّت السعادة أرجاء البلاد وأركان العباد.

إنَّ الخطابة كانت ومازالت خطيرة لها تأثيرها المباشر على الجماهير وبالأخص إذا استخدم الخطيب أدواته الصحيحة وتمكن من السيطرة على عقول الناس وكان مسلحاً بسلاح العلم والمعرفة وموشحاً بوشاح التقوى والهداية، فإن كلامه سيكون نافذاً إلى القلوب والعقول وأخذ طريقه إلى السلوك والأفعال وبنى بذلك مجتمعاً فاضلاً بعيداً عما يُعكِّر صفوه ويشتت جمعه، وإنْ كان الأمر بخلاف ذلك وكان الخطيب أو مادة خطابته تجري باتجاه آخر وفيما لا يرضي ربه فإن الويل كلّ الويل على هذه الأمة.

ولا نتحدث هنا عن الخطيب الحسيني فحسب بل الخطباء الإسلاميين وخطباء الجمعة والجماعة والخطباء السياسيين والاجتماعيين وسائر الاختصاصات، الذين أخذوا على عاتقهم التحدث مع الجماهير عبر هذه الوسيلة الحساسة والخطيرة فإنهم مسؤولون، وقد قال تعالى: ﴿وَقِفُوهُمْ إِنَّهُم مَّسْـُٔولُونَ﴾(١)، فإن الله الذي أنعم على الإنسان بالذات بهذه النعمة الكبرى ألا وهي النطق والذي سيحاسبه عليها إن لم يستخدمها فيما يسعده ويرضي ربه إذ يقول له: ﴿أَلَمْ نَجْعَل لَّهُۥ عَيْنَيْنِ * وَلِسَانًا وَشَفَتَيْنِ * وَهَدَيْنَٰهُ ٱلنَّجْدَيْنِ﴾(٢) انه يسأله سؤالاً غاية في الأهمية فأشار إلى العينين كمصدر من مصادر معلوماته واستقائه المعارف والعِبَرْ وأعطاه لساناً ناطقاً لا كلسان الحيوانات وشفتين تتحكَّم في نطقه ليس كما لغيره، وبالإضافة إلى ذلك أعطاه العقل والنفس وعلّمه طريق الخير ليسلكه وطريق الشر ليتجنبه فإنه يجب أن يدرك أن ليس

---

(١) سورة الصافات، الآية: ٢٤.

(٢) سورة البلد، الآية: ٨ ـ ١٠.

شيء من عطاءات الله لا يحاسب عليه: ﴿أَحَسِبَ ٱلنَّاسُ أَن يُتْرَكُوٓاْ أَن يَقُولُوٓاْ ءَامَنَّا وَهُمْ لَا يُفْتَنُونَ﴾[١]، بلى والله سيُمتحنون ويمتحن بعضهم بالبعض الآخر، ففي كل حركة وسكون امتحان وحساب، وفي كل كلمة ألقاها المرء أو حجبها حساب، وفيما يقال: «الساكت عن الحق شيطان أخرس»[٢]، ألم يقل الله سبحانه وتعالى: ﴿أَيُحِبُّ أَحَدُكُمْ أَن يَأْكُلَ لَحْمَ أَخِيهِ مَيْتًا فَكَرِهْتُمُوهُ﴾[٣]، ليس في الأقوال فحسب بل في الأفعال أيضاً: ﴿وَلَا تَجَسَّسُواْ وَلَا يَغْتَب بَّعْضُكُم بَعْضًا﴾[٤]، ﴿إِنَّ رَبَّكَ لَبِٱلْمِرْصَادِ﴾[٥].

هذا وفي الآخرة سنُسأل عن كل صغيرة وكبيرة، وفي مقدمتهم الخطباء الذين لم يحسنوا صنعاً ولم يؤدوا رسالتهم، ولم يتكلموا بما يرضي ضمائرهم ويرضي ربهم ويكون لهؤلاء الجماهير فائدة، وقد قال الإمام السجاد عليه السلام[٦] وهو في مجلس يزيد بن معاوية: «أتأذن لي أن أرقى هذه الأعواد فأتكلم بكلام فيه لله تعالى رضى ولهؤلاء أجر وثواب»[٧]، انه

---

(١) سورة العنكبوت، الآية: ٢.

(٢) تنسب العبارة إلى أبي علي الدقاق الحسن بن علي النيسابوري المتوفى سنة ٤٠٥هـ، وهي قوله: (مَن سكت عن الحق فهو شيطان أخرس) شذرات الذهب في أخبار مَن ذهب: ٥/٤٠، أبو فلاح عبد الحي العكري الحنبلي، تحقيق: محمود الأرناؤوط، عبد القادر الأرناؤوط، دار إبن كثير، دمشق ـ سوريا، ١٤٠٦هـ (١٩٨٦م).

(٣) سورة الحجرات، الآية: ١٢.

(٤) سورة الحجرات، الآية: ١٢.

(٥) سورة الفجر، الآية: ١٤.

(٦) الإمام السجاد: هو علي بن الحسين بن علي بن أبي طالب عليه السلام (٣٣ ـ ٩٢هـ)، الرابع من أئمة أهل البيت عليهم السلام الإثني عشر، ولد في المدينة المنورة وفيها مات وقبره في البقيع، ولي الإمامة بعد استشهاد أبيه يوم عاشوراء سنة ٦١هـ، وخلفه في الإمامة ولده الإمام محمد بن علي الباقر عليه السلام.

(٧) رياض الأحزان وحدائق الأشجان: ١٤٨، محمد حسن القزويني، مؤسسة ولي عصر، لاهور ـ باكستان، ١٤١٠هـ.

سبحانه سوف يُنطق الحجر والمدر والشجر والبشر يوم القيامة ليستشهد بها على فعل العباد وقولهم، وقد قال تعالى عن ساعة الاستنطاق: ﴿حَتَّىٰٓ إِذَا مَا جَآءُوهَا شَهِدَ عَلَيۡهِمۡ سَمۡعُهُمۡ وَأَبۡصَٰرُهُمۡ وَجُلُودُهُم بِمَا كَانُواْ يَعۡمَلُونَ ۝ وَقَالُواْ لِجُلُودِهِمۡ لِمَ شَهِدتُّمۡ عَلَيۡنَاۖ قَالُوٓاْ أَنطَقَنَا ٱللَّهُ ٱلَّذِيٓ أَنطَقَ كُلَّ شَيۡءٖۚ وَهُوَ خَلَقَكُمۡ أَوَّلَ مَرَّةٖ وَإِلَيۡهِ تُرۡجَعُونَ ۝ وَمَا كُنتُمۡ تَسۡتَتِرُونَ أَن يَشۡهَدَ عَلَيۡكُمۡ سَمۡعُكُمۡ وَلَآ أَبۡصَٰرُكُمۡ وَلَا جُلُودُكُمۡ وَلَٰكِن ظَنَنتُمۡ أَنَّ ٱللَّهَ لَا يَعۡلَمُ كَثِيرٗا مِّمَّا تَعۡمَلُونَ ۝ وَذَٰلِكُمۡ ظَنُّكُمُ ٱلَّذِي ظَنَنتُم بِرَبِّكُمۡ أَرۡدَىٰكُمۡ فَأَصۡبَحۡتُم مِّنَ ٱلۡخَٰسِرِينَ﴾[1]، هذا في السِّر، فما بالك ما قاله أو فعله بالعلن، فالخطيب سياسياً كان أو اجتماعياً أو أي شكل من أشكال الخطابة عليه أن يراعي الأمانة والصدق ويختار ما ينفع الناس وما يصلحهم ولا يغالي في الأمور ويسلك بالجماهير نحو المعرفة ولا يغويهم أو يزيد على جهلهم جهلاً أو يكرِّس الجهل حتى وإن كان في الأمور البسيطة.

إن هذا المنصب خطير جداً فلرُبَّ كلمة ضارّة أودت بحياة الكثيرين، ولرُبَّ كلمة نافعة أسعدت جيلاً بكامله، وإن في مثل هذه الأيام التي أصبحت الكلمة لو قيلت في غرفة مغلقة سمعها كل مَن في العالم، لا بد من محاسبة النفس قبل كل شيء، والدقّة في اختيار الكلمات والموضوع، والكلمة في هذه الأيام لها مدلولاتها أكثر من قبل لأنَّ العدو متربص بنا ويريد أن يضرب أحدنا بالآخر لينتصر هو في النهاية، فالحذار الحذار من كلمة تُقال من دون دراسة، والخطيب غير معذور أمام محكمة العدل الإلهية لأنَّ المفروض أنه من ذوي الخبرة والإطلاع ومن ذوي المعرفة والعلم، فالعذر مردود والاعتذار مرفوض.

إنَّ العدو متربص بنا، فلنكن على مستوى المسؤولية والحكمة، فإن كلمة باطلة قيلت من ألف وأربعمائة سنة تجري اليوم كسيف مُسلَّط على رقابنا،

---

(١) سورة فصلت، الآيات: ٢٠ ـ ٢٣.

وإنَّ كلمة الحق التي قيلت آنذاك قادت أمة إلى السعادة، وفي يومنا هذا لا أنسى أن كلمة في الغرب قيلت من خلال بعض وسائل الأعلام حصدت أنفساً بريئة في الشرق، وإنَّ كلمة نُشرت من هنا وهناك فنفخ بها العدو المتربِّص وأثارت موجة سخط وآلت إلى الفتنة، أسكتوا الفتن ولا توقظوها إننا نعيش زمن الفتن، فرحم الله من أخمد الفتن ولم يوقظها.

أرجو أن توضع الأمور في نصابها وأن لا يستأكل بالمادة الدينية أو المعرفية العامة لأغراض شخصية بل الهدف لا بد وأن يكون أسمى ويجب أن نعرف بأن هناك حساباً وكتاباً وأن من ورائنا ثواباً وعقاباً، وحتى لا نخرج عن الخط الإلهي الذي رسمه الله سبحانه وتعالى عبر أنبيائه ورسله فعلينا أن لا نتفوّه بكلمة إلا وندرك أنها مجدية للجماهير وفيها خيرهم وبها توحّد كلمتهم وبها يعلو شأنهم وفيها رضا الله سبحانه وتعالى وخاتم رسله محمد ﷺ وآله الأطهار عليهم السلام[1].

لعل الخطابة تعد أولى الوسائل الإعلامية التي استخدمها الإنسان منذ العصور الأولى وقد درجت عليها كل الحضارات السابقة وما زال دورها كبيراً جداً ولم ينحسر رغم إيجاد وسائل أخرى في المجال الإعلامي، ومن هنا تحدث عنها سماحة الشيخ الكرباسي بشكل علمي لدى حديثه عن الخطابة الحسينية ودورها في مقدمة معجم الخطباء، ومما قاله: مما يجلب الانتباه أن اليونانيين استخدموا فن الخطابة كوسيلة إعلامية لاستقرار حكمهم، وفي هذا المجال يقول حاتم[2]: «كان الإعلام في العصر اليوناني

---

(١) شريعة الخطابة: ١٣ ـ ٢٢، محمد صادق بن محمد الكرباسي، بيت العلم للنابهين، بيروت ـ لبنان، ١٤٤٠هـ ـ ٢٠١٨م.

(٢) حاتم: هو محمد عبد القادر (١٣٣٦ ـ ١٤٣٦هـ = ١٩١٨ ـ ٢٠١٥م)، باحث ووزير واستاذ جامعي ولد في محافظة البحيرة، نشأ ودرس في مسقط رأسه، وواصل الدراسة في القاهرة=

يتمثل في خطابة الخطباء السياسيين وفي الملاحم التي تروي بطولات الحروب في شعر حماسي كإلياذة هوميروس»[(١)].

ولدور الخطباء في تكريس الإعلام وضع أفلاطون كتاب «الخطابة»[(٢)] حيث أورد فيه ما ينبغي أو لا ينبغي قوله للشعب صغيرهم وكبيرهم في دولة مدينته الفاضلة بفرض السيطرة وضمانة ولاء الشعب للقيادة والنظام.

وهذا سقراط[(٣)] هو الآخر عمد إلى المغالطة في النقاش والخطابة وكان غرضه الاستفادة من الخطابة كوسيلة إعلامية يمكن أن يؤثر عبرها على نفوس الجماهير.

وجاء أرسطو[(٤)] فوضع كتابه البلاغة والذي اعتبر فيما بعد من قبل أهل

=ونال الشهادة الجامعية (بكالوريوس علوم عسكرية) من الكلية الحربية، تدرج في الوظائف الحكومية حتى أصبح وزيراً للثقافة والإرشاد القومي (الإعلام)، من مؤلفاته: الإعلام في القرآن الكريم، الأحزاب السياسية في العالم، العولمة ما لها وما عليها.

(١) الإعلام والدعاية نظريات وتجارب: ١٨، محمد عبد القادر حاتم، مكتبة الأنجلو المصرية، القاهرة، ١٩٧٢م.

(٢) أفلاطون: (Plato) (١٠٨٣ ـ ١٠٠٠ ق.هـ = ٤٢٧ ـ ٣٤٧ق.م)، من مشاهير فلاسفة اليونان، ولد في أثينا وفيها مات، تتلمذ على سقراط وتعلم عنده أرسطو، ، له نظريات فلسفية، من مؤلفاته: الجمهورية، السياسي، المحاورات.

(٣) سقراط: (Socrates) (١١٢٧ ـ ١٠٥٤ ق.هـ = ٤٦٩ ـ ٣٩٩ ق.م)، فيلسوف يوناني، ولد في مدينة ألوبيس (Alopece) ومات في العاصمة أثينا التي علَّم فيها وأحدث ثورة في الفلسفة بأسلوبه وفكره، حارب السفسطة، وانتقد النظام القائم فاتهمه خصومه بالزندقة، وحكموا عليه بالإعدام فشرب السم ومات في سجنه.

(٤) أرسطو: أو أرسطاطاليس بن نيكوماخوس (Aristotle Nicomachus) (١٠٣٨ ـ ٩٧٤ ق.هـ = ٣٤٤ ـ ٣٢٢ ق.م) فيلسوف يوناني، ولد في مدينة ستاغيرا (Stagira) وسط مقدونيا ومات في كالسيس (Chalcis)، يعد من كبار المفكرين اليونانيين تتلمذ على يد أفلاطون، تولى تربية الاسكندر الأكبر المقدوني (Alexander III of Macedon)، له: كتاب المقولات، الجدل والخطابة، والنفس وما بعد الطبيعة.

الفن بأنها دراسة للدعاية الكلامية وكأسلوب فني من أساليب الدعاية، وقد كتب أحدهم عن كتابه هذا قائلاً: «إن أرسطو يعود بنا إلى الأرض من جديد فهو في كتابه الخطابة يهيئ لنا أول كتاب عن نوع معين من الدعاية، وتلك دعاية الاستهواء بطرق الكلام والخطابة وما زال هذا الكتاب يعد دراسة منهجية للدعاية الكلامية من ناحيتها الفنية»[1].

وقد اتخذ الرومانيون أسلوباً آخر للدعاية والإعلام وهو طريق التبشير، ولعلهم تعلموها من السيد المسيح عليه السلام الذي كان يسيح في الأرض عارضاً دين الله، وما التبشير إلا نوع من أنواع الإعلام أو الدعاية إنْ صح التعبير.

والعرب في العهد الجاهلي كان لهم دور بارز في وضع معالم الإعلام وقد تمثل في سوق عكاظ، حيث كانت القبائل العربية ترسل أبلغ شعرائها إعلاماً منها عن فصاحتها، وكان الفخر كله للقبيلة التي يفوز خطباؤها وشعراؤها بالقدح المعلى، وأعلى مراتب الفوز كان نيل نتاجهم الأدبي التعليق في الكعبة في عداد المعلقات.

وأما في الإسلام فالملاحظ أن الخطابة كادت أن تكون الوسيلة الإعلامية الوحيدة في عصورها كافة، فالخلفاء والحكام والملوك والسلاطين والأمراء والرؤساء كلهم استخدموا الخطابة كوسيلة إعلامية بارزة في شتى الحقول، وهنا تجدر الإشارة إلى مقارنه سريعة بين الشعر والخطابة فنقول إن أفضل مقارنة بينهما هو أن الشعر والخطابة كفتا ميزان يطلق عليهما الإعلام، فقد ترجح الحالة الاجتماعية إحدى الكفتين وتارة تبقيهما متوازيتين، وللجاحظ[2] مقولات عن الشعر والخطابة يقول فيها: «والخطباء

---

(١) الدعاية السياسية وأثرها على مستقبل العالم: ١٨، لندلي ماكناتن فريزر (Lindley Macnaghten Fraser)، ترجمة: عبد السلام شحاته، القاهرة، ١٩٦٠م.

(٢) الجاحظ: هو عمرو بن بحر المكنى بأبي عثمان (نحو ١٥٨ ـ ٢٥٤هـ) إنما لقب بالجاحظ=

كثيرون في الجاهلية والشعراء أكثر منهم، ومن يجمع الشعر والخطابة قليل[1] - ولقد - كان الشاعر أرفع قدراً من الخطيب وهم إليه أحوج لرده مآثرهم عليهم وتذكيرهم بأيامهم، فلما كثر الشعراء وكثر الشعر صار الخطيب أعظم قدراً من الشاعر[2] - و - كان الشاعر في الجاهلية يقدم على الخطيب لفرط حاجتهم إلى الشعر الذي يقيد عليهم مآثرهم ويفخم شأنهم ويُهوّل على عدوهم ومن غزاهم، ويهيّب من فرسانهم ويخوف من كثرة عددهم فَيَهابَهُمْ شاعر غيرهم ويراقب شاعرهم، فلما كثر الشعر والشعراء، واتخذ الشعر مكسبة ورحل به السوقة وتسرعوا إلى أعراض الناس صار الخطيب عندهم فوق الشاعر»[3].

والملاحظ أن الأوروبيين هم الآخرون استخدموا الخطابة كوسيلة إعلامية ناجحة في تهدئة الأوضاع أو إثارتها فقامت على إثرها دول وسقطت أخرى وعقدت معاهدات وانتفضت ثالثة[4].

=لجحوظ عينيه، ولد وتوفي في البصرة ودرس فيها، من كبار الأدباء، له مؤلفات منها: الحيوان، البخلاء، التاج.

(١) البيان والتبيين: ١/ ٤٥، الجاحظ، تحقيق وشرح: عبد السلام محمد هارون، دار الفكر، بيروت.

(٢) البيان والتبيين: ٤/ ٨٣.

(٣) البيان والتبيين: ١/ ٢٤١، راجع: تاريخ الأدب العربي: ٦/ ٧٦، عمر فروخ، دار العلم للملايين، بيروت، ٢٠٠٦م.

(٤) ويذكر الدكتور محمد عبد القادر حاتم، في مجال الدعاية: «وقد برهن جوهر على حسن سياسته حين لجأ إلى الوسائل السلمية في نشر المذهب الفاطمي ولم يلجأ إلى العنف والشدة فاعتمد على المساجد التي اتخذها كمدارس... وعندما وصل المعز إلى مصر استعان بالشعراء في نشر الدعوة كما استعان بداعي الدعاة في مصر لنشر الدعوة وكان يساعده اثنا عشر نقيباً»، راجع: الإعلام والدعاية نظريات وتجارب: ٧٤ - .

وللمكانة السامية التي تحتلها الخطابة في مجال الإعلام كان هتلر(١) يقول دائماً: «إنَّ الزعيم يلزم أن يكون خطيباً وإنّ فشل الحزب النازي(٢) في البداية يرجع إلى عدم إجادة الخطابة»، وأضاف: «كان أول رئيس للحزب الهر هارير(٣) صحفيا لامعاً مثقفاً ولكنه كان يجهل مخاطبة الجمهور وإثارة حماسته، وكذلك الهر دركسلر(٤) رئيس فرع ميونيخ الذي لم يكن هو الآخر ذا موهبة خطابية»(٥).

أما متى بدأ اهتمام الغربيين والتكتلات الحزبية أو غيرها بالإعلام وأصبحوا يبذلون الأموال بسخاء لتأسيس المؤسسات الضخمة والشبكات

---

(١) هتلر: هو ادولف بن الويس هتلر (Adolf Alois Hitler) ولد عام ١٣٠٧هـ (١٨٨٩م) وقيل انتحر عام ١٣٦٤هـ (١٩٤٥م) زعيم الحزب الوطني الاشتراكي (النازي) في ألمانيا، تولى منصب المستشار في ألمانيا عام ١٣٥٢هـ (١٩٣٣م) ثم رئاسة الدولة عام ١٣٥٣هـ (١٩٣٤م) كان من وراء الحرب العالمية الثانية، يُنسب له كتاب: كفاحي.

(٢) النازية: نسبة إلى النازي (Nazi) اسم أطلق على الحزب القومي الاشتراكي (Nationalsozialistische Deutsche Aceiterparei) في المانيا والذي أسسه هتلر عام ١٣٣٨هـ (١٩٢٠م)، وحكم الحزب النازي المانيا منذ عام ١٣٥١هـ (١٩٣٣م) وحتى عام ١٣٦٤هـ (١٩٤٥م)، مأخوذة من مقطعين من الكلمة الأولى لإسم الحزب.

(٣) هارير: هو كارل هارير (Karl Harrer) (١٣٠٨ـ١٣٤٨هـ = ١٨٩٠ـ١٩٢٦م)، صحافي سياسي الماني، من مؤسسي الحزب النازي تولى رئاسته عام ١٣٣٧هـ (١٩١٩م)، مات في ميونيخ.

(٤) دركسلر: هو انطون دركسلر (Anton Drexler) (١٣٠١ ـ ١٣٦١هـ = ١٨٨٤ ـ ١٩٤٢م)، زعيم حزبي وسياسي ألماني، ولد في ميونيخ وفيها مات، وكان شاعراً، التحق في شبابه بحزب وطن الأجداد، ثم ساهم في تأسيس الحزب النازي وتولى زعامته لفترة ثم تولاها ادولف هتلر، عمل مع هتلر الذي تولى الحكم سنة ١٩٣٣م في الترويج للحكم النازي وبث الدعايات السياسية المناوئة للخصوم والمؤيدة لهتلر وظل في منصبه حتى عام ١٩٣٧م.

(٥) الإعلام والدعاية نظريات وتجارب: ٢٣٦، ويذكر أن هتلر عمد إلى إلقاء خطبة ليلاً وذلك للتأثير النفسي، وقال في ذلك: «فقد تعلمت أن محاضرة في موضوع معين يلقيها المحاضر ليلاً يكون لها وقع أشدّ مما لو ألقاها في النهار» كما إنه كان يصرّ دائماً على الارتجال في خطبه، وانتقد الذين يقرأون من على الورق. راجع: الإعلام والدعاية نظريات وتجارب: ٢٤٠.

العملاقة لغزو العالم سياسياً واقتصادياً واجتماعياً وذلك لكسب الرأي العام والذي هو الضمانة الرئيسة لإقامة الدول وإمرار السياسات باختلاف أشكالها؟

في الحقيقة أن القرن الثاني عشر الهجري (الثامن عشر الميلادي) كان عصر الانعطاف الخطير نحو الإعلام وذلك عندما ظهرت الطباعة الحديثة فولدت عنها الظاهرة الاعلامية الأولى وهي الصحافة، التي بقيت تلعب الدور الأساس في الإعلام دون مزاحم يذكر حتى أوائل القرن الرابع عشر الهجري (العشرين الميلادي) وبالتحديد سنة ١٣٣٨هـ (١٩٢٠م) عندما استخدم الأميركيون المذياع (الراديو)[١] كوسيلة إعلامية فاقت أهميتها على الصحافة، فمنذ ذلك الوقت أصبحت الإذاعة المسموعة الوسيلة الأكثر خطورة في عالم الإعلام، ومع هذا لم يتوقف التطور إلى هذا الحد بل عندما أُكتشف جهاز التلفاز سنة ١٣٤٤هـ[٢] أُعتبر انعطافاً خطيراً في المجال الإعلامي وعَدّوه غزواً مباشراً للأسر والتجمعات، وزاد الأمر أهمية عندما تطور جهاز التلفاز ليصبح البث بالألوان فكان له الأثر البالغ في السيطرة على الرأي العام، وكان اختراعه قد تم عام ١٣٦٣هـ[٣].

---

(١) ذكر ادوارد شو في كتابه (Fixing According to Nawa) أن مخترع المذياع (الراديو) هو المهندس الإيطالي غوغليلمو ماركوني (Guglielmo Marconi) (١٢٩٠ ـ ١٣٥٥هـ = ١٨٧٤ ـ ١٩٣٧م) وذلك في كانون الأول من عام ١٩٠١م (رمضان ١٣١٩هـ)، راجع: جريدة (The Scotsman) الأسكتلندية الصادرة في ١٨/٤/١٩٩٨ (محرم ١٤١٩هـ).

(٢) في عام ١٣٤٣هـ (١٩٢٥م) اخترع المهندس الأسكتلندي جون لوجي برد البريطاني (Jonh Logie Baird) (١٣٠٥ ـ ١٣٦٥هـ = ١٨٨٨ ـ ١٩٤٦م) التلفاز وعرضه عام ١٣٤٤هـ الموافق ١٩٢٦/١/٢٧م، ويدعي الأميركيون أن فيلو فارنزورث (Philo Taylor Farnsworth) المتوفى عام ١٣٩١هـ (١٩٧١م) هو الذي صنع التلفاز عام ١٣٣٨هـ (١٩٢٠م) وهو في الرابعة عشرة من عمره، إلا إنَّ البداية الحقيقية كانت عام ١٣٤٦هـ (١٩٢٧م).

(٣) جاء في جريدة (Seattle Times) الصادرة في واشنطن يوم الجمعة ١٩٩٩/٣/١٩م (ذو القعدة=

ولم يتوقف التقدم الآلي إلى هذا الحد بل اخترع علماء أميركيون بطلب من وزارة الدفاع شبكة الاتصال الكهربي (الإنترنت) بغرض استخدامها في الحرب النووية الاحتمالية كآلة اتصال بين وحدات الجيش وقطعات الجنود المنتشرة بالسرعة المطلوبة[(١)] إلى أمور أخرى. هذا ولا ننسى الدور الإعلامي للمسرح والسينما[(٢)] عبر الأفلام[(٣)] والمسلسلات[(٤)].

❁ ❁ ❁

=١٤١٩هـ) أنَّ البداية كانت عام ١٣٦٣هـ (١٩٤٤م) وذلك أن أستاذ الفيزياء في جامعة جنوب كاليفورنيا البروفيسور ويلارد گير (Willard Geer) قام باختراع التلفاز الملون، إلا أنه دخل في صراع مع بعض المؤسسات فباع اختراعه هذا عام ١٣٦٩هـ (١٩٥٠م) إلى شركة (Technicolor Motion Picture CORP).

(١) جاء عبر (شبكة الاتصال الكهربي) أن البداية كانت في عام ١٣٨٩هـ (١٩٦٩م) عندما أسست أربع جامعات شبكة (Arinet) بتمويل من وزارة الدفاع الأميركية، وكانت تستخدم فقط من قبل الوزراء، إلا أن جامعات ومؤسسات أخرى بدأت بالانضمام إليها، فتطورت إلى ما يعرف الآن بالإنترنت، وفي الثمانينيات أي آخر القرن ١٤ الهجري بدأت الشركات التجارية بالانضمام إلى هذه الشبكة فشاعت.

(٢) جاء في الإعلام الدولي: ٧، لدى الحديث عن تأثير السينما: «أما السينما فلها تأثيرها، ويكفي أن نشير إلى أن المخابرات الأميركية عندما وزعت فيلم الممثلة الأميركية السويدية الأصل جريتا جاربو (Greta Garbo) (١٣٢٣ - ١٤١٠هـ = ١٩٠٥ - ١٩٩٠م) المعنون «نيوتشكا» (Ninotchka) في الأماكن الحساسة سياسياً في إيطاليا قبل انتخابات عام ١٣٦٧هـ (١٩٤٨م) تمكنت من تحويل عدد كبير من الناخبين عن الحزب الشيوعي».

(٣) وعلى أية حال فلا بد أن تكون المقاومة للتيارات المستوردة ليس أقل على شاكلتها، وفق مقولة: «حارب عدوك بسلاحه».

(٤) معجم خطباء المنبر الحسيني: ١/٩٩ - ١٠٤.

الوسيلة التحريرية وحقوق الطبع

تحدث المحقق الكرباسي عن الوسيلة التحريرية تحت عنوان «شريعة الكتابة» في سلسلة شرائعه في ألف عنوان، ممهداً لأحكامها الشرعية بقوله: إن الله سبحانه وتعالى تعامل مع أول إنسان خلقه بالكتابة وذلك حين عرض عليه ذريته، وذكر له قصر عمر داوُد، فقال الله تعالى للملائكة «اكتبوا عليه كتاباً فإنه سينسى، فكتبوا عليه كتاباً وختموه»[1]، وكان أول مَنْ خط بالقلم إدريس عليه السلام[2][3]، وقد أنزل الله على أنبيائه الكتب، فكان أولهم آدم عليه السلام[4] وخاتمهم محمد صلى الله عليه وآله وسلم[5]، وأول ما خاطب به نبينا صلى الله عليه وآله وسلم في القرآن هو قوله

---

(١) الكافي: ٣٤٨/٤، محمد بن يعقوب الكليني، المؤسسة العالمية للخدمات الإسلامية، طهران، ١٤٠١هـ.

(٢) إدريس: هو إبن يارد بن مهلائيل بن قينان بن أنوش بن شيث بن آدم، ولد عام ٦٢٦٨ ق.هـ (٥٤٥٢ ق.م) وعُرج به إلى السماء عام ٥٩٠٣ ق.هـ (٥٠٩٩ ق.م)، أنزل الله عليه ٢٩ كتابا، قيل إن حكماء اليونان كانوا يسمّونه هرمس الحكيم، وجاء اسمه في التوراة اخنوخ.

(٣) تواريخ الأنبياء: ٢١، حسن بن محمد اللواساني، مؤسسة الوفاء، بيروت، ١٤٠٤هـ.

(٤) آدم: أبو البشر وأول الأنبياء، أهبطه الله إلى الأرض سنة ٦٨٨٠ قبل الهجرة وبقي ٩٣٠ عاماً ومات سنة ٥٩٥٠ قبل الهجرة، أنزل الله عليه ٢١ صحيفة.

(٥) محمد: هو أبو القاسم محمد بن عبد الله بن عبد المطلب القرشي (٥٣/٣/١٢ ق.هـ ـ ٢/٢٨/ ١١هـ) وأمه السيدة آمنة بنت وهب الزهرية (٧٧ ـ ٤٧ ق.هـ)، خاتم الأنبياء والرسل، ولد في مكة المكرمة ومات في المدينة المنورة ودفن في حجرته، بعثه الله للناس نبيا في ٢٧ رجب ١٣ ق.هـ، هاجر إلى المدينة وسكنها حتى رحيله، أنزل الله عليه قرآناً مبيناً، أوصى إلى علي بن أبي طالب عليه السلام، ترك خزيناً كبيراً من الأحاديث الشريفة والخطب والكتب والمراسلات.

تعـالــى : ﴿ٱقۡرَأۡ بِٱسۡمِ رَبِّكَ ٱلَّذِى خَلَقَ ۞ خَلَقَ ٱلۡإِنسَٰنَ مِنۡ عَلَقٍ ۞ ٱقۡرَأۡ وَرَبُّكَ ٱلۡأَكۡرَمُ ۞ ٱلَّذِى عَلَّمَ بِٱلۡقَلَمِ ۞ عَلَّمَ ٱلۡإِنسَٰنَ مَا لَمۡ يَعۡلَمۡ ﴾[1]، ومـا ذلـك إلا لـشـرافـة الكـتـابـة والكـتـاب وضـرورتها، كوسيلة علمية لا يمكن الغفلة عنها، فكان الله سبحانه وتعالى أول ما تعاطاه مع أول مخلوقاته، واستمر يتعاطى ذلك، فينزل الكتاب تلو الكتاب حتى تعلّم الكتابة والقراءة، وأخذ يكتب ويصنِّف، وكان أول من صنَّف من الرجال في الإسلام هو علي بن أبي طالب ﷺ[2]، وأول من صنَّف من النساء زوجته السيدة فاطمة الزهراء ﷺ[3] وذلك على عهد الرسول ﷺ، حيث كان الرسول ﷺ يُملي على كل واحد منهما وهما يكتبان، فعُرف ما أَلَّفَتْهُ السيدة فاطمة ﷺ بـ «مصحف فاطمة» حيث يقول عنه الإمام الصادق ﷺ : «ما أزعم أن فيه قرآناً، بل فيه ما يحتاج الناس الينا، ولا نحتاج إلى أحد، حتى أن فيه الجَلدة ونصف الجَلدة وربع الجَلدة، وارش الخدش»[4]، وعُرف ما كتبه أمير المؤمنين ﷺ بـ «الجَفْر» و«الجامعة»، وهما أيضاً كمصحف فاطمة ﷺ، معظمهما في الفقه[5].

---

(1) سورة العلق، الآيات : ١ ـ ٥.

(2) علي بن أبي طالب : هو حفيد عبد المطلب القرشي (٢٣/٧/١٣ ق.هـ ـ ٤٠/٩/٢١هـ)، وأمه فاطمة بنت أسد الهاشمية (٥٣ ق.هـ ـ ٤هـ)، أول الأوصياء والأئمة، ولد في الكعبة المشرفة واستشهد في محراب الكوفة ودفن في الغري (النجف الأشرف)، تولى الإمامة بعد رحيل النبي الأكرم ﷺ سنة ١١هـ كما تولى الحكم سنة ٣٥ للهجرة بعد مقتل عثمان بن عفان، خلفه في الإمامة والحكم نجله الإمام الحسن ﷺ، ترك خزيناً كبيراً من الأحاديث والكتب والخطب.

(3) فاطمة الزهراء : هي بنت محمد بن عبد الله بن عبد المطلب القرشية الهاشمية (٨/٦/٢٠ ق.هـ ـ ١١/٦/٣هـ)، وأمها خديجة بنت خويلد القرشية (٥٦ ـ ٣ ق.هـ)، ولدت في مكة المكرمة وماتت في المدينة المنورة ودفنت في حجرتها جنب حجرة أبيها، سيدة نساء العالمين من الأولين والآخرين، أم الأئمة الأطهار وزوج حيدرة الكرار.

(4) بحار الأنوار : ٢٦/٣٧.

(5) راجع : معجم المصنفات الحسينية : ١/٢٠، محمد صادق الكرباسي، المركز الحسيني للدراسات، لندن ـ المملكة المتحدة، ١٤١٩هـ (١٩٩٩م).

فالكتاب هذا هو الأمر الشريف الذي كان ولا زال همزة وصل بين الحضارات وعمود من الأعمدة الأساسية للثقافة والذي اعتمده الإسلام في حضارته ومعاملاته وسائر شؤونه، كان وما زال جزءاً من ثقافته التي يمتاز بها على غيره من الأديان والحضارات، وإن الآيات الكريمة والأحاديث الشريفة تتحدث عن ذلك بامتياز، وقد أمر الله سبحانه وتعالى في المعاملة أن تكتب العقود لتبقى توثيقاً يُستند اليها، إذ قال جل وعلا: ﴿يَـٰٓأَيُّهَا ٱلَّذِينَ ءَامَنُوٓاْ إِذَا تَدَايَنتُم بِدَيْنٍ إِلَىٰٓ أَجَلٍ مُّسَمًّى فَٱكْتُبُوهُ ۚ وَلْيَكْتُب بَّيْنَكُمْ كَاتِبٌۢ بِٱلْعَدْلِ ۚ وَلَا يَأْبَ كَاتِبٌ أَن يَكْتُبَ كَمَا عَلَّمَهُ ٱللَّهُ ۚ فَلْيَكْتُبْ وَلْيُمْلِلِ ٱلَّذِى عَلَيْهِ ٱلْحَقُّ وَلْيَتَّقِ ٱللَّهَ رَبَّهُۥ وَلَا يَبْخَسْ مِنْهُ شَيْـًٔا ۚ﴾[(١)]، وعلى أثر هذه الآية أسس في العالم وفي جميع الأنظمة الحضارية دائرة «كاتب العدل»، وبقيت سارية المفعول في جميع الأقطار إلى يومنا هذا، من هنا نجد أن أئمة أهل البيت عليهم السلام اهتموا بهذا الجانب، كما أمر الرسول صلى الله عليه وآله وسلم أصحابه بالكتابة والتدوين، وبذلك أصبحت الكتابة جزءاً من سيرتهم وسيرة أتباعهم، فكانوا السبّاقين إلى هذا المفصل الأساس في الحياة الثقافية، ولأجل ذلك فقد كان لهم الدور الأول في وضع العديد من المؤلفات في سائر العلوم التي كانت متداولة، بل كان لهم الدور الريادي في تنظيم هذه العلوم بشكل يسهل التعاطي معها من خلال الكتاب والكتابة، وعلى أثره وضع عدد من علمائنا كتباً في هذا السبق الثقافي تحت عناوين مختلفة منها على سبيل المثال كتاب «تأسيس الشيعة لعلوم الإسلام» للسيد حسن الصدر[(٢)] (قدس الله سرّه).

---

(١) سورة البقرة، الآية: ٢٨٢.

(٢) حسن الصدر: هو ابن هادي بن محمد علي العاملي الكاظمي (١٢٧٢هـ - ١٣٥٤هـ = ١٨٥٦ - ١٩٣٥م)، من أعلام الإمامية وفقهائها، ولد في الكاظمية المقدسة وتوفي فيها، انتقل سنة ١٢٨٨هـ إلى النجف الأشرف ودرس فيها وعاد إلى مسقط رأسه سنة ١٣١٤هـ، من مؤلفاته: مفتاح السعادة وملاذ العبادة، وفيات الأعلام من الشيعة الكرام، سبيل الرشاد في شرح نجاة العباد.

وقد تطورت هذه الوسيلة الشريفة كما تطورت غيرها، فأصبح يُتحدث عنها بالاختصاصات، وتنوعت وتشعّبت، فمنها: التأليف والتصنيف والترجمة والتحقيق والإعداد والفهرسة والشرح والتعليق والاختزال والاقتباس، إلى غيرها، وأصبح لكل واحد منها أسس وقواعد، فدخلت الحياة السياسية والاجتماعية والعلمية والاقتصادية من بابها العريض، ولم يبق في العالَم عِلْمٌ أو فنّ إلا وكان للكتابة والتأليف الدور الأساس فيها.

لقد ظن البعض بعد النقلة الحديثة نحو العقل الآلي والتأليف في الكتابة بالوسائل الحديثة وتطور أساليب التواصل المعرفي أن دور الكتابة قد انتهى وأصبحت شيئاً من القديم، إلّا إنّهم اكتشفوا بعد حين أنّ الكتابة والتأليف لا يمكن الاستغناء عنهما، فلربما تتوزع الأدوار ولكن لا على حساب الآخر، بل إن كل هذا التطور الحادث إنما هو جزء من الكتابة والتأليف، لكن الوسيلة اختلفت هنا، فتحول القلم إلى قلم آخر، وتحول القرطاس إلى شكل آخر، والحبر إلى مادة أخرى، والآلة تبدّلت إلى آلة غير تلك، وإلا فالجوهر واحد، والأمر لا يخرج عن الكتابة والتأليف، وبحثنا هنا يشمله دون ريب أو شك.

ومن جهة أخرى فإن مسألة الحقوق وأهميتها بالنسبة إلى التأليف والكتاب لم تظهر في سالف الزمان ولم تأخذ بُعداً كبيراً لأن الكتاب لم يكن منتشراً بالشكل الذي حدث بعد ظهور الطباعة سنة ٣٢٠هـ، بشكل واسع فيما بعد، رغم أن قيمة الكتاب آنذاك كانت أكبر بكثير من اليوم لأنه كان عزيزاً ونادراً، ولعل أول من تحدث بحق التأليف هو القانون الفرنسي الذي نصّ لأول مرة بهذا الحق سنة ١٢٠٥هـ (١٧٩١م)، ومن بعده أخذت تُتداول في سائر الأقطار والأنظمة حتى أصبح عُرفاً سائداً في العالم أجمع، وأقرّته القوانين المحليّة تبعاً للقانون الدولي، وعلى أساسه تفرّعت العديد من الأحكام والمسائل الشرعية.

ورغم أن الإسلام من أكثر الحضارات التي تحدثت عن الحقوق إلّا إنَّ القدامى لم يتحدثوا عن ذلك لا بالصراحة ولا بالإشارة، مع العلم أن الإمام زين العابدين عليه السلام[1] قد تحدث عن الحقوق جميعها وأشار إلى بعضها بشكل خاص والى بعضها الآخر بشكل يشمل هذا الجانب أي حق التأليف وغيره، وبشكل عام من دون الدخول في التفاصيل، فإنه عليه السلام قسّم الحقوق إلى ثلاثة أقسام:

١ ـ حق ما بين الله وعبده.

٢ ـ حق ما بين الإنسان ونفسه.

٣ ـ حق ما بين الإنسان وغيره[2].

وإذا ما أريد تصنيف حق التأليف والترجمة والتحقيق والطباعة والنشر وما إلى ذلك مما يتعلق بالكتاب فهو من الصنف الثالث، ولكي يتحقق الحق شرعاً لا بد من أحد أمرين:

أ ـ أن يكون من جعل الشرع، كحق الوالدين مثلاً.

ب ـ أو يكون من جعل العُرف ولم يرفضه الشرع، ومتى ما تحقق ذلك أصبح مُلْزِماً بالصورة والشروط التي يمليها الشرع والعُرف.

إنَّ هذه الحقوق المتعلقة بالكتاب هي من الحقوق العُرفية التي لم ينكرها الشرع المبين، وهذا الحق ناشىء عن بذل الإنسان الجهد في هذا المجال، سواء كان من التأليف أو التحقيق أو غيرهما في سبيل انجاز الكتاب تأليفاً أو طباعة أو ترجمة أو غير ذلك، والشرع لم ينكر هذا الجهد الذي بذله

---

(١) زين العابدين: هو الإمام علي بن الحسين بن علي بن أبي طالب عليه السلام (٣٣ ـ ٩٢هـ)، وقد مضت ترجمته.

(٢) راجع: تحف العقول إلى آل الرسول: ١٨٢ ـ ١٨٤ فصل رسالة الحقوق، حسن بن علي الحراني، مؤسسة الأعلمي للمطبوعات، بيروت ـ لبنان

الإنسان في مثل هذا الاتجاه بمقتضى الأصل المعتمد عند الفقهاء «عمل المسلم محترم» الذي هو خلاصة عدد من الآيات والروايات والتي منها قوله تعالى: ﴿وَلَا تَأْكُلُوٓاْ أَمْوَٰلَكُم بَيْنَكُم بِٱلْبَٰطِلِ﴾(١)، وقوله عزّ مِنْ قائل: ﴿أَنِّي لَآ أُضِيعُ عَمَلَ عَٰمِلٍ مِّنكُم﴾(٢)، وقول الرسول ﷺ: «حرمة مال المسلم كحرمة دمه»(٣)، فجاء الفقهاء فقنّنوه ضمن الأصول بمقتضى أصالة احترام عمل المسلم.

ولا يخفى أن مثل هذه الحقوق لها اتجاهان، اتجاه مادي، واتجاه معنوي، فالاتجاه المادي هو استثماره للحصول على بعض الدراهم والدنانير مثلاً، والاتجاه المعنوي اعتباره مؤلف هذا الكتاب أو محققه، وعدم جواز نسبته إلى غيره، وربما مثل هذه الحقوق المرتبطة بالكتاب كغيرها من الحقوق يجوز إسقاطها وبيعها وشراؤها، فكذلك هذه الحقوق يجوز فيها ذلك، وعندها فإنه إذا أسقط حقه المادي لا يسقط حقه المعنوي (الأدبي) ويحق له أن يسقط الحقين.

وما دام الكلام أوصلنا إلى مثل هذا المقام فإن هناك مسألة هي محل ابتلاء المؤلفين والمحققين وأرباب القلم والمعرفة في ظل الأنظمة القمعية الظالمة والتي تمنع الناس من ممارسة حقوقهم العُرفية والشرعية، بل إن أرباب المعرفة والعلم هم أكثر الناس مظلومية من غيرهم فإنهم مضطهدون في معظم بلاد العالم، حيث نجد أن هذه الأنظمة تقمع أفكارهم وهي في نطفتها، وتغتال المعرفة ولا زالت في رحمها، حتى لا تولد، وإن ولدت كانت معوقةً ومشوّهة، كما وتحاصر المؤلفين والكتّاب بدائرة الرقابة التي

---

(١) سورة البقرة، الآية: ١٨٨.

(٢) سورة آل عمران، الآية: ١٩٥.

(٣) تنبيه الخواطر ونزهة النواظر: ١/١١، ورام بن أبي فراس الحلي، دار التعارف، دار صعب، بيروت ـ لبنان.

باتت قيداً يكبّل أفواه أرباب المعرفة قبل أيديهم، وهي من مفارقات هذه الأنظمة التي استُوردت بشكل معلّب إلى الشرق الإسلامي، لكن كتب الإلحاد والفساد حرّة طليقة تحت عنوان حريّة التعبير، ووصل الأمر إلى حد تُهتك الحرمات الإسلامية ومقدسات المسلمين وعلى رؤوس الأشهاد، وفي ظل القوانين التعسفية، ولا يحق لأحد الدفاع عن مثل هذه الحرمات والمقدسات، وتُكمّ الأفواه وتُكبّل الأيدي عن أحداث افتعلوها، بل افترضوها وفرضوا على العالم وجودها ليصل الأمر إلى منع أرباب الفكر مناقشة صحتها بشكل تعسفي، ما يستحق أن يُعاقبوا ويحاسبوا ويودعوا في السجون ويتحملوا المشاق ويتعرضوا للاضطهاد النفسي والتعذيب الجسدي، أية حرية زائفة هذه؟ وأي نفاق وازدواجية هذه؟ وأية أنظمة دجّالة هذه؟

فلم يبق في العالم كلمة حرّة ولا أحرار، بل أصبح الطلقاء أسياداً، وأخذوا يستعبدون الناس بعد أن خلقهم الله أحراراً، فتعساً لهذا الزمان الذي يلجم الأحرار ويجعلهم جلساء بيوتهم، ويتيح الفرصة لعبيد الدرهم والدينار، أو الأمير والسلطان.

أصبح المرء في هذه الأيام يفكر بالكلمة التي يريد أن يطلقها سواء عبر الشفتين أو من خلال القلم والقرطاس أكثر من مرّة ويطيل التفكير لكي لا تسبب له مشكلة، ويتلاعب بالكلمات والحروف حتى يجد طريقه إلى نصّ أبتر أبكم، وهنا تذكرت ما جرى أيام النظام البائد في إيران أن والدي[١] (قدّس سرّه) أراد أن يصدر كتاباً له عن تاريخ كربلاء، وكتب في حديثه عما

(١) والد المؤلف: هو محمد بن أبي تراب علي بن محمد جعفر محمد ابراهيم الكرباسي (١٣٢٤ - ١٣٩٩هـ = ١٩٠٦ - ١٩٧٩م) من أعلام الإمامية وفقهائها ومدرِّسيها، ولد في النجف الأشرف وتوفي في قم بعدما سكن كربلاء لفترة طويلة، من مؤلفاته: السعة والرزق، سلاطين الشيعة، تاريخچة كربلا.

جرى للكعبة من قصف على أيام يزيد بن معاوية، فإذا بالرقابة في طهران تمنع الكتاب! ومن مفارقات هذه الأنظمة المقيتة للأحرار أن المؤلف عليه أن يطبع كتابه ثم يعرضه على الرقابة في طهران قبل النشر، فإن سُمح له نشره وإلا أُحرق الكتاب، فاستنجد بي والدي لكبر سنّه، فوصلت من بيروت إلى طهران، وقابلت المسؤول، فردّ عليّ بأن لنا علاقات طيبة مع المملكة العربية السعودية، ولا يمكن أن نسمح بطبع ما يعكّر صفو هذه العلاقات، قلت له هذا تاريخ قديم لا ارتباط له بهذه الحكومة، فأجابني بأننا لا نريد أن نستفزّ مشاعرهم، وعندها لم أتمالك نفسي، فقلت إن شاهكم (سلطانكم) له علاقات مع الولايات المتحدة الأميركية فلا يمكننا الحديث عما يرتبط بالمسيحية، وإن شاهكم هذا له علاقات طيبة مع اسرائيل فلا يمكننا الحديث عن اليهودية وهكذا، فماذا نكتب عن التاريخ والعقيدة وما إلى ذلك، وهددتهم بالنشر ضدهم في الصحف اللبنانية، فتنازلوا بايجاد مخرج إلى ذلك، وتوصلنا إلى استخدام بعض الضمائر بدلاً عن الاسم الصريح، فأبدلت الصفحة وانتهى الأمر[1].

_____

(١) راجع: شريعة الكتابة، للكرباسي: ١٣ (مخطوط)

الوسيلة الصحفية

إن الصحافة كلمة تشمل الكثير من المفردات والاستخدامات وقد تنوعت عبر التاريخ لتشمل المقالات المحررة والمقروءة وكل منها تتنوع بأنواع مختلفة نذكر جانباً مما أورده المحقق الكرباسي في هذا الاتجاه:

المقالة: مؤنث المقال وهو مصدر من القول وهي في اللغة ما قيل وما تلفظ به المرء وما تكلم، والمقالة هي القول بنفسه، ولكن اصطلح في القرون الأخيرة على قطعة من الكتابة بحيث لا تصل إلى حد كتاب، أو لم يُرد منها صناعة كتاب، ولا نريد الإطالة في معناها الاصطلاحي بعدما شاع استخدامها على كل مقطوعة مكتوبة درج نشرها في الصحف والمجلات وهي لا تشذ عن معناها اللغوي، ولكن الفارق أن المعنى اللغوي أعم من المعنى المصطلح وهو الفارق أبداً بين الاستخدامين اللغوي والمصطلح.

ولا يخفى أن فصلاً من الكتاب أو جزءاً من الكتاب يطلق عليه مقالة أيضاً، وفي الواقع فإن الكتاب هو مجموعة مقالات يجمعها موضوع واحد خاص أو موضوع واحد عام، وربما خرجت عن ذلك فلم تجد ما يربطها إلا كونها مقالات، وربما جمع بعضهم مقالاته في كتاب وأسماها المقالات أو عنونها بعنوان آخر كالكشكول مثلاً أو غيرها من الأسماء والعناوين.

ونحن هنا استخدمنا المفردة بمعناها اللغوي، أي كل ما قيل سواء كان

بالتلفظ المباشر أو بالتلفظ التقديري فالأول يصطلح عليه بالكلمة والثاني يصطلح عليه بالمقالة.

الكلمة: مصطلح قديم وحديث، قديم باعتبارها اللغوي والتي تطلق على كل حديث تكلم به الإنسان، فكل ما نطق به المرء فهو كلمة، وحديث باعتبارها مصطلحاً أدبياً يطلق على المحاضرات التي يلقيها الإنسان في المجالس والاحتفالات أمام الآخرين والذي أخذ اليوم يصطلح عليه بالمحاضرة في قبال القديم الذي كان يصطلح عليه بالخطابة، ولا شك أن بين كل من الكلمة والمحاضرة والخطابة فوارق من حيث اللغة ومن حيث المصطلح ولكن كلها مستخدمة وتنوب إحداها عن الأخرى، ولا حاجة إلى بيان التفاصيل في هذا الجانب لأنها ليست بضرورية ولا تغير من حيث الواقع المعاش شيئاً.

المحاضرة: أصل الكلمة من حضر والتي نقلت إلى باب المفاعلة والتي تستخدم غالباً للمشاركة حيث إنَّ الخطيب أو المتكلم يتحدث لجماعة حضروا خطابه وحديثه، فلذلك فإن المفردة تستخدم في مصطلح الأدباء في الموضوع الذي يلقيه المحاضر أي الخطيب أو المتكلم في محضر من الناس قلّوا أو كثروا.

وأخيراً فمن استخدام أدباء اليوم والواقع المعاش وبالأخص عند أولي المعرفة أن الخطابة إنما تلقى أمام الجماهير في أمور عامة دينية كانت أو سياسية ويجمعها الاجتماع والمجتمع، وأما المحاضرة إنما تلقى أمام أناس من ذوي الاختصاص عادة كما هو الحال في الجامعات أو المراكز الدراساتية، وأما الكلمة إنما تلقى أمام فئة خاصة في الغالب وفي موضوع معين وبمناسبة محددة، وأما المقالة فهي التي تكتب في إحدى وسائل الإعلام المكتوبة كالمجلة والجريدة أو في منشور، أو في صفحات الآلات المرئية كالحاسوب الكهربي (الإلكتروني) أو شاشات المرئيات.

الصحف: اسم يطلق على الإصدارات المكتوبة التي تصدر على نسق واحد إما يومية أو أسبوعية أو شهرية أو فصلية، أو نصف سنوية، أو سنوية، وكل منها يمكن أن تصدر بأشكال مختلفة، فاليومية قد تصدر في اليوم مرتين وقد تصدر في الغداة أو الضحى أو المساء أو ليلاً ولكل منها خصوصياتها ولبعضها أسماء معينة، وكذلك الأسبوعية فقد يصدر البعض منها في الأسبوع الواحد مرتين أو نصف شهرية أو كل شهرين مرة وهكذا.

وفي عالمنا اليوم شاعت الصحف الضوئية (الإلكترونية) التي تنشر الكلمات عبر شاشاتها المقروءة، وقد أخذت تتوسع في مجالها ولربما الكثير من المطبوعات عمدت إلى نشرها من خلالها وتوقفت عن النشر المطبوع وذلك لعاملين: الاقتصاد والسهولة، فالقارىء لا يتكلف دفع ثمن الصحف ولا المضي إلى مراكز البيع لشراء الصحف، ولا الناشر بحاجة إلى صرف الأموال الطائلة لطباعتها ثم نشرها، وأما السهولة فقد كانت السبب في كثرة القرّاء من دون عناء من طرف القارىء، ولا الناشر للتوجه إلى المطابع والناشرين.

المقال والمقالة: مذكر المقالة، شاعت المفردتان بين الكتّاب وإن كانت الأولى أكثر شيوعاً في الخطاب القصير، بينما الثاني أصبح مشاعاً في الكتابة الصحفية، وعلى أي حال فإن المقالة جزء من التأليف، وتاريخ التأليف قديم جداً تحدثنا عنه في مقدمة معجم المصنفات، والمقالة أو المقال فن من فنون التأليف ويرتبط إلى حد بعيد بتاريخ الصحافة لأنها الوسيلة الوحيدة التي كانت في العهد القديم تنشر لصاحب المقال مقالته، ولولا الصحافة لما كُتب المقال، ومن الطبيعي أنه يختص بالنثر دون الشعر فلا يطلق على قصيدة شعرية مقال في الاصطلاح الأدبي، ومن شروط المقالة أن تكون أدبية أي لا تكون سرداً مطلقاً بل إن القارئ يجد فيها

استخداماً أدبياً قد لا يصل إلى حد المقامات المعروفة، ولكنها لا تصنف في غير الأدب، ولذلك قالوا في تعريفها: إنها قطعة أدبية تعكس أفكار كاتبها.

الموضوع: الذي يحمله المقال إلى القارىء فلا يمكن تحديده بموضوع خاص، بل الغرض من وراء كتابته هذه إيصال فكرة إلى القارىء، قد تكون فلسفية وقد تكون تاريخية أو غير ذلك ولكن أسلوبها أدبي حسب الموضوع الذي اختاره صاحبه، وقد يكون الموضوع بحد ذاته أدبياً، وهناك ربما غلب عليه الأدب، وأما الموضوع الفلسفي فلا يمكن صياغته بشكل أدبي تام مائة في المائة لأنه يحتوي على بعض المصطلحات التي قد لا تتناسب مع موضوع الأدب، من هنا نجد أن وصفه جاء بأشكال مختلفة ولكن الجوهر واحد.

وقد عرفه بعضهم من حيث ما يحويه من المواضيع بأنه يعالج بطريقة خاطفة أو غير متسمة بالعمق عادة موضوعاً مفرداً، ويمثل وجهة نظر الكاتب في مسألة معينة، أو حصيلة خبرة من خبراته[(١)].

وقال آخر: بأنه تعبير عن إحساس شخصي أو أثر في النفس، أحدثه شيء غريب، أو جميل، أو مثير للاهتمام، أو شائق، أو يبعث الفكاهة والتسلية[(٢)].

ويركز البعض على حجم المقالة فيرى أن من الضرورة أن لا تكون طويلة بل متوسطة الحجم فلذلك عبر عنها: قطعة مؤلفة متوسطة الطول، وتكون عادة منثورة في أسلوب يمتاز بالسهولة والاستطراد، وتعالج موضوعاً

(١) موسوعة المورد: ٧٤/٤، منير البعلبكي، دار العلم للملايين، بيروت ـ لبنان، ١٩٨٠م.
(٢) دراسات في الأدب العربي الحديث ومدارسه: ٢/ ٤٢٢، محمد عبد المنعم خفاجي، دار الجيل، بيروت ـ لبنان، ١٤١٢هـ.

من الموضوعات، وتكون معالجته على وجه الخصوص من ناحية تأثر الكاتب به[١].

وهنا لا بد من الإشارة إلى أنَّ حجم المقالة يختلف من موضوع إلى آخر وسوف نتحدث عن أنواع المقالة حيث إنَّ الموضوع هو الذي يحدد حجم المقالة بالإضافة إلى المتلقين إن كانوا أهل اختصاص أو كانوا من عامة الشعب.

وهناك من أشار إلى ضرورة وحدة الفكرة لكي تعالج بعض القضايا الخاصة أو العامة معالجة سريعة، وقد ذكر عوض[٢] بأن المقالة الأدبية الموفقة تشعرك وأنت تطالعها أن الكاتب جالس معك يتحدث إليك، وانه ماثل أمامك في كل عبارة وكل فكرة[٣]، وقال نجم[٤]: إنها قطعة نثرية

---

(١) انظر: موقع دائرة المعارف البريطانية (www.britannica.com/art/essay)، وانظر: محاضرات عن فن المقالة الأدبية للدكتور محمد عوض محمد، الهيئة المصرية العامة للتأليف والنشر، القاهرة ـ مصر، ١٩٦٨م.

(٢) عوض: هو محمد عوض محمد (١٣١٣ ـ ١٣٩١هـ = ١٨٩٥ ـ ١٩٧٢م)، من علماء الجغرافيا في مصر وآخر وزير للمعارف في العهد الملكي، ولد في المنصورة وعاش في القاهرة، نشأ في مسقط رأسه والتحق بمدرسة المعلمين العليا، وبسبب نشاطه السياسي أبعد إلى جزيرة مالطا في الفترة ١٩١٦ ـ ١٩١٩م، عاد إلى مصر وحصل على دبلوم المعلمين سنة ١٩٢٠م ثم التحق بالدراسات في ليفربول بالمملكة المتحدة وحصل على الشهادة الجامعية (البكالوريوس) والشهادة العالية (الماجستير) ثم انتقل إلى جامعة لندن وحصل على الشهادة العليا (الدكتوراه) سنة ١٩٢٦م، عاد إلى بلده ومارس التدريس في جامعاتها إلى جانب الكتابة، مدير جامعة الإسكندرية سنة ١٩٥٣م، تولى رئاسة المجلس التنفيذي لليونسكو للفترة ١٩٦٠ ـ ١٩٦٢م، عضو مجمع اللغة العربية، من مؤلفاته: الإستعمار والمذاهب الإستعمارية، سلالات وحضارات أفريقيا، وفن المقال العربي.

(٣) نقود أدبية: مقالات في النقد والأدب: ٢٦٢، زياد محمود أبو لبن، دار الخليج للنشر والتوزيع، عمّان ـ الأردن، ١٤٣٢هـ ـ ٢٠١١م.

(٤) نجم: هو محمد يوسف (١٣٤٣ ـ ١٤٣٠هـ) أكاديمي وأديب فلسطيني، ولد في مجد عسقلان في فلسطين، ومات في المهجر، نشأ في بيروت، وفيها أكمل الدراسات الأولية والجامعية=

محدودة في الطول والموضوع تكتب بطريقة عفوية سريعة، خالية من التكليف والرهق، وشرطها الأول أن تكون تعبيراً صادقاً عن شخصية الكاتب[1].

إن إضافة بعض القيود عليها تخرج الكثير من المقالات من هذا التعريف، نعم إذا كانت المقالة الأدبية نابعة عن القلب أو الفكر وتكتب عند البعض بصورة سريعة فهذا لا يدل على أن الذي يلتزم بالدقة في وضعه للمقالة أن كتاباته لا يقال لها مقالة، فلو قال أفضلها أو أنجعها أو أكثرها دخولاً إلى القلب هي التي كانت كذلك لصدق قوله.

ويأتي تشارلتن البريطاني[2] ليقول: إنها في صميمها قصيدة وجدانية سيقت نثراً لتتسع لما لا يتسع له الشعر المنظوم، ويضيف قائلاً: إن الأسلوب الجيد في المقالة يجب أن يكون ذاتياً فلا يبنى على أساس عقلي ولا يبسط حقائق موضوعية[3].

ومن الواضح أن تشارلتن يتحدث في اختصاصه الأدبي، ولربما صح قوله عن المقالة الأدبية، ولكن لا يمكن تعميمها لا في مجال المقالة الأدبية، ولا في سائر المجالات، وما يشترط فيها من شروط فهي من المحسنات، وربما اختص بعضها بالموضوع الذي يريد التحدث عنه، فلكل

=والماجستير، ونال الشهادة العليا (الدكتوراه) من جامعة القاهرة، وعاد أستاذا في الجامعة الأميركية في بيروت، له نحو ثلاثين مؤلفا، منها: فن القصة، فن المقالة، المسرح الغنائي في مصر.

(١) فن المقالة: ٩٥، محمد يوسف نجم، دار الثقافة، بيروت ـ لبنان، ١٩٦٦م.

(٢) تشارلتن: هو هنري بن بوكلي تشارلتن (Henry Buckley Carlton) (١٣٠٧ ـ ١٣٨٠هـ = ١٨٩٠ ـ ١٩٦١م) أكاديمي وأديب بريطاني، أستاذ الأدب في جامعة مانجستر، له مؤلفات كثيرة وبخاصة في أدب شكسبير، منها: تراجيدية شكسبير، الكوميديا السوداء، الرومانسية في كوميديا شكسبير.

(٣) دراسات في الأدب العربي الحديث ومدارسه: ٤٢٣/٢.

موضوع شروطه وخصوصيته، ومن هنا اختلف الأدباء في تعريفهم للمقالة عن أصحاب العلوم أو الفنون الأخرى والذي يجمع جميعها أن تكون المقالة بشكل تفي بالغرض المطلوب وإلا كان هجواً فكلما كان أبلغ كان وصول الفكرة إلى القارىء أسهل وأسرع، وهذا هو الذي ينبغي أن يلاحظ سواء في الحجم أو في تركيب الكلمات والجمل والمقاطع من الناحية الأدبية، والغموض أو التكلف في تسطير الكلمات له تأثير عكسي في نقل الصورة الصحيحة إلى القارىء، ومن هنا لا بد للكاتب أن يراعي الكثير من الأمور الفنية إن كان هادفاً لأجل إيصال الفكرة كاملة في موضوعه ولو بالإجمال.

أما عن تاريخ كتابة المقالة فإنني أتصور بأن فكرة المقالة جاءت مع فكرة الكتاب والتأليف، لان الكتاب هو عبارة عن فصول عدة، وكل فصل هو مقالة إذ إنَّ المؤلف يسعى إلى تقسيم الكتاب إلى أقسام أو فصول عدة، أو انه يقسمه إلى أقسام عدة ثم إن كل قسم يقسمه إلى فصول عدة ليحمل إلينا كل فصل فكرة مختلفة عن فكرة الفصل الآخر، وربما كانت حلقة من حلقات الموضوع العام هناك ارتباط وثيق بينهما ولكن الموضوع اخذ استقلالية بفصل وإلا لما جاز فصله عن الآخر، وقد سبق وتحدثنا أن تاريخ الكتابة والكتاب يعود إلى عمر البشرية، والفكرة جاءت من السماء من قبل الله جل وعلا حينما أنزل الصحف على آدم عليه السلام وفي الإسلام بدأ بالقرآن، وقد بدأ بالتأليف لأول مرة من الرجال الإمام أمير المؤمنين عليه السلام ومن بين النساء فاطمة الزهراء عليها السلام كما أشرنا فيما سبق[1].

ومن المعلوم أن كل الكتب السماوية لها مقاطع وليست سرداً واحداً، كما في القرآن الكريم فهناك سور وآيات، وكل سورة تحمل لنا فكرة معينة أو عدداً من الموضوعات، وربما تكون السورة الكبيرة فيها مقاطع متعددة

(١) راجع: معجم المصنفات الحسينية: ١/١٨ ـ ٢٠.

حيث نجد في بعضها يتغير الأسلوب والسجع ويتغير الموضوع، وهذا ما نلاحظه في مقالات المحدثين فإنهم بعد فترة يقومون بجمع مقالاتهم من الصف الواحد أو الموضوع الواحد أو المتقارب في كتاب واحد لتكون كل مقالة فصلاً من فصول هذا الكتاب.

ومن هذا التقارب يمكن القول بأن تاريخ المقالة قديم بقدم الإنسان حين كان الله سبحانه وتعالى ينزل على أنبيائه جزءاً مترابطاً يحمل فكرة لإيصالها إلى الناس فهذه مقالة لغوية وان لم يصطلح عليها ولكنها تحمل نفس الفكرة، ولكن من الناحية الفنية فإن المقالة بدأت مع بداية الصحف بأقسامها وأنواعها، وقد سبقها تاريخ التأليف، ولكن عندما ظهرت الصحافة أخذت دورها الحقيقي وأخذت عنوانها المستقل والمصطلح، والصحافة إنما ظهرت بعد ظهور الطباعة الآلية والتي قد تحدثنا عنها في مقدمة معجم المصنفات[(١)].

وأما عن الممارسة الحقيقية لكتابة المقالة فإنها تعزى عند العرب إلى الجاحظ[(٢)] حيث كان هو في طليعة من اشتهروا بذلك وكانت تعرف كتاباتهم بالرسالة[(٣)].

وأما مؤرخو الأدب الغربي فيذهبون إلى أنَّ مخترع هذا الفن هو الكاتب الفرنسي ميشال مونتيني[(٤)] الذي آثر أن يطلق على بحوثه القصيرة اسم

---

(١) معجم المصنفات الحسينية: ١/١١٣.

(٢) الجاحظ: هو عمرو بن بحر بن محبوب الكناني البصري (١٦٣ ـ ٢٥٥هـ = ٧٧٦ ـ ٨٦٨م)، من أئمة الأدب في العهد العباسي، ولد وتوفي في البصرة، ، من آثاره: صياغة الكلام، الحيوان، والبيان والتبيين.

(٣) موسوعة المورد: ٤/ ٧٤.

(٤) ميشال مونتيني: هو إبن بيير (Michel Pierre Eyquem de Montaigne) (٩٤٩ ـ ١٠٠٠هـ =

المقالة (essay)[١]، ومن المعلوم أن هذه المفردة فرنسية وتعني المحاولة[٢] إلّا إنَّها اصطلحت عليها وأطلقت في الغرب على المقالة منذ ذلك الحين، وتعد أولى المقالات الهامة التي كتبت في الأدب باللغة الإنكليزية هي المقالات التي نشرها ابراهام كاولي[٣] ثم آخرون[٤] وتطورت المقالات في الأدب الغربي والعربي حتى عدَ تشارلز لامب[٥] أحد ابرز

=١٥٣٣ ـ ١٥٩٢م)، فيلسوف وأديب فرنسي، ولد في مقاطعة أكيوتاين (Aquitaine) جنوب غرب فرنسا وتوفي في مدينة جاتيان دي مونتيني (Château de Montaigne) حيث كان اللورد فيها ونقل رفاته إلى مدينة بوردیوکس (Boreaux) حيث كان مندوبها في البرلمان، درس في كلية جونيه (College of Guienne) وتخرج من جامعة طولوز (University of Toulouse)، جمعت مقالاته في كتاب كبير، ومن عناوين مقالاته: من النوم (Of Sleep)، ماذا لو ذهب الحاكم بنفسه إلى المحادثات (Whether the Governor Himself Go Out to Parley)، ونظرة حول الحرب وفقا ليوليوس قيصر (Observation on a War According to Julius Caesar).

(١) «Essay»: تعني باللغة الفرنسية «المحاولة». أنظر: الكنز: قاموس عربي فرنسي: ٣٢٦، جروان سالم السابق، دار السابق، بيروت ـ لبنان.

(٢) جاء في المورد: ٣٢٠ «Essay» تعني المفردة بالإنكليزية: المقالة والمقال: المحاولة.

(٣) أبراهام كاولي: هو إبن توماس كاولي (Abraham Thomas Cowley) (١٠٢٧ ـ ١٠٧٨هـ = ١٦١٨ ـ ١٦٦٧م)، شاعر وأديب انكليزي، ولد في لندن وتوفي في جيرتسي (Chertsey) جنوب غرب لندن، من أبرز المساهمين في توطيد دعائم القصيدة في الأدب الإنكليزي، نبغ شاعرا في سن مبكرة، درس في جامعة كامبردج ثم سحبت منه الزمالة اثناء الحرب الأهلية، عاش في فرنسا ثم عاد إلى وطنه ومنحت له الزمالة ونال الشهادة العليا (الدكتوراه في الطب)، مات في الريف ودفن في كاتدرائية وستمنستر (Westminster Abbey)، ترك أربعة عشر ديوانا ومؤلفا منها: أزهار شعرية (Poetical Blossoms)، الحرب الأهلية (The Civil War)، والحارس (The Guardian).

(٤) الموسوعة العربية الميسرة: ١٧٩٢/٢، إشراف: محمد شفيق غربال، دار إحياء التراث العربي، بيروت ـ لبنان

(٥) تشارلز لامب: هو إبن جون (Charles John Lamb) (١١٨٨ ـ ١٢٥٠هـ = ١٧٧٥ ـ ١٨٣٤م)، أديب وناقدي وشاعر إنكليزي، ولد في لندن وتوفي في بلدة إدمونتون (Edmonton) شمال=

كتاب المقال الأدبي في الأدب الإنكليزي كله في حين عد المنفلوطي[١] من ابرز كتاب المقال الأدبي في الأدب المصري على الأقل وما ذكرنا لهما إلا من باب المثال والشهرة في القطرين[٢].

=شرق لندن، أحد أبرز كتاب المقالة وقد نشرت المجموعة الأولى من مقالاته باسم «مقالات إيليا» سنة ١٢٤٨هـ (١٨٣٣م)، من آثاره: النص الفارغ (Blank Verse)، حكايات من شكسبير (Tales from Shakespeare)، السحرة وغيرها من الليالي المرعبة (Witches and Other Night Fears).

(١) المنفلوطي: هو مصطفى لطفي بن محمد لطفي (١٢٩٣ ـ ١٣٤٢هـ = ١٨٧٦ ـ ١٩٢٤م)، من كبار أدباء مصر، ولد في منفلوط ومات في القاهرة، نشأ في مسقط رأسه وانتقل إلى الأزهر في سن مبكرة، ولي أعمالاً كتابية في دوائر رسمية، من آثاره: النظرات، العبرات، ومحاضرات المنفلوطي.

(٢) معجم المقالات الحسينية: ١/١٣ ـ ١٩، محمد صادق الكرباسي، المركز الحسيني للدراسات، لندن ـ المملكة المتحدة، ١٤٣١هـ (٢٠١٠م).

أنواع المقالة

وأما الحديث عن أنواع المقالات فيضيف الأديب الكرباسي قائلاً: المقالات التي تنشر يمكن تصنيفها حسب الموضوع الذي تتبناه المقالة وأقسامها كثيرة بعدد الموضوعات التي تعرض، فهناك المقالة العلمية، والمقالة الاجتماعية، والمقالة السياسية، والمقالة الأدبية، وما إلى ذلك من عناوين، ولكنّ هناك تقسيماً آخر للمقالة وهذا يعتمد على أسلوب البحث، وهو كالتالي:

١ ـ **النقد**: هناك مقالات اتخذت من النقد على ما كتبه الآخرون، أو قالوه أو مارسوه هدفاً، فينتقدهم الكاتب بشكل ايجابي ليصحح الفكرة التي يراها خاطئة وهذا ما يسمى بالنقد البنّاء، وأما النقد لمجرد النقد أو لإسقاط الآخر فهو بعيد من أصحاب الفكر والدين ولا بد أن يتصف الكاتب بالموضوعية والأخلاق.

٢ ـ **الدراسة**: هناك بعض المقالات سِمتُها دراسة موضوع بشكل منهجي للوصول إلى نتيجة قد توضح الكثير من جوانب أية مسألة من المسائل العلمية أو الاجتماعية أو السياسية، فلذلك يجب أن يمتلك الكاتب أدوات التحقيق وله القدرة على التعمق في الموضوع الذي عرضه للدراسة وسبر بواطنه، وهذا يتطلب أن يكون من أهل الاختصاص.

٣ ـ **المناظرة**: في الواقع هي قسم من المقالة النقدية إلّا إنَّها تختلف

عنها في الأسلوب والطرح، وأكثر توجهها يكون في العقيدة، سواء العقائد القديمة منها أو الحديثة أي في الإلهيات أو في الماديات والطبيعيات وما إلى ذلك مما يصورك أنك أمام شخصيتين مختلفتين في الفكر كل يعرض دليله لتكون النتيجة للأقوى دليلاً.

٤ ـ المقالة العادية: وهي أكثرها شيوعاً إذ ينقل فيها الكاتب فكرة قد يستشهد فيها بما يقوي موقعه أو لا يستشهد، وقد يعرض أو يسرد تاريخاً أو حدثاً أو يصف حالة أو أمراً وهذا يعد من أبسط أنواع المقالات.

الصحافة والمقالة:

لاشك أن لظهور الصحافة دوراً كبيراً أو الأبرز في ظهور المقالة والنشر، ومن المعلوم أن تاريخ الصحافة يعود إلى تاريخ الطباعة فقد سبق وقلنا: إن الطباعة الآلية الأولى ظهرت سنة ٨٥٤هـ (١٤٦٤م) في ألمانيا وقد استخدمت على نطاق عالمي ثم شاع استخدامها في بقية الدول الأوروبية ثم في سائر العالم وكانت أول مطبعة آلية دخلت الشرق في سنة ٨٩٦هـ (١٤٩٠م) حيث أنشئت في استانبول وطبعت لأول مرة باللغة العربية ثم دخلت لبنان في أواخر القرن الحادي عشر الهجري (١٧م)، ودخلت العالم الإسلامي في الهند أولاً ثم في إيران سنة ١٠٤٦هـ، وأول مطبعة دخلت العراق كانت في كربلاء أوائل سنة ١٢٧٣هـ[١].

إذن فالارتباط بين الصحافة وتطوير المقالة لا شك فيه ويذكر بعض الناشطين في هذا المجال أن تاريخ المقالة العربية الحديثة يتصل اتصالاً وثيقاً بتاريخ الصحافة في الشرق الأوسط، فهو يرجع إلى تاريخ احتلال

---

(١) راجع: معجم المصنفات الحسينية: ١/ ١١٣.

نابليون[1] للشرق ووجود المطابع الحديثة، وقد ظلت الصحافة لفترة طويلة تحتفظ بطريقة المقال الافتتاحي للجريدة والذي يدور في الغالب حول الموقف السياسي اليومي وما يعرض فيه من الأحوال والتقلبات، وقد ظهر المقال الأدبي إلى جانب المقال الصحفي.

وما يجب الإشارة إليه أن المقال الصحفي صنّف كلونٍ من ألوان المقال ويعد مغايراً للمقال الأدبي، مما جعل البعض يخلط بين ما يرد في الصحافة من مقالات وبين المقالة الصحافية، ففي الحقيقة لا يمكن أن يصنف كل ما ورد في الصحف بالمقالة الصحفية حيث إنَّ الصحيفة ظرف للمقالة الأدبية والفلسفية والسياسية والعلمية وما إلى ذلك، ومن هنا تتصف الصحافة بجميع أقسامها بالفلسفية والسياسية والتاريخية وغيرها، ولذلك لا نستسيغ قول بعضهم عن المقالات التي حملتها الصحف بقولهم: المقال الصحفي يتناول المشكلات القائمة والقضايا العارضة من الناحية السياسية، أما المقال الأدبي فيعرض لمشكلات الأدب والفن والتاريخ والاجتماع، فهذا التصنيف مرفوض، وهذا ناشئ عن الصحف التي صدرت في فترة محدودة لبحث القضايا السياسية والاجتماعية في ظل السياسة القائمة سلباً أو إيجاباً حسب الموالاة للسلطة الحاكمة أو المعارضة لها، وقد غفلوا من أن الصحافة لم تكن في يوم من الأيام إلا مركباً لأصحاب المقالات ممن لهم أهواء سياسية تارة أو أهواء فلسفية أو تاريخية، أو دينية محضة أو غير ذلك.

---

(١) نابليون: هو نابليون بن كارلو ماريا بونابرت (Napoleon Carlo Maria Bonaparte) (١١٨٣ ـ ١٢٣٦هـ = ١٧٦٩ ـ ١٨٢١م)، قائد عسكري وزعيم وإمبراطور فرنسي،، ولد في جزيرة كورسيكا في البحر الأبيض، تولى امبراطورية فرنسا شاباً، قاد حروباً طويلة في أوروبا وخارجها، انهزم في معركة واترلو (Battle of Waterloo) أمام قوات التحالف يوم ١٨/٦/١٨١٥م (١٢٣٠هـ)، وعزل عن الحكم ثم أُبعد إلى جزيرة سانت هيلينا في المحيط الأطلسي وفيها مات.

وبما إنَّ حديثنا هنا في هذا الباب يرتكز على الصحافة حيث هي التي نشرت هذه المقالات فلا بد من تصنيف الصحافة حسب المصطلحات الصحفية لكي تتضح الصورة والمصطلحات.

الصحافة: هي مصدر صحف وهي مأخوذة من الصفحة التي هي جزء من الكتاب أو الشيء المقروء، وفي المصطلح الحديث تطلق الصحافة على العمل الصحفي، ومنها صناعة إصدار الصحف بكل أقسامها وألوانها، وعرضها، بعضهم فسّرها بتفسير أخص قائلاً: «صناعة جميع الأنباء وإبداء الرأي فيها وتقديمها إلى الناس بعد غربلتها بطريقة تعتمد اعتماداً كبيراً على الصورة الممثلة للحدث»[1] وقال آخر: «هي صناعة إصدار الصحف وذلك باستقاء الأنباء وكتابة المقالات، وجمع الإعلانات والصور ونشرها في الصحف والمجلات وتولي إدارتها[2]»[3].

وأما أنواع الصحف المتداولة فيضيف الأديب الكرباسي: قد ينعكس مضمون المقالات المنشورة أو الهدف المنشود لها في نشرها في الصحافة إلى لون من الألوان وهي قابلة لأن توصف بكل ما توصف به الموضوعات وهي كثيرة ولكن يمكن إعطاء المثال لها بالتالي: السياسية، الاقتصادية، الأدبية، العلمية، الفنية، الدعائية.

وقد تقسم وتصنف حسب حجمها والتزامها بالفترات التي تصدرها الإدارة المشرفة عليها ولذلك تسمى بالأسماء التالية:

---

(١) موسوعة المورد: ٦/ ٢١.

(٢) الموسوعة العربية الميسرة: ١١١٥/٢٠، وفيها سرد طويل حول الصحف التي ظهرت لأول مرة في العديد من الدول فلتراجع.

(٣) معجم المقالات الحسينية: ١/٢٤ ـ ٢٦.

١ ـ **الجريدة**: هي الصحيفة التي تنشر يومياً وقد توصف بالنهارية إذا صدرت في النهار، وتوصف بالمسائية إذا نشرت في المساء، وربما صدرت في اليوم الواحد مرتين فقيل لها نصف يومية، والجريدة مؤنث الجريد وهي العصا وقضبان النخل، وبما إنَّها كانت تستخدم للكتابة في بعض الأحيان عرفت عند المهتمين بالصحف التي كان الملوك والسلاطين يكتبون الأوامر السلطانية عليها وكانت طويلة عادة. وقد ورد في الشريعة استحباب وضع جريد النخل الرطب تحت إبط الميت وكتابة بعض الأدعية عليه، ثم انه اصطلح على ما يكتب على الصحف الطويلة أخبار اليوم وتعلق في الأزقة والطرقات، ثم انتقل إلى الإصدارات اليومية فأصبح اليوم علماً فيها.

٢ ـ **المجلة**: مأخوذة من الجُلة بالضم وهي القفة الكبيرة، والجِلّة بالكسر وهو الجمع الجليل من القوم، والجلّى: الخطب العظيم، وجاءت المجلة كاسم أداة للصحيفة التي تحتوي على الأخبار الجلل، واصطلح عند أهل الفن على ما يصدر على شكل كتاب لا على شكل جريدة، وعادة ما تصدر المجلات إما أسبوعية أو شهرية وربما صدرت نصف أسبوعية أو نصف شهرية بل ربما صدرت كل أسبوعين مرة أو كل شهرين مرة، ولا يقال لها مجلة في المصطلح السائد إذا لم تُقرأ على شكل كتاب.

٣ ـ **الفصلية**: نسبة إلى الفصل ومن المعلوم أن السنة مقسمة إلى أربعة فصول الربيع والصيف والخريف والشتاء فإذا صدرت الصحيفة كل ثلاثة أشهر عرفت بالفصلية لأن كل فصل من فصول السنة يحتوي على ثلاثة اشهر، ولا ضرورة لإصدارها على رأس كل فصل بل المهم إصدارها كل ثلاثة اشهر، وتصدر هذه على شكل كتاب.

٤ ـ **الحولية**: نسبة إلى الحول وذلك لصدورها كل سنة مرة واحدة وهي

بالطبع تصدر على شكل كتاب، وربما صدرت كل ستة اشهر ويقال لها نصف حولية بغض النظر عن الفرق بين الحول والسنة[١].

٥ ـ **النشرة**: نسبة إلى النشر وهو الإشاعة وتطلق عند أهل الفن على ما يصدر بشكل غير منتظم أو لمرة واحدة، وربما أطلق على ما يعلقه الطلاب أسبوعياً أو يومياً في المدارس، وعلى كل فالنشرة تقابلها الدورية وهي تشمل الجريدة والمجلة الفصلية والحولية، وجميعها يقال لها الصحيفة.

وهناك صحف آلية ظهرت قبل أكثر من ربع قرن حيث تنشر على الشاشات من قبل الشبكات الخبرية أو المؤسسات ولا تطبع على الورق لسهولة تصنيعها وقلة كلفتها وهي شائعة في هذه الأيام[٢].

---

(١) اختلفت الآراء في التمييز بين السنة والعام والحول والحجة، وبشكل عام: السنة ما كانت معلومة المبدأ والمنتهى من يوم في هذه السنة إلى مثله في السنة التالية، والعام دون ذلك، والحول قيل عشرة أشهر ونصف وقيل هي سنة قمرية مرحلية، والحجة هي سنة قمرية موسمية مثل موسم الحج أو موسم الحصاد، وهناك أقوال أخرى يرجعها أصحابها إلى ما ورد في القرآن الكريم حول العام والسنة والحول والحجة.

(٢) معجم المقالات الحسينية: ١/٢٩ ـ ٣٠.

الوسيلة الإعلانية

قد يكون الإعلان قريناً للإعلام أو جزءاً منه، وعن هذا الموضوع يضيف الفقيه الكرباسي بإيجاز لدى بيان أحكامه في شريعة الإعلان:

الإعلان: هو الإشهار لغةً، واصطلاحاً: هو بغرض الحصول على الزبائن، والدعاية هي الترويج عن شيء أو شخص، وكلاهما سيخدمان في هذا الاتجاه ولكن الإعلان لا يستخدم عادة في الأشخاص بل يخصُّ الأشياء، فمن روَّج عن شخصيةٍ، لا يُقال انه أعلن عنه، ولكن اذا روَّج عن بضاعة يقال له انه قام بالدعاية عن بضاعته، كما يصح أن يُقال إنه أعلن عن بضاعته.

وبشكل عام فإن الإعلان قد لا يكون فيه ترويج وقد يكون، والإعلان مأخوذ من العَلَنِ، في قبال الخَفَاء والسِّر، والدعاية مأخوذة من الدعوة وهي من المفردات الحديثة، وهي نشر الدعوة لشخص أو لحزب أو لمبدأ أو غير ذلك، وقد جمعت هذه الآية المادتين في إرشاد النبي نوح عليه السلام قومه: ﴿ثُمَّ إِنِّي دَعَوْتُهُمْ جِهَارًا * ثُمَّ إِنِّي أَعْلَنتُ لَهُمْ وَأَسْرَرْتُ لَهُمْ إِسْرَارًا﴾(1)، حيث قام نوح عليه السلام بدعوة قومه إلى الله سبحانه وتعالى وأخذ يُعلن عن ذلك، ففي ذلك دعاية وإعلان عن شريعة السماء وما فيها من الخير لهم وما فيها سعادتهم.

إن المفردتين من حيث الاستخدام المنشود حديثة لم يمض عليها قرن

---

(1) سورة نوح، الآيتان: ٨ ـ ٩.

واحد، وإن كانت جذورها قائمة منذ أن خلق الإنسان ولو بشكل من أشكالها ولكن منذ أن أصبح الإعلان والدعاية فَنّاً مستقلاً منذ منتصف القرن العشرين الميلادي (القرن ١٤هـ) أخذ دوراً فاعلاً في حياة الشعوب، ولا بد هنا أن نميِّز حسب المصطلح الحديث بين الإعلام والإعلان وبين الدعاية والدعوة، فالإعلام قد يُستفاد منه في الإعلان، أو يستخدم كوسيلة في ذلك ولكنه يختلف عنه في الاستخدام والأغراض، وإلا فإن معظم الوسائل المستخدمة فيهما واحدة، فالإعلام يستهدف إيصال الحدث الواقع إلى الجماهير وبيان خلفياته وآثاره وسائر التحليلات والدراسة في هذا الاتجاه، وربما شمل ما يمكن نقله من المعارف عبر الوسائل الإعلامية، ولا يختص الحدث بعلم أو معرفة أو بحدث معيّن بل كل شيء تكوَّن منه مادة الخبر فهو مغزاها، فاكتشاف عقار ودواء جديد أو البحث عنه أو كشفه، أو وقوع كارثة أو وقوع حرب أو إبرام معاهدة تهم الأمة أو الشعوب هو من صميم الإعلام، شرط أن يكون له أثر في المجتمع بجميع ألوانه، دينياً كان أو مدنياً أو سياسياً أو عسكرياً أو أمنياً أو غير ذلك.

وأما الوسائل الإعلامية فهي معروفة وموزّعة بين مقروءة أو مسموعة أو مرئية أو ما يقوم مقامها وهذه الوسائل نفسها تستخدم في الإعلان بإضافة اللافتات واللوحات وما إلى ذلك من أمور من رفع الصور أو ارتداء بعض الأزياء أو تسيير بعض الجماعات إلى استخدام مكبرات الصوت إلى غيرها.

وأما الدعاية والدعوة فإن الأولى هي الإعلان ذاته، والثانية تُطلق على التبليغ والإرشاد وان اشتركا معاً في الدعوة إلى فكرة أو بضاعة أو شراء أو بيع أو قبول أو ما شابه ذلك ولكن أصبح لكل واحدة منهما مصطلحٌ، فمَن قام بالتبشير للدين أو تبليغ أحكام الشرع أو إرشاد الناس إلى عمل الخير والنهي عن المنكر أو الأمر بالمعروف لا يسمى بالدعاية وإن شمله المعنى

اللغوي، وكلا المفردتان من مادة واحدة، وربما استخدمت الوسائل نفسها من مكبرات الصوت أو لصق اللوحات أو طباعة الكتب، بل وربما استخدمت الوسائل الإعلامية كالمذياع والشاشة وغيرهما، ولا يخفى أننا بحثنا أحكام الإعلام في شريعته، وأحكام الدعوة في شريعة التبليغ والإرشاد.

وما يجب الإشارة إليه، أن كل شيء يجب أن يخضع للأخلاقية، ويتصف بالمهنيّة والموضوعية، فإذا ما أتصف بذلك وبشكلها الصحيح كان هو المطلوب إسلامياً، لأنَّ الإسلام دين الفطرة، فقد ورد في حديث النبي محمد ﷺ: «كل مولود يولد على الفطرة فأبواه يهوّدانه أو ينصّرانه أو يُمجّسانه»[1] والإسلام دين العقل اذا كان سليماً معافاً، وقد ورد على لسان الفقهاء والأصوليين القاعدة الفقهية: «ما حَكَمَ به العقلُ حَكَمَ به الشَرْع»[2]، وما دور الشرع هنا إلا لتنظيم الأمور لما فيه سعادة الناس وتنظيم شؤونهم والعمل على التوفيق بين مصالح المجتمع، ومن هنا ورد في الحديث النبوي الشريف: «مَن مات وهو لا يعرف إمام زمانه، ماتَ ميتةً جاهليةً»[3]، لأنه لا يعرف معالم دينه، ولا تهتدي الأمة إلا بإمام، بل لا شيء يتمّ إلا بإمام، فقد قال تعالى: ﴿وَكُلَّ شَيْءٍ أَحْصَيْنَٰهُ فِىٓ إِمَامٍ مُّبِينٍ﴾[4]، فالنبي يكون إماما والوصي يكون إماماً والكتاب يكون إماماً، فقد قال تعالى في

---

(١) تفسير التبيان: ٨/ ٢٤٧، محمد بن الحسن الطوسي، مركز الإعلام الإسلامي، قم ـ إيران، ١٤٠٩هـ.

(٢) أصول الفقه: ١/٢٣٦، محمد رضا المظفر، دار التعارف، بيروت ـ لبنان، ١٤٠٣هـ.

(٣) الاقتصاد الهادي إلى طريق الرشاد: ٢٢٦، محمد بن الحسن الطوسي، مكتبة جامع چهلستون، إصفهان ـ إيران، ١٤٠٠هـ.

(٤) سورة يس، الآية: ١٢.

ابراهيم عليه السلام[1]: ﴿إِنِّي جَاعِلُكَ لِلنَّاسِ إِمَامًا﴾[2]، وقال جلّ وعلا عن التوراة: ﴿وَمِن قَبْلِهِۦ كِتَٰبُ مُوسَىٰٓ إِمَامًا﴾[3]، والناس بحاجة إلى إمام ليتبعوه: ﴿يَوْمَ نَدْعُواْ كُلَّ أُنَاسٍ بِإِمَٰمِهِمْ﴾[4]، وحتى الجسم فإنه بحاجة إلى إمام يرشده وهو القلب (العقل) وقد ورد في حديث هشام بن الحكم[5] في نقاشه مع عمرو بن عبيد[6] في البصرة حيث دخل مسجدها يوم الجمعة وحاججه على ضرورة الإمام فقال فيما قال له: ألك قلب؟

قال نعم.

قلت: وما تصنع به؟

قال: أميّز به كلّ ما ورد على هذه الجوارح.

قلت: أفليس في هذه الجوارح غنى عن القلب؟

---

(١) إبراهيم: هو إبن تارخ بن ناحور بن ساروغ بن أرغو بن فالغ بن عابر بن شالخ بن أرفخشذ بن سام إبن النبي نوح عليه السلام (٢٢٤٣ ـ ٢٠٦٨ ق.هـ)، من أنبياء أولي العزم، ولد في الكوفة وتوفي في فلسطين وقبره قائم يُزار في مدينة الخليل، هاجر إلى بلاد الشام ثم الحجاز ورفع بناء الكعبة، أنزل الله عليه صحفا كما ورد ذكرها في القرآن الكريم: ﴿إِنَّ هَٰذَا لَفِى ٱلصُّحُفِ ٱلْأُولَىٰ * صُحُفِ إِبْرَٰهِيمَ وَمُوسَىٰ﴾ [الأعلى: ١٨ ـ ١٩].

(٢) سورة البقرة، الآية: ١٢٤.

(٣) سورة هود، الآية: ١٧.

(٤) سورة الإسراء، الآية: ٧١.

(٥) هشام بن الحكم: هو حفيد منصور الشيباني والكندي بالولاء (ن ١٠٥ ـ ب ١٧٩ هـ)، من أعلام الإمامية ومتكلميها، ولد في الكوفة وسكن بغداد وله فيها تجارة، من أصحاب الإمام جعفر الصادق المتوفى سنة ١٤٨هـ، والإمام موسى الكاظم المتوفى سنة ١٨٣ هـ، من مصنفاته: الإمامة، الرد على من قال بإمامة المفضول، وتفسير القرآن.

(٦) عمرو بن عبيد: هو حفيد كيسان (ثوبان) (باب)، البصري التميمي بالولاء (٨٠ ـ ١٤٣هـ = ٦٩٩ ـ ٧٦١م)، من أئمة المعتزلة في البصرة، قيل ولد في بلخ ومات في طريق مكة، حضر عند الحسن البصري وتأثر بواصل بن عطاء، من كتبه: كتاب العدل، كتاب التوحيد.

قال: لا.

قلت: وكيف ذلك وهي صحيحة سليمة.

قال: يا بني إن الجوارح إذا شكّت في شيء شمّته أو رأته أو ذاقته أو سمعته أو لمسته ردّته إلى القلب فيستيقن اليقين ويبطل الشّك.

فقلت: إنّما أقام الله القلب لشكّ الجوارح؟

قال: نعم.

قلت: فلا بد من القلب وإلّا لم تستيقن الجوارح؟

قال: نعم.

فقلت: يا أبا مروان إنّ الله تعالى ذكره لم يترك جوارحك حتّى جعل لها إماماً يصحح له الصّحيح، وتتيقن به ما شككت فيه ويترك هذا الخلق كلهم في حيرتهم وشكهم واختلافهم لا يقيم لهم إماماً يردون إليهم شكهم وحيرتهم ويقيم لك إماماً لجوارحك ترد إليه حيرتك وشكك؟ قال: فسكت ولم يقل شيئاً[1].

العودة إلى الأخلاقية والمهنية فالحق إنهما شرطان أساسيان في الإسلام وفيهما صلاح الأعمال والأشخاص والنتائج، فمن أخلاقية الإعلان والدعاية أن يكون المسؤول صادقاً في ما يطرحه، والصدق هو بحد ذاته أكبر دعاية للعمل الذي لأجله بذل جهد في الإعلان عنه، فمن صَدَقَ في قوله وعمله كسَبَ الزبائن، فإن الصادق في إعلانه ودعايته بحيث طابق

(١) كمال الدين وتمام النعمة: ١٢٠، محمد بن علي الصدوق، دار الكتب الإسلامية، طهران - إيران، ١٣٩٥هـ. علل الشرائع: ١/ ٧٥-٧٦، محمد بن علي الصدوق، دار الحجة للثقافة، قم - إيران، ١٤١٦هـ. أمالي الصدوق: ٣٥١-٣٥٢، محمد بن علي الصدوق، إنتشارات كتابچي، طهران - إيران، ١٣٧٠هـ.
وفي المصادر اختلافات لفظية راجعها.

القول مع العمل أصبح الناس يصدقونه ولا يذهبون إلى سواه، ولا بد أن يكون قوله عنوان عمله وبالعكس، وقد ورد في حديث الإمام الصادق عليه السلام: «كونوا دُعاة الناس بأعمالكم ولا تكونوا دُعاة بألسنتكم»[(١)]، ومن أخلاقية الإعلان والدعاية أن يكون الأمر مفيداً للناس ليكون صاحبه صادقاً مع نفسه، فلا يصح أن يعمل دعاية لما يتضرر منه الناس كالدعاية على التدخين أو البغاء والعياذ بالله، وحينئذ اذا فعل مثل هذا الأمر لم يكن صادقاً مع نفسه، وقد ورد عن الرسول صلى الله عليه وآله: «المسلم مَن سَلم الناس من يده ولسانه، والمؤمن مَن أمِنَ الناس على دمائهم وأموالهم»[(٢)]، فالذي يعلن عما فيه الفساد أو يكتب عما يتضرر منه الناس فلم يسلم منه المسلمون.

ومن أخلاقية الإعلان والدعاية الترفع عن الأنانية والمصالح الضيقة ومراعاة المصلحة العامة والموازنة بين المصلحة الآنية والمصلحة الدائمة والمصلحة الفردية ومصلحة المجتمع برمته، فلربما كسب المال من وراء هذه الدعاية أو الإعلان في أمرهما أو لأجلهما أو في نتائجهما ولكن على المدى الطويل خسرت الأمة والآخرون فإنه من حبّ النفس على حساب الآخرين، وقد ورد في الحديث النبوي الشريف: «أحب لأخيك ما تحب لنفسك»[(٣)].

ومن أخلاقية الإعلان والدعاية أن يكون المُعلن مقتنعاً بما يعمله أو يقوله ليطابق ضميره قوله وفعله، وعندها تخرج الكلمة من القلب وإذا خرجت من القلب دخلت إلى القلب، وإذا كان العمل كذلك وقع موقعه

---

(١) قرب الإسناد: ٧٧، عبد الله بن جعفر الحميري، مؤسسة آل البيت لإحياء التراث، قم ـ إيران، ١٤١٣هـ.

(٢) سنن النسائي: ١٠٥/٨، أحمد بن شعيب النسائي، دار القلم، بيروت ـ لبنان، ١٤٠٠هـ.

(٣) كنز العمال: ١٥/، علي بن حسام الدين الهندي، مؤسسة الرسالة، بيروت ـ لبنان، ١٤٠٥هـ.

وأثَّرَ أثَرَهُ وأصبح حقيقة وواقعاً وهو بذاته أصدق مصاديق الإعلان والدعاية، فلو أن المعلن جرّب الشيء الذي يعلن عنه ويقوم بالدعاية لأجله كان كلامه مؤثراً في الآخرين ويتحدث عن تجربته، وقد اشتهر في الأثر أن الرسول ﷺ ما نهى الطفل الذي يضره التمر إلا في اليوم الذي لم يأكل التمر[1].

ومن أخلاقية الإعلان والدعاية عدم الغش في العمل والنفاق في القول فلا يقول خلاف ما يفعله، ولا يفعل خلاف ما يقوله فهو عين الكذب والنفاق، وليعلم انه سينكشف ولو بعد حين، وعندها تتضرر سمعته ويتركه زبائنه ولا يصدِّقه الآخرون، فمن اعتمد الصراحة والشفافية في عمله نجح وفاز، وفي المثل: «حبل الكذب قصير».

أما المهنية التي نتحدث عنها فهي الموضوعية والدقّة في العمل، سواء كان فعلاً أو قولاً والعمل بمقتضى المعايير والموازين المطلوبة في هذا العمل، ومن ذلك الإتقان في العمل، فلو التزم أن يعلن عن شيء أو يقوم بالدعاية عنه، فبمقتضى المهنة يجب عليه أن يكون بمستوى ذلك، وقد ورد في الحديث النبوي الشريف: «رحم الله امرءاً عمل عملاً فأتقنه»[2]، فلا يكون همه أخذ المال دون القيام بالعمل حسب مواصفاته. ومن مهنية الإعلان والدعاية أن يكون عمله بشكل وكأنه مراقب من قبل صاحبه، ويكون مشهوداً في وضح النهار، وإذا كان صاحب العمل عنه بعيداً أو غائباً جعل الله نصب عينيه، وقد قال تعالى: ﴿وَقُلِ ٱعْمَلُواْ فَسَيَرَى ٱللَّهُ عَمَلَكُمْ وَرَسُولُهُۥ وَٱلْمُؤْمِنُونَ﴾[3].

---

(١) وهو من المشهور على الألسن ولم أجد له مصدراً فيما في حوزتنا من مراجع ومصادر.

(٢) مسائل علي بن جعفر ومستدركاتها، علي بن جعفر، تحقيق وجمع: مؤسسة آل البيت لإحياء التراث، قم ـ إيران، مطبعة مهر، ١٤٠٩هـ.

(٣) سورة التوبة، الآية: ١٠٥.

ومن مهنية الإعلان والدعاية حُسن الخُلق، فإن الذي يتعامل مع الآخرين فأول ما يجذب الإنسان إليه هو حُسن خُلُقِهِ، وحُسن الخُلق يدلُّك إلى حُسن السريرة، وقيل «الظاهر عنوان الباطن»[1]، والإسلام لم يتقدم بل لم ينتشر إلا لأن الداعية إليه كان حسن الخلق حيث لم يصفه الله بأكبر مما قال عنه ﷺ: ﴿وَإِنَّكَ لَعَلَىٰ خُلُقٍ عَظِيمٍ﴾[2]، وقد ورد في سيرته عليه أفضل الصلاة وأزكى السلام أن أخلاقه الحسنة جعلت الناس تُقبل إليه وتستمع إلى مقالاته عن الدين الجديد، وهو بحد ذاته أقوى دعاية للإنسان ولما عنده.

ومن مهنية الإعلان والدعاية النظم في الأمور والصدق في المواعيد والنظافة في العمل وغيرها من أمور يعرفها كل أهل المعرفة بالفنون والأعمال، فمن صدق الناس في مواعيده اعتمده الناس وتوجهوا إليه وتركوا من ليس كذلك، ومَن كان يخضع للنظم والنظام ويهجر الفوضى فإنَّه لا يخسر أبدا ولا تتركه الزبائن ولا يتخلون عنه، ومن اعتمد النظافة في عمله فإنَّه يجذب الناس إليه أكثر ممن لم يكن كذلك، فلو أن أحدهم ذهب إلى مؤسسة للدعاية ووجد نماذج من أعماله الدعائية ووجدها أنيقةً نظيفةً جميلةً يرتاح ضميره، ويطمئن إلى عمله ودعايته، ويختار ما يريده عن علم ومعرفة، وخاصة إذا وجده حَسَنَ التعامل ويتساهل مع الناس، بينما فيما إذا كان العكس كانت النتيجة عكسية والحاصل أنّ هذه الأمور مجموعةً تجلب الناس وترتاح إليها النفوس، وعلى أثرها تتم الاتفاقيات[3].

---

(١) إحياء علوم الدين: ٣/٢٠٦، أبو حامد محمد بن محمد الغزالي، دار الكتب العلمية، بيروت ـ لبنان، ١٩٩٨م. بحار الأنوار: ٧٣/٢٧٩.

(٢) سورة القلم، الآية: ٤.

(٣) راجع: شريعة الإعلان، للكرباسي: ١٣ (مخطوط).

الوسائل الفنية

ومما لا يخفى على أحد أنَّ إحدى الوسائل الإعلامية هو الفن بكل أنواعه من الأفلام والمسرحيات إلى جانب الرسم والتصوير مضافاً إلى غيرها من الفعاليات مما لها ارتباط بالإعلام، إذ إنَّ قسماً آخر منها بعيد عن الإعلام، وبشكل عام فإن الشيخ الكرباسي كتب عن ذلك قائلاً:

الفن في اللغة: هو الزينة، كما هو الضرب من الشيء أو النوع منه أو الحال، فإذا قلتَ تفنن الشيء أي جعله جميلاً، وإذا قلت تفنن في الشيء أي وضع مهارته فيه حتى جعله متقناً وجميلاً، وإذا قلت بيَّن فنون العلم إذا وَضح ألوانه وأنواعه وأقسامه.

وأما الفن من مصطلح أهله فهو التعبير عما يتذوقه صاحب الذوق فيما يصنعه من أعمال يدوية أو يستخدمه في أقواله إن كان كاتباً أو شاعراً أو في كتاباته إن كان كاتباً أو قاصّاً، ومن هنا يُقال فنون الشعر أي أنواعه وألوانه من القصيد والموشّح وما إلى ذلك، كما اصطلحوا بقولهم الفنون الجميلة على كل ما يمثّل الجمال كالعزف والتصوير والشعر والبلاغة والنحت وفن البناء والرقص.

وأما إذا قيل الفنون اللذيذة فيُراد بها كل أمر يشعر عند مزاولته باللذة كالرقص والعزف والغناء وركوب الخيل.

وإذا قيل الفنون الحُرّة أُريد بها من قام فيها إعمال الفكر والنظر أكثر من إعمال اليد كما في الشعر والفنون اليدوية، فهي بعكس الأولى التي فيها إعمال اليد أكثر من إعمال النظر والفكر كالنحت والرسم، وبالتالي: هو علم حُسن القيام بالشيء كل في مجاله.

وكثيراً ما يُستخدم الفن في قبال العلم، فالعلم يُطلق على ما له قواعد وأصول ثابتة لا يدخل الذوق في جذوره وتأصله بخلاف الفن فإنه قائم على الذوق، وإن كان في مجاله له قواعد وأصول إلّا إنَّها ليست بثابتة بحيث لو تجاوزها لخرج عن دائرته، والعلم مأخوذ من إدراك حقيقة الشيء عن معرفة، ويقسّم أهل الاختصاص العلم إلى التعليمي كالحساب والرياضيات، والعلم العملي مثل علم الفلك، والى العلم اللّدُني وهو العلم الذي يحصل بالإلهام من قبل الله سبحانه وتعالى، والى العلم النظري كالفلسفة وأمثالها، وقد يُقيّد العلم بنوع من أنواعه كما يقال علم الشريعة وعلم القانون وعلم العربية، وهناك بعض الخصوصيات أو التسميات لبعض العلوم من حيث المادة التي يُبحث فيها.

التمثيل والمسرح: وفي المصطلح المتداول لدى أهله فإن الفن يشمل الخط والنحت والرسم والأعمال اليدوية جميعا من النجارة والحدادة وغيرهما كما يشمل الشعر والقصة والخطابة والغناء والعزف، ومنه فنّ التمثيل وفن المسرح فإنهما من الفنون الإنسانية الاجتماعية وهما من الفنون التي واكبت طبيعة الإنسان، ورغم أنهما لم يظهرا بشكلهما الفني وقواعدهما وأسسهما إلّا في وقت متأخر إلّا أنَّ جذورهما قديمة.

ويذكر المؤرخون من ذوي الاختصاص بأن التمثيل يعود تاريخه الى ٦٠٠ سنة قبل الميلاد (١٢٩٦ ق.هـ) وتُنسب نشأته إلى اليونانيين، ويُعد أول مَن

طوّر التمثيل في أوائل عهده هو فري نيكوس اليوناني[1] وذلك سنة (٥٣٤ ق.هـ) أي بعد ٩٦ سنة من تأسيسه، ومن بعده ظهرَ في الحضارة الهندية وكذلك الحال في الحضارة اليابانية، وربما قيل بأنه أقدم من التمثيل في حضارة اليونانيين، وربما قالوا أيضاً بأن التمثيل في الصين واليابان ظهرَ في عهدٍ واحد، بينما ظهرَ في الحضارة الفارسية في عهد الساسانيين، وجميعها تحكي أن التمثيل تاريخه يعود إلى أكثر من ثلاثة عشر قرنا قبل الهجرة، وعلى أي حال فإن دلّ ذلك على شيء فإنما يدل على مدى أهميته وعلاقة الإنسان به.

وإذا ما عُدنا إلى التاريخ الإسلامي فالظاهر أن أول عهده بالإسلام يعود إلى الشعائر الحسينية وذلك حينما دخل الشاعر الكميت بن زيد الأسدي[2] في القرن الثاني من الهجرة على الإمام الصادق عليه السلام يوم عاشوراء ليُنشده شعراً في رثاء جدّه الحسين عليه السلام فبعثت النساء بطفلٍ مُقمّط إلى مجلس

---

(١) فري نيكوس اليوناني: (Phrynichus) هو إبن بوليفراسمون (Polyphrasmon)، كاتب مسرحي يوناني عاش في القرن السادس قبل الميلاد، مات في صقلية، تتلمذ في المسرح على يد ثيسبيس (Thespis)، اشتهر بفن المسرح التراجيدي، حصل سنة ٥١١ قبل الميلاد على أفضل جائزة في النص الدرامي، اشتهر بمسرحيته: القبض على ميليتوس (Capture of Miletus)، ومن مسرحياته الأخرى: (Daughters of Danaus)، المصريون (Egyptians)، وتانتالوس (Tantalus)، سار ابنه (Polyphrasmon) على نهج أبيه ككاتب مسرحي.

(٢) الكميت بن زيد الأسدي: هو حفيد خنيس بن مجالد (٦٠ ـ ١٢٦هـ)، وشهرته أبو المستهل نسبة لولده، وهو إبن أخت الشاعر الفرزدق، ولد في الكوفة وفيها مات، من الشعراء الفقهاء والفرسان الشجعان، جلس في الكوفة للتدريس، اختص شعره بأهل البيت عليهم السلام، كان عالماً بآداب العرب ولغاتها وأخبارها وأنسابها، تعرض للاعتقال مرات عدة، أيّد حركة الشهيد زيد بن علي، مات غيلة في مجلس والي العراق يوسف بن عمر الثقفي، وكان آخر كلامه: «اللهم آل محمد، اللهم آل محمد، اللهم آل محمد» ودفن في مقبرة بني أسد واسمها مكران، وفي قضاء الكميت في محافظة العمارة قبر يُنسب له، له ديوان شعر مطبوع.

الإمام عليه السلام فنظر الإمام عليه السلام إلى الطفل فاشتدّ بكاؤه، وفي ذلك يروي الكميت نفسه ويقول: دخلت على أبي عبد الله الصادق عليه السلام يوم عاشوراء فأنشدته قصيدة[(١)] في جدّه الحسين عليه السلام فبكى وبكى الحاضرون، وكان قد ضرب ستراً في المجلس وأجلس خلفه الفاطميات، فبينما أنا أُنشد والإمام يبكي إذ خرجتْ جارية من وراء الستار وعلى يدها طفل رضيع مُقمّط حتى وضعته في حجر الإمام الصادق عليه السلام، فلما نظر الإمام عليه السلام إلى ذلك الطفل اشتّد بكاؤه وعلا نحيبه، وكذلك الحاضرون»[(٢)].

وأخذت الفكرة تتطور عند المسلمين وبالأخص عند أتباع مدرسة أهل البيت عليهم السلام إلى أنْ ظهرَ في القرن الرابع الهجري في تطوّر لافِت بهذا الاتجاه في عهد البويهيّين (٣٢٠ ـ ٤٥٤هـ) الذين كانوا من وراء تجسيد أحداث واقعة الطف الحزينة، وكان شهرا محرم وصفر هما ربيع مثل هذا التمثيل.

ومما يجب الإشارة إليه أنَّ دُور السينما يعود تاريخها إلى سنة ١٠٧٠هـ (١٦٦٠م) وقد تم تأسيسها على يد الإيطاليين[(٣)] وقد انتشرت بعد ذلك في العالم كله، حيث هي المكان الأنسب والخاص بالتمثيل الذي أصبح جزءاً من حياة الناس الثقافية والاجتماعية.

---

(١) قصيدة من بحر الخفيف في ٩٣ بيتاً ومطلعها:

مَنْ لِقَلبٍ متيمٍ مستهامِ غيرِ ما صبوةٍ ولا أحلامِ

راجع: ديوان القرن الثاني: ١٨٨، حيث استقطع منها الأديب الكرباسي في الديوان عشرة أبيات مختصة بالإمام الحسين عليه السلام، ومنها:

وقتيلٌ بالطفِّ غودرَ منهم بينَ غوغاءِ أمَّةٍ وطَغامِ

(٢) معالي السبطين في أحوال الحسن والحسين: ١/١٥٣، محمد مهدي بن عبد الهادي الحائري المازندراني، عن أسرار الشهادة: ١/١٥٦، آغا بن عابد الشيرواني الدربندي، مؤسسة الأعلمي، طهران ـ إيران.

(٣) فرهنگ دانش وهُنر: ١/٥٧٧.

وفي الواقع أن التمثيل هو وليد المسرح إذ إنَّ الثاني أقدم من الأول، وقد يُعزى إلى السومريين الذين عاشوا في الألف الرابع قبل الميلاد أي الألف الخامس قبل الهجرة، والى المصريين القدامى والذي يؤرخ تاريخ المسرح عندهم بسنة ٣٠٠٠ ق.م أي الألف الرابع قبل الهجرة النبوية، ويذهب آخرون بنسبته إلى الإغريق اليونانيين الذين يُعدّون أول مَن اخترع الفن وذلك في سنة ٦٠٠٠ ق.م أي في الألف السابع قبل الهجرة، ويُذكر من الأمثلة في هذا الشأن قصة إيزيس[(١)] وزوجها أوزيريس[(٢)] وأم هورس[(٣)] التي مثّلها المصريون القُدامى على خشبة المسرح سنة ٣٠٠٠ ق.هـ، وظلت تُمثّل إلى القرن الخامس قبل الميلاد أي القرن السادس قبل الهجرة.

والحديث عن تاريخ المسرح والتمثيل طويل ومتشابك أوردناه في فصل المسرح وفصل التمثيل من باب الشعائر الحسينية من دائرة المعارف الحسينية، فمن أراد الاطلاع عليه فليراجع ما كتبناه هناك، ومما لاشك فيه أن القضية الحسينية كان لها دَور كبير في تطوير هذين الفنَّين في التاريخ الإسلامي.

والنسبة بين التمثيل والمسرح هي كوالد وما ولد، فالتمثيل وليد المسرح، والمسرحية عند أهل الفن تُعرّف بأنها رواية نثرية أو شعرية أو معاً

---

(١) ايزيس: (Isis): معبودة المصريين الأقدمين حيث نسبوا إليها حراسة الموتى والطب والعناية بالزواج وبزراعة القمح، قامت بإحياء زوجها أوزيريس بعد أن مات قتلا.

(٢) أوزيريس: (Osiris): إله المصريين القدماء وهو إله ما بعد الحياة بيده مفاتيح الجنة والنار، وهو الإبن البكر للإله جب (Geb) من زوجته ربة السماء نوت (Nut)، قتله أخوه سيت (Set) وقطع جسده، وقامت زوجته بلملمة قطع جثمان زوجها وأحيته، ومنهما ابنهما هورس (Horus).

(٣) هورس: (Horus) هو إبن إله الآخرة أوزيريس (Osiris) وأمه حارسة الموتى والطبيعة إيزيس (Isis)، ولد بعد وفاة أبيه، وهو من آلهة المصريين يصور على شكل صقر صغير أو جسم إنسان ورأس صقر.

تُمثّل على منصّة المسرح، وفي تاريخه القديم الذي قام بدراسته أرسطو[١] الذي قسمه إلى قسمين، قسم مأساوي (تراجيديا)، وعرّفها أرسطو: بأن: «موضوعها: محاكاة أناس يقومون بأفعال جادة، ومادتها: لغة مشفوعة بكل أنواع التزيين الفني، وطريقتها: العرض المباشر للأحداث، ووظيفتها: إحداث التطهير من إنفعالي الخوف والشفقة». والقسم الثاني الملهاة (الكوميديا)، وقد عرّفها بقوله: «هي محاكاة لأناس أراذل، أقل منزلة من المستوى العام، وهذه الرذالة الصادرة عن هؤلاء الناس ذات طبيعة خاصة، فهي تبعث على الضحك بسبب النقص أو الخطأ الذي يعتورها، ولكن لا تحدث ألماً للآخرين»[٢]، ولكن بعد ذلك زِيد على القسمين قسم آخر وهو الهَزلي منه، فَراجَ من قبل اليونانيين وأصبح فيه مذاهب مختلفة لا مجال لبيانها.

وأما التمثيل فهو اليوم فنّ قائم بنفسه وبكل ألوانه وأشكاله، فإنه بيان لواقع اجتماعي وتاريخي يصوِّر ما مضى من أحداث وحكايات، أو إظهار ما هو واقعٌ في المجتمع وتصويره، أو إنه بيان لواقع خيالي يمكن أن يحدث في المستقبل.

إذاً فالتمثيل يعايش الإنسان ما تقدّم وما حضر وما سيأتي، وله مذاهبه وألوانه وأشكاله، ولا مجال لذكره هنا، وفي كل من المسرح والتمثيل يمكن تصوير ما له ارتباط بالدين والعقيدة أو ما له ارتباط بالمجتمع والعُرف أو ما له ارتباط بالأمور العلمية أو غيرها.

---

(١) أرسطو: أو أرسطاطاليس بن نيكوماخوس (Aristotle Nicomachus) (١٠٣٨ ـ ٩٧٤ ق.هـ = ٣٤٤ ـ ٣٢٢ ق.م) فيلسوف يوناني، وقد مضت ترجمته.

(٢) كتاب أرسطو فن الشعر: ٢٨ ـ ٢٩، ترجمة وتقديم وتعليق: الدكتور إبراهيم حمادة، مكتبة الأنجلو المصرية، القاهرة ـ مصر، ١٩٧٧م.

إن الإسلام بما إنَّه دينٌ مُنزل من قبل الله تبارك وتعالى على النبي الخاتم ليكون خاتمة الأديان جاء يحمل معه التطور أو التعايش مع المتطورات، فقوانينه وأحكامه تتناسب مع كل حدث مضى وحضر وسيأتي بحيث لا يقف المرء متحيراً أمام الدقّة التي يوليها الإسلام إلى كل ما يحتاجه الإنسان أو يفكر به ليرفع حيرته في معضلات الأمور الحادثة أو المُعاشة بكل يُسر وسهولة، ومن المعلوم أن الإسلام مع التطور ويحثّ عليه، وبإزاء ذلك يهمه التنزيه والتطهير، ودَوره دَور المراقِب ودَور المحامي ودَور الناصح والمُرشد والواعظ، يشخّص المسائل العالقة ويقيسها على مسطرة الصلاح والفساد، ويُعطيك الحُكم مع ملاحظة الصلاح والفساد الشخصي والاجتماعي، أو الجسمي والنفسي، الدنيوي والأُخروي، ويربط بين العلاقات السِّتْ التي تحكم الإنسان، لا فرق إن ذهبَ يميناً أو شمالاً.

ومما قدمناه فإن الإسلام تعاطى مع المسرح والتمثيل كفن من الفنون الثقافية والذي أصبح ضرورة اجتماعية ثقافية بل وسيلة إعلامية يمكن استخدامها إن نُزّهَتْ وطوّرت في إرشاد الناس إلى الإسلام وواقعه وأحكامه وفضائله، ولاشك أن له أثراً فاعلا في نفوس الناس، وأخذ النابهون من أطياف المجتمع في استخدامه في الأغراض التي يسعون فيها، وبعد التطور الحاصل في وسائل الإعلام فإن التمثيل والمسرح المستخدم على شاشات التلفاز والبث المُصوّر أصبح له موقع مثير للغاية لا يمكن التغاضي عنه، بل الواجب الأخلاقي والاجتماعي والديني يفرض علينا استخدامه بشكل مباشر ومُكثّف لايصال الفكرة الصحيحة من خلال هذه الوسيلة الحيّة لإصلاح المجتمع في قبال الذين يستخدمونه كوسيلة هدّامة ونشر الرذيلة بين الناس وبالأخص الجيل الفتي[1].

---

(١) راجع: شريعة الفن، للكرباسي: ١٣ (مخطوط).

وتناول الأديب الكرباسي فن الرسم بشكل خاص والذي هو فن من الفنون، فكتب يقول:

الرسم في اللغة: هو الخط والكتابة فكل ما خط بالقلم يصدق عليه الرسم، وفي مصطلح أهل الفن هو: النقش بالقلم أي النقش السطحي سواء كان بالقلم العادي أو بالفحم أو بالفرشاة أو بغيرها من أدوات الرسم بحيث يترك أثراً، وحينما نقول «رَسْمُ الديار» فالمراد به الآثار والأطلال التي بقيت من بعد الاندثار والخراب.

وهناك مفردات أخرى تستخدم في هذا المجال منها **النقش:** وهو في اللغة تلوين الشيء بحيث يبرز النقاش أو الفنان خطاً عن خطٍ آخر ورسماً عن رسم آخر وهذا يتم بما يميز هذا الخط أو الرسم عن غيره كما لو استخدم اللون كتعبير عما يختلج في النفس سواء كان لوناً واحداً تلاعب في خفته وشدته أو استخدم لوناً آخر، وقد اصطلح أهل الفن: أنّ النقش يستخدم في كل ما من شأنه البروز متضمناً التلوين، وفي معناه اللغوي العام ورد في المثل «العلم في الصغر كالنقش على الحجر»(١).

وهناك **التصوير:** وهو في اللغة التشكيل أي أن يجعل الشيء شكلاً، وذلك في المعنى المناسب للمورد والا فلها معانٍ أخرى أيضاً وهذا في الغالب يستخدم فيما كان شكلاً معيناً كما في الإنسان والحيوان والشجر بما يميزه عن الآخر فقد قال تعالى: ﴿وَصَوَّرَكُمْ فَأَحْسَنَ صُوَرَكُمْ﴾(٢)، ولكن أهل الفن في الغالب يستخدمونه فيما اذا كان شكلاً مميزاً فيقول صورة إنسان أو

---

(١) كشف الخفاء ومزيل الإلباس عما اشتهر من الأحاديث على ألسن الناس: ٢/٧٧ رقم١٧٥٧، إسماعيل بن محمد العجلوني، مكتبة العلم الحديث، دمشق ـ سوريا، ١٤٢١هـ، ذكره البيهقي عن مقولة للحسن البصري.

(٢) سورة غافر، الآية: ٦٤.

حيوان أو ما شابه ذلك بل هناك من خصصه بذوات الأرواح وبعد ظهور آلة التصوير شمل كل ما التقط عبرها بالصورة.

وهناك **النحت** فهو في اللغة: بري الشيء الذي له حجم، كالحجر والخشب وفي الغالب يستخدم فيما صلب، فلا يستخدم في الطين والتراب بل في الخشب والحجر وأمثالهما، وأما أرباب الفن فإنهم استخدموه بكل ما من شأنه أن يحفر في مواد صلبة دون اختصاصه بالحجر بل الحجر هو إحداها فيشمل ما ينحت على النحاس والفضة والذهب والخشب والحجر وما إلى ذلك من أمور سواء كان المنحوت حروفاً أو خطوطاً أو صورة إنسان أو حيوان أو شجر أو غيرها، وفي معناها اللغوي قال تعالى: ﴿وَتَنْحِتُونَ مِنَ الْجِبَالِ بُيُوتًا فَارِهِينَ﴾[1]، والنحت يشمل التخريم والحفر سواء كان سطحياً أو ثاقباً إلى الجهة الأخرى.

وهناك **التمثيل والتجسيم**: التمثيل في اللغة هو من صناعة المثل والشبيه للشيء الآخر كما في الأصنام والدمى، والتجسيم مأخوذ من الجسم أي ما كان له حجم فكان له ثلاثة أبعاد، وعند أهل الفن هو صناعة شيء، إنسان أو جزء منه كالرأس والرقبة من حجر كان أو خشب، أو صناعته من الجص أو الطين أو غيرهما من المعادن وقد ضيّق في معناه ليصبح استخدامه في الإنسان والحيوان، وربما تخصص بالأول أو شاع استخدامه فيه أكثر من غيره من ذوي الأرواح، ومن المعنى اللغوي قوله تعالى: ﴿إِذْ قَالَ لِأَبِيهِ وَقَوْمِهِ مَا هَٰذِهِ التَّمَاثِيلُ الَّتِي أَنتُمْ لَهَا عَاكِفُونَ﴾[2]، وقوله تعالى: ﴿يَعْمَلُونَ لَهُ مَا يَشَاءُ مِن مَّحَارِيبَ وَتَمَاثِيلَ وَجِفَانٍ كَالْجَوَابِ﴾[3]، وفي الاستخدام العام فالمجسمة والتمثال بمعنى

---

(١) سورة الشعراء، الآية: ١٤٩.

(٢) سورة الأنبياء، الآية: ٥٢.

(٣) سورة سبأ، الآية: ١٣.

واحد وان استخدم الفُرس المصطلح الأول أكثر من الثاني واستخدم العرب المصطلح الثاني في الثاني أكثر.

هذه من حيث المعنى اللغوي والمصطلح، واما من حيث تاريخ الرسم بشكل عام فإن الإنسان البدائي أخذ الفكرة من الطبيعة عندما رأى صورته في الماء، وعندما نظر إلى ظل الأشياء، وكذلك عندما رأى آثار قدمه أو الحيوانات على الأرض أو غيرها من الموارد فإنه استوحى منها مسألة الرسم والتصوير وبدأ بمرور الزمان يعمل على ثبت ذلك عنده على الأرض ثم على غيره، وتطور الأمر إلى أنْ وصل إلى صنع آلة التصوير مستوحياً ذلك من بعض خصوصيات العين.

هذا الإنسان المبدع بذاته قد يصل به الأمر أنْ يدع فطرته ويتبع الخرافات ويتعامل مع جميع الأشياء من زاويتها المادية مع أنّه يلمس الكثير منها ويحس بما ليس بمادي بحواسه الباطنية، ولكنه تواق للملموس والمحسوس أكثر منه إلى الغيبي وبذلك يقع في أخطاء فادحة وحماقات بعيدة عن المدنية والعلم، فتجده ينكر الله سبحانه وتعالى لانه غير ملموس ولا يبصره بالعين ولا يلمسه باليد، واذا ما اعتقد به كقوة لا يمكن أنْ ينكره فإنه يصوره بصورٍ مختلفة ربما كان أكثر حضارة فيقوم بتمثيل تمثال يمثله ليتمكن من لمس ما يمثله الغيبي ويستشعره فيصنع الأصنام حسب تصوره المنحرف أو الناقص فيقوم بعبادتها، وهذا النوع من التمثال أو التصوير يكون محرماً لسبب بسيط جداً فإن الإنسان بطبعه عندما يمثل من لم يتعرف على كنهه فإنّه يصوره بالشكل الناقص فكل من يراه يصوره في فكره على هذه الصورة فتنطبع في مخيلته وتبقى هذه الصورة عالقة في ذهنه، والله سبحانه وتعالى لا يمكن أنْ يجسَّم بجسم اذ لو كان تحديده بالجسم يزيد العباد قوة لفعل هو ذلك، بل هو فوق كل ذلك، لأن التجسيم يحط من

٧٨

قيمته تعالى ومكانه وقدرته فكيف يمكن تصوير الخالق بشيء من مخلوقاته وهذا من الناحية الفلسفية والعلمية مرفوض.

ومن باب المثال فإنَّ الإنسان العظيم كالرسول محمد ﷺ أو أحد الأئمة المعصومين عليهم السلام رغم أنهم كانوا من الجنس المادي القابل للرؤية وكانوا يعيشون بين الناس فإن تصويرهم بما يحملونه من فكر ومعرفة وبما لأجسامهم من خصوصيات التي لم يطلع على ما فيها ولا على معنوياتهم لا يمكن أنْ تجسَّد في شيء فكيف بالخالق الذي بالوصف الكلامي لا يمكن معرفته فكيف بالصورة المجسمة الذي ليس هو من هذه الفئة بل هو قوة توصف بكل ما يصف به نفسه جل وعلا، ومن هنا يستحيل تصويره لانه في الأصل ليس مصوراً بالتجسيم ليمكن رسمه وصنع التماثيل عليه، ولتقريب المثال ـ ولا مناقشة في الأمثال ـ فهل يمكن أن يصور أحدنا الجاذبية والطاقة الكهربائية وما إلى ذلك رغم القطع بوجودها، نعم يمكن تصوير آثارها وأما هي فلا يمكن فكيف بنا ان نقوم والعياذ بالله بتصويره على شكل التماثيل التي نتخيلها، فإذا كانت مخلوقاته ومنها العقل والجاذبية لا يمكن تصويرهما فكيف به جل وعلا.

وحتى تُبعد الشريعة الناس من الشرك أو الضلال فقد منعت التمثيل وصنع المجسمات لقطع دابر الوثنيين الذين كانوا يعملون الأصنام لتمثيل الله جل وعلا ويقفون أمامها ويعبدونها، وهذا لاشك بانه كفر وقد حرَّمه الله تعالى أشدّ أنواع التحريم، وسنشير إلى بعض الآيات والروايات، ومن جهة أخرى فإنَّ نحت وتجسيم ذوات الأرواح كان في فترة زمنية يُقصد منه تحدي الله على صنع ما يصنعه بل كان البعض يقوم بأفعال سحرية وربما أمور عملية يدب فيها الحركة من باب التجري عليه، فإنَّ هذا هو الآخر منعه الشرع لأن القدسية الإلهية تفرض أن تكون هذه الأفعال بعيدة عن ساحته سبحانه وتعالى، وسنأتي على ذكر بعض الآيات والروايات الدالة على

ذلك، ولكن لا بد من الاشارة إلى أنَّ الله سبحانه وتعالى هو الذي خلق الخلق وصوَّره فأحسن صورهم ونفخ فيهم الروح وألهمهم ما ألهمهم فإنه يعلم بأنّ الخلق ميّال إلى الماديات فاتجهت التعليمات الإلهية عبر رسله إلى أمرين: الأول: الدعوة إلى قبول المعنويات أو الماورائيات سواء التي لها قابلية اللمس ولكنها لم يأت حينها أو التي ليس بمادية أصلاً كما في إدراك مسألة الحشر والنشر وأصل الخلق والجنة والنار وما إلى ذلك.

والأمر الثاني ووجهه ببعض الماديات كرمز للمعنويات والماورائيات والغيب وقرّب له تلك المعاني والصور بالماديات لكي يستوعب، كما هو الحال في الكعبة الشريفة حيث جعلها رمزاً من رموز العبادة والعرش الذي يعبر عنه بمركز القرار إلى جانب فرض الصلاة التي هي نوع خشوع أمام العظيم وتعظيم له، كل ذلك ليجد المؤمن ما هو غائب عنه فيما يقوم به، ويحس بما هو غير ملموس لمس المادة.

إنَّ عدداً من الآيات الشريفة تشير إلى تلك التماثيل التي كانت تصنع للعبادة في الجاهلية منذ العهود الأولى حيث توجه النبي ابراهيم عليه السلام إلى من عاصرهم: ﴿إِذْ قَالَ لِأَبِيهِ وَقَوْمِهِۦ مَا هَٰذِهِ ٱلتَّمَاثِيلُ ٱلَّتِىٓ أَنتُمْ لَهَا عَٰكِفُونَ ۞ قَالُوا۟ وَجَدْنَآ ءَابَآءَنَا لَهَا عَٰبِدِينَ﴾[1]، فهذه هي الأصنام التي كان المشركون يصنعونها بأيديهم ويعبدونها وكانت الكعبة مليئة بأمثالها، ولكنه سبحانه وتعالى في آية أخرى يبيِّن الجانب الإيجابي منها وذلك على لسان نبيه سليمان عليه السلام ويدعوهم إلى شكر الله الذي سخر لهم هذا النحت والتمثيل حيث يقول: ﴿يَعْمَلُونَ لَهُۥ مَا يَشَآءُ مِن مَّحَٰرِيبَ وَتَمَٰثِيلَ وَجِفَانٍ كَٱلْجَوَابِ وَقُدُورٍ رَّاسِيَٰتٍ ۚ ٱعْمَلُوٓا۟ ءَالَ دَاوُۥدَ شُكْرًا ۚ وَقَلِيلٌ مِّنْ عِبَادِىَ ٱلشَّكُورُ﴾[2]، ولكن هنا من استخدم هذا التمثيل الحيواني

---

(١) سورة الأنبياء، الآيتان: ٥٢ ـ ٥٣.

(٢) سورة سبأ، الآية: ١٣.

لاغواء الناس كما حدث في عصر النبي موسى عليه السلام[١] حيث قام السامري[٢] بذلك وذكره الله سبحانه وتعالى في قوله: ﴿وَٱتَّخَذَ قَوْمُ مُوسَىٰ مِنۢ بَعْدِهِۦ مِنْ حُلِيِّهِمْ عِجْلًا جَسَدًا لَّهُۥ خُوَارٌ ۚ أَلَمْ يَرَوْا۟ أَنَّهُۥ لَا يُكَلِّمُهُمْ وَلَا يَهْدِيهِمْ سَبِيلًا ۘ ٱتَّخَذُوهُ وَكَانُوا۟ ظَٰلِمِينَ﴾[٣]، وقال جل وعلا: ﴿فَأَخْرَجَ لَهُمْ عِجْلًا جَسَدًا لَّهُۥ خُوَارٌ فَقَالُوا۟ هَٰذَآ إِلَٰهُكُمْ وَإِلَٰهُ مُوسَىٰ فَنَسِىَ﴾[٤]، وهذا الجهل الذي أحاط ببعض الأقوام كقوم نوح والذي امتد إلى عصر الرسول صلى الله عليه وآله وسلم حيث كانوا يصنعون الأصنام ويعبدونها والآية التالية تشير إلى ذلك: ﴿وَقَالُوا۟ لَا تَذَرُنَّ ءَالِهَتَكُمْ وَلَا تَذَرُنَّ وَدًّا وَلَا سُوَاعًا وَلَا يَغُوثَ وَيَعُوقَ وَنَسْرًا﴾[٥]، وقد أشار الله سبحانه وتعالى إلى أصنامهم في العديد من الآيات من سورة (الأعراف: ١٣٩)[٦]، و(إبراهيم: ٣٥)[٧]، و(الأنعام: ٧٢)[٨]، و(الشعراء: ٧١)[٩]، و(الأعراف: ١٣٩)[١٠]، فإنَّ

---

(١) موسى: هو إبن عمران بن وهيب بن لاوي بن يعقوب بن إسحاق بن إبراهيم عليه السلام (١٥٦٨ - ١٤٤٢ ق.هـ)، من أنبياء أولى العزم، ولد في مصر ومات في التيه في أطراف الشام، أرسله الله إلى بني إسرائيل وأنزل عليه التوراة، واتخذ له هارون وزيراً ومات في حياته، خلف من بعده يوشع بن نون بن أفرانيم بن يوسف بن يعقوب عليه السلام الذي عاش بعد النبي موسى ثلاثين عاما.

(٢) السامري: هو موسى بن ظفر (طلف) كان من قوم موسى عليه السلام، أظهر الإيمان وأخفى كفره ونفاقه، كان من عباد البقر ومهنته الصياغة، قيل ولد في قرية سامرة أو السامرية وإليها نُسب، وهو الذي قبض قبضة من أثر براق جبرئيل وصنع عجلاً من ذهب ووضع فيه شيئاً من ذلك التراب وأغوى بذلك بني إسرائيل قوم النبي موسى عليه السلام مستغلاً تأخر النبي عشرة أيام عن موعد عودته إلى بني اسرائيل من رحلة المناجاة والميقات.

(٣) سورة الأعراف، الآية: ١٤٨.

(٤) سورة طه، الآية: ٨٨.

(٥) سورة نوح، الآية: ٢٣.

(٦) قوله تعالى: ﴿إِنَّ هَٰٓؤُلَآءِ مُتَبَّرٌ مَّا هُمْ فِيهِ وَبَٰطِلٌ مَّا كَانُوا۟ يَعْمَلُونَ﴾.

(٧) قوله تعالى: ﴿وَإِذْ قَالَ إِبْرَٰهِيمُ رَبِّ ٱجْعَلْ هَٰذَا ٱلْبَلَدَ ءَامِنًا وَٱجْنُبْنِى وَبَنِىَّ أَن نَّعْبُدَ ٱلْأَصْنَامَ﴾.

(٨) قوله تعالى: ﴿وَأَنْ أَقِيمُوا۟ ٱلصَّلَوٰةَ وَٱتَّقُوهُ ۚ وَهُوَ ٱلَّذِىٓ إِلَيْهِ تُحْشَرُونَ﴾.

(٩) قوله تعالى: ﴿قَالُوا۟ نَعْبُدُ أَصْنَامًا فَنَظَلُّ لَهَا عَٰكِفِينَ﴾.

(١٠) قوله تعالى: ﴿إِنَّ هَٰٓؤُلَآءِ مُتَبَّرٌ مَّا هُمْ فِيهِ وَبَٰطِلٌ مَّا كَانُوا۟ يَعْمَلُونَ﴾.

الإسلام حاول ونجح إلى حد كبير في إزالة هذه الفكرة والتي تتجسد في صنع البدائل عن الله سبحانه وتعالى وأبعد مسألة التشبيه به، وكان أئمة أهل البيت عليهم السلام يعيشون عصر التحوّل من الكفر إلى الإسلام وحتى لا تعود الفكرة أو تمارس فإنهم حرّموا التشبيه والتشبّه بالكفار عبدة الأصنام كما كرهوا ما يشبه ذلك فقد ورد في حديث الإمام الكاظم عليه السلام[1] أنه نهى أن ينقش شيء من الحيوان على الخاتم[2]، ونهى الرسول صلى الله عليه وآله وسلم عن تزويق البيوت بالتماثيل[3]، وفي حديث آخر قال الرسول صلى الله عليه وآله وسلم: «من صوَّر صورة كلفه الله يوم القيامة أن ينفخ فيها وليس بنافخ»[4]، مما يدل على واقع التجري، واذا ما خرج من حالة التجري بأيٍّ شكل من الأشكال فلا مانع من استخدامها، وهذا ما يفهم من حديث الإمام الباقر عليه السلام[5]: «لا بأس

(١) الكاظم: هو أبو الحسن الأول موسى بن جعفر بن محمد بن علي بن الحسين بن علي بن أبي طالب عليهم السلام (١٢٨ - ١٨٣هـ) الشهير بالكاظم وكاظم الغيظ، وأمّه حميدة بنت صاعد البربرية الأندلسية، وهو الإمام السابع من أئمة أهل البيت عليهم السلام، ولد في المدينة المنورة، جلبه الحاكم العباسي إلى بغداد قسراً ومات في السجن مسموماً ودفن في مقبرة قريش في الكاظمية، تولى الإمامة مع وفاة أبيه الإمام جعفر الصادق عليه السلام يوم ١٧ ربيع الأول ٨٣هـ وخلفه في الإمامة ابنه الإمام علي بن موسى الرضا عليه السلام.

(٢) بحار الأنوار: ٢٥٩/١٠.

(٣) الكافي: ٥٢٦/٦.

(٤) من لا يحضره الفقيه: ٥/٤ ح٤٩٦٨، محمد بن علي الصدوق، مؤسسة الأعلمي للمطبوعات، بيروت - لبنان، ١٤٠٦هـ (١٩٨٦م).

(٥) الباقر: هو أبو جعفر محمد بن علي بن الحسين بن علي بن أبي طالب عليهم السلام (٥٧ - ١١٣هـ)، الشهير بباقر العلم، وأمّه فاطمة الكبرى بنت الحسن بن علي بن أبي طالب الهاشمية، الإمام الخامس من أئمة أهل البيت عليهم السلام، ولد في المدينة المنورة وفيها مات ودفن في مقبرة البقيع، تولى الإمامة مع وفاة أبيه الإمام علي السجاد يوم ٢٥ محرم ٩٢هـ وخلفه في الإمامة ابنه الإمام جعفر بن محمد الصادق عليه السلام، وهو ممن حضر واقعة كربلاء سنة ٦١هـ وشهد مقتل جده الإمام الحسين عليه السلام وأهل بيته وأنصاره.

بأنْ يكون التماثيل في البيوت إذا غيرت رؤوسها منها وترك ما سوى ذلك»[1]، وبعض هذه الروايات واضحة الدلالة على أنها ترتبط بحالة الصلاة التي يجب أنْ يتوجه فيها المصلي إلى ربّه ولا خصوصية للصور والتماثيل بل بكل ما يشغل المصلي عن التوجه إليه سبحانه وتعالى، ومن تلك ما رواه الحلبي[2] عن الإمام الصادق عليه السلام: «ربما قمت أصلي وبين يدي الوسادة فيها تماثيل طائر فجعلت عليها ثوباً»[3]، وفي رواية علي بن جعفر[4] عن الإمام موسى بن جعفر عليه السلام ويسأله: «عن الخاتم يكون فيه نقش تماثيل سبع أو طير أيصلى فيه؟ قال عليه السلام: «لا بأس»[5]، إلى غيرها، فاذا جمعت بعضها إلى الآخر تمكن فهم مدلولها[6].

❁ ❁ ❁

(١) الكافي: ٦/٥٢٧.

(٢) الحلبي: هو عبيد الله بن علي آل شعبة الحلبي، من أعلام الكوفة وفقهائها ورواتها، عاش في القرن الثاني الهجري، اشتهر بالحلبي لمتجره وأسرته إلى مدينة حلب، روى عن الإمامين جعفر بن محمد الصادق عليه السلام (٨٣ ـ ١٤٨هـ)، والإمام موسى بن جعفر الكاظم عليه السلام (١٢٨ ـ ١٨٣هـ)، له كتاب الجامع.

(٣) مكارم الأخلاق: ١٧١، الفضل بن الحسن الطبرسي، مكتبة الألفين، الكويت، ١٤٠٧هـ.

(٤) علي بن جعفر: هو حفيد محمد بن علي بن الحسين بن علي بن أبي طالب الهاشمي (ق١٤٨ ـ ٢١٠هـ)، ويعرف بالعريضي، نسبة إلى قرية العريض من توابع المدينة حيث سكنها، وهو من الفقهاء الرواة، له كتاب: مسائل علي بن جعفر.

(٥) قرب الإسناد: ٢١١.

(٦) راجع: شريعة الرسم، للكرباسي: ١٣ (مخطوط).

السياسة والإعلام

بعدما ظهر دور الإعلام وكشفه المتخصصون على حقيقته ومدى فاعليته في السياسة والاقتصاد إلى جوانب أخرى كالاجتماع والأمن، فرسم كل نظام لنفسه سياسة معينة للاقتصاد حسب فلسفته الخاصة، وأخذ ينتهجها في مخططه وممارسته في سلطانه، وكان أبرز صبغة تلون بها النظام الرأسمالي هي السياسة المبطنة، بينما اصطبغت السياسة الإعلامية في النظام الاشتراكي بصبغة المواجهة والمباشرة، ولكنهما اعتمدا في مسألة قلب الحقائق لصالح النظام، وضوعفت ممارسة هذه السياسة حتى بات الإعلامي لا يثق بالوسائل الإعلامية، وأخذ يعتمد على طرقه الخاصة لفهم الواقع والحقيقة.

فالنظام الرأسمالي لا يواجه شعبه بل والشعوب الأخرى بالموضوع الذي يريد طرحه إلا بالوسائل الملتوية، ولذلك فلا ينظر إلى المدى القريب العاجل، ولا شك أن أثره قد يتأخر قليلاً إلّا إنَّ النتائج عادة تأتي سليمة وناجحة من منظورهم على أقل تقدير، وإذا ما ضم إليه ممارسة الإعلام المخادع والكاذب فكلاهما يوصلانه إلى ما تصبو إليه نفوسهم، وإلى أنْ تنكشف الحقائق كان قد أكل الدهر عليه وعفا، ولم يعد بتلك الأهمية في عالم السياسة والإعلام.

وأما الاشتراكي فإنه يواجه شعبه مباشرة بالذي يريد الوصول إليه،

ويكرسه في كل وسائله الإعلامية إلى أنْ يعلق في الأذهان ويرسخ في النفوس ويرافقه الضعط العملي ليكون أمراً واقعاً، وتنطلي على الشعب الخديعة الممارسة عليه بقلب الحقائق.

وكلا النظامين يحاولان خنق الأصوات الأخرى والسيطرة على الإعلام العام، ولكن لكل منهما سياسته الخاصة في ذلك كالسياسة الملتوية في الرأسمالية، والسياسة المباشرة في الاشتراكية، فتبقى الأصوات الأخرى غير مسموعة أو غير مقبولة وإن كانت واقعية.

وبما إنَّ النظام الإسلامي بنيت سياسته في الأساس على الصراحة والصدق ومشاركة الأمة فإن سياسته الإعلامية لا تشذ عن ذلك، وكان الرسول ﷺ يمتلك من وسائل الإعلام أربعة أمور: الخطبة[١] والمراسلة[٢]، والمقابلة[٣]، وحسن السلوك، فإنه كان صريحاً مع بني قومه ومع الآخرين، ولم يعهد أنه استخدم الخديعة في خطبه أو في رسائله أو في مقابلاته، كما لم يكن مرائياً أبداً، بل نهى عن كل ذلك، ولم يعهد أن قهر الناس على قبول قول الحق، أو فرض على الآخرين منعاً إعلامياً سواء بالوسائل الإعلامية أو غيرها، أو قهر وفرض على الآخرين منعاً إعلامياً سواء بالوسائل الملتوية أو المباشرة، وإنما كان أسلوبه أسلوب عرض الحقائق حيث كان يرى أن الحقيقة هي التي ستلبي دعوته، إذاً فالسياسة الإعلامية في الإسلام هي سياسة واقعية صريحة وحرة، وسيأتي في سياسة معاوية كيف تعامل بسياسة الخداع عند رفعه للمصاحف.

---

(١) ومنها الشعر.

(٢) بما فيها الكتب والوفود.

(٣) ومنها الحوار والنقاش.

ولا بأس في هذا المقام أن نشير إلى بعض النقاط الهامة في رسم السياسة الإعلامية بغض النظر عن الصبغة التي تعلوها.

١ ـ إن العنصر الأساس في الإعلام، والمحور الأساس في السياسة الإعلامية هو الرأي العام، إذ إن الحديث كله يدور حول كيفية كسب الرأي العام الداخلي في السياسة الداخلية، والرأي العام الدولي في السياسة الخارجية، حيث إنَّ كسب الرأي العام أو عدم إثارته على الأقل هو الهدف، فكان من الضرورة أن يقوم الحديث والنقاش في هذا الاتجاه.

وهذا دليل على أن المهمة الأساسية للتخطيط الإعلامي السياسي لا تعني الإلتزام بنظرية عقلية مجردة تنكر وجود صور عاطفية في عملية نجاح السياسة المرسومة، ومن هنا نجد أن من الضرورة بمكان في الدعاية السياسية العمل على حماسة الكلمة في عرض الأحداث، والنظرة الجماعية في مخاطبة الجماهير[١].

٢ ـ إن تأثير الإعلام في جميع مناحي الحياة مما لا يرتاب فيه أحد إلا عن جهل أو تجاهل، فإنه بات جزءاً كبيراً من الاقتصاد والسياسة والأمن والحرب والسلم والاجتماع والثقافة ويتعلق بالسياسة الإعلامية التي من خلفه. إذاً ليس من المبالغ إذا قيل: إن بإمكان الإعلام أن يسقط حكومات ويقيم أخرى، ويؤثر في تجويع شعوب أو ترفيه العيش لهم، أو يشعل فتيل الحروب أو يوقفها، أو يغسل أدمغة، أو يعبئ النفوس بالعز والكرامة أو يذلها ويهدر كرامتها إلى ما هنالك من تأثيرات[٢].

---

(١) راجع: التخطيط الإعلامي السياسي: ٢١، أنور السباعي، ١٩٧١م.

(٢) يعتبر الإعلام من أهم ركائز الحرب النفسية بخاصة أثناء الحروب لرفع معنويات الأنا ونقضها لدى الآخر، يستعملها المعتدي والمعتدى عليه على السواء، فالأول يخلق جوا من الإقناع لدفع الشعب إلى مؤازرة جيشه وتبرير شن الحرب، والثاني يعمل على خلق جو من الدفاع=

وعلى سبيل المثال لقد استطاعت أجهزة الإعلام الألمانية أن تمارس نشاطها من أجل تقوية دور النازية وزيادة أهميتها بشكل كبير في العالم حيث اقتصرت على الشعب الألماني الذي كان يعتقد بأنه ليس هنالك أنداد له أو مخلوقات أرقى منه، وهذا الاعتقاد كان من فعل الإعلام السياسي الألماني، وليس من فعل هذا الشعب، وذلك لأن الساسة كانوا يهدفون جميعاً إلى غاية متشابهة من حيث تقوية النزعة القومية على أساس من النعرة العنصرية كعقيدة أساسية تشتمل على هدف يجب تحقيقه ألا وهو: مراقبة الدم[1].

وكان من الأسباب الرئيسية لإنهيار الإتحاد السوفياتي عام ١٤٠٩هـ (١٩٨٩م) هو الإعلام الغربي والدعاية الغربية سواء المضادة للنظام الاشتراكي أو الدعاية لتلميع النظام الرأسمالي، وكان الشيوعيون قبل ذلك يهدفون إلى تنوير الأذهان بالتحولات الاجتماعية والثقافية والسياسية التي تجعلها الماركسية اللينينية كالتزام وثيق يثير الانتباه ويبدد الخمول في المعامل والمصانع والمدارس والجامعات والمتنزهات والمعسكرات والمطاعم وقاعات الموسيقى والأندية الليلية وغيرها.

وأصبح من السهل على أجهزة الإعلام السوفياتية قبل انهيارها أن تطل على الجماهير السوفياتية وتكون المزود الأكبر لها بالمعلومات في كل فرصة لتوطّد الوعي السياسي الذي يثبت بصورة لا يرقى إليها الشك أنه يحظى بموافقة تامة وتفهم كامل من قبل هذه الجماهير[2].

=المقدس والمظلومية لدفع الاعتداء وردّه، وربما المواصلة وعبور الحدود إلى عقر دار المعتدي.

(١) راجع: التخطيط الإعلامي السياسي: ٢٤.

(٢) راجع: التخطيط الإعلامي السياسي: ٢٥.

٣ ـ لا ريب أن السياسة الإعلامية هي من وراء السلوك الإعلامي وهي من وراء النمط الإعلامي، وبها يمكن أن يميز هذا الإعلام عن ذاك، وعليها يقوم كيان الأمة والمجتمع والنظام والدولة، وعليها يعوّل في نجاح الدولة أو فشلها.

٤ ـ إن المفترق الحقيقي لكل الوسائل الإعلامية يكمن في السياسة الإعلامية إذ قد يحول الإعلام إلى دعاية للنظام حسب خلفيته، وعندها يفقد الإعلام مصداقيته لأنه يحول الحقائق، ومن هنا نجد الإعلام الداخلي يختلف عن الخارجي منه إذ تقوم السياسة الإعلامية على التعتيم على الحقائق في الداخل، والذي يخفف من نسبته في الإعلام الخارجي، ورغم أن الأمر اختلف كثيراً بعد تطور الوسائل الإعلامية، إذ لا يمكن الوقوف أمام الإعلام المستورد إلّا إنَّه لا زال يمارس بشكل أو بآخر، وربّما اختلفت الشبكات ولكن الصيد واحد.

٥ ـ إن الهدف الأساس أو الواقعي في الإعلام هو إزاحة الجهل وإسعاد الأمّة، بمعنى إماطة اللثام عن الواقع للوصول إلى الحقائق والتي يمكن من خلالها دراسة الأمور وإيجاد الحلول الناجعة لإسعاد البشرية، ولكن برز ومع الأسف هدف آخر وربّما أصبح نهجاً سائداً ألا وهو إرضاء الناس حسب شهواتهم وتعميقها ولو على حساب سعادتهم بما يتناسب وعدم تدخلهم في شؤون البلاد.

والواقع أن كل مجتمع يجمع بين أفراده من الناس من لهم شخصيات فيها ميول على ضوء العقيدة التي يؤمنون بها، الأمر الذي يجعل من الصعب التمييز بين ما له قيمة حقيقية وبين الإثارة العابرة، وعندها لا يكون الإعلام وسيلة للتثقيف والوعي، إذ الفلسفة من ورائه تحولت عن مسارها، فإنّ أشدّ ما يقوم به هذا الأسلوب هو عرقلة النمو الفكري والاجتماعي لدى الشعوب وهو المطلوب لدى مخططيه.

ولا شك أن السياسة الإعلامية ما اختلفت إلا في أساليبها وإلا فإنّ السلطة الحاكمة منذ القرون الأولى لعبت هذا الدور الخبيث والقذر، وما أشبه اليوم بالأمس والليلة بالبارحة، ومع الأسف أصبحت هذه المدرسة هي أكثر انتشاراً فإذا كان الماء يتلون بلون الإناء الذي يحل فيه، فإن الشعوب تتلون بلون الدعاية التي تبثها الوسائل الإعلامية، ومن ورائها النظام الحاكم بخلفياته، وقديماً قالوا: الناس على دين مليكهم أو ملوكهم(١).

السياسة المركبة: وأخيراً فإن السياسة في يومنا الحاضر أصبحت مزيجاً من المصالح الاقتصادية والتحكم السلطوي(٢)، ومعجوناً مركباً منها ومن الإعلام، فالإعلام بالقطع ليس هدفاً بالذات بل يستخدم كوسيلة لتثبيت الأوضاع باتجاه الهدف، بالإضافة إلى تلميع الصورة القبيحة للحكم وتزيين الوجوه المكفهرة، وأما الاقتصاد فلا شك أنه الهدف الأول والأخير، وما الحكم إلا وسيلة من وسائل القدرة للوصول إلى الهدف، ويأتي القضاء ليأخذ دور إضافة الشرعية على الحكم والسلوك السلطوي(٣).

---

(١) في هذا المقام يقول إبن خلدون: (والسبب الشائع في تبدل الأحوال والعوائد، أنَّ عوائد كل جيل تابعة لعوائد سلطانه كما يقال في الأمثال الحكمية: الناس على دين الملك) مقدمة إبن خلدون: ١١٦/١، ابن خلدون عبد الرحمان بن محمد، تحقيق: عبد الله محمد الدرويش، دار يعرب، دمشق ـ سوريا، ١٤٢٥هـ (٢٠٠٤م).

(٢) يقول أستاذ العلوم السياسية الدكتور كمال المنوفي (١٩٤٧ ـ ٢٠١٤م): «الاقتصاد والسياسة صنوان لا يفترقان أو توأمان ولدا سوياً ويعيشان سوياً» أصول النظم السياسية المقارنة: ٢٢٠، كمال محمود المنوفي، شركة الربيعان للنشر والتوزيع، الكويت، ١٩٨٧م.

(٣) وهذا ما نلاحظه في الدول التي تسمى بالدول الديمقراطية حيث تصرف المبالغ الطائلة للوصول إلى الرئاسة، ولولا أن تلك المناصب تدر الأموال على مستلميها لما صرفت تلك المبالغ للوصول إليها، ولما استخدم الإعلام في شراء عواطف الشعوب، وإطلاق الشعارات التي تجذب النفوس لكسب أصوات الناخبين، وما إن يصل المنتخب إلى سدة الحكم إلا وتتبخر تلك الوعود وترسو سفينة الحاكم على شاطئ الأقوياء ضمانة لاستمرارية حكمه ويسانده=

وأما السياسة في حقيقتها هي إدارة البلاد والعباد إلى ما فيه مصالحهم وتسيير شؤونهم بأفضل السبل في جميع الاتجاهات، ولا شك أنّ الاقتصاد جزءٌ من تلك الشؤون، وتطبيق العدالة عبر القضاء هو أيضاً أحد تلك الشؤون، وأما الإعلام فهو الوسيلة الكبرى لتوعية الأمة وصحوتها وطرح حقوقها وواجباتها، وما الحكم إلا وسيلة لتثبيت النظام بين الأمة ولتطبيق تلك المصالح وتسييرها بالشكل الأفضل وذلك حسب الشريعة المختارة.

وقد انتقلت الكلمة «السياسة» من معناها الأصلي إلى فن الإدارة[1].

❁ ❁ ❁

=الإعلام في تحريف الحقائق التي تكتنف العملية التطبيقية لكل ما هو صالح للأقوى حتى لا يثور الضعيف، والأمثلة على ذلك كثيرة يمكن تلمّسها وبخاصة عندما يعيش المرء في فترة سقوط نظام سياسي ومجي نظام سياسي جديد.

(١) العامل السياسي لنهضة الحسين: ٧٨/١، محمد صادق محمد الكرباسي، المركز الحسيني للدراسات، لندن ـ المملكة المتحدة، ١٤٢٨هـ (٢٠٠٧م).

السلطة الإعلامية

يواصل المحقق الكرباسي الحديث عن الإعلام، وتحت عنوان «السلطة الإعلامية» يضعنا بإيجاز على صورة استخدام الرسول ﷺ للوسائل الإعلامية المتاحة له في ذلك العهد قائلاً:

في البداية لا بد من الإشارة إلى أنَّه ﷺ كان على رأس الإعلام حيث كان نهجه جديداً على تلك المجتمعات لأنه أسس لأول مرة في التاريخ دولة بهذه المعايير، فلذلك كان المفكر والمنفذ والقائد والرئيس، ومن جهة أخرى فإنّ الوسائل الإعلامية كانت تختلف آنذاك عما عليه اليوم، وإن كان جوهرها شيئاً واحداً، وهو إعلام الأمم والشعوب، إلّا إنَّ الهدف والوسيلة يختلفان، أما الهدف: فمن الملاحظ أن النبي ﷺ كان يهدف إلى إيصال المعلومة الواقعة إلى الأمة بل وإلى سائر الأمم، وإن شئت فقل: إنه كان يهمه إيصال الحقيقة الواقعة كلها إلى أمته، بل وإيصالها أو بعضها إلى سائر الأمم، إذ إنه ﷺ لا يستسيغ أن تُنشر عورات المسلمين إلى الأعداء وبالأخص في حالة الحرب، ولكنّ الصحيح أيضاً أنّه لا يستسيغ الكذب والدجل في الإعلام وهذا معروف عنه ﷺ.

وأما الوسائل التي كانت متاحة له في ذلك العصر فندرجها في أمور:

١ ـ **الأسلوب العملي**: ونعني به حسن المعاملة والصدق وبيان الصورة الناصعة للإسلام والمسلمين عملياً، مما كانت تنعكس هذه الدعاية عن

الحقيقة الإسلامية إلى مصدر إعلامي يعود بالنفع لأهدافه التي جاء لأجلها، ولعل هذا الأسلوب مما ابتكره ﷺ ولم تكن الأمم السابقة تستخدمه، فكان ﷺ يتعامل حتى مع أعدائه بالحسنى فلا يرجع العدو إلى قومه إلا ويعكس مشاهدته إلى مادة إعلامية تصقل النفوس وتهيئها لقبول الإسلام إن لم تستسلم في الوقت.

وعلى سبيل المثال فإنّ رسولي مسيلمة الكذاب[1] المدعي بكتاب منه، ورغم تصريحهما بأنهما على رأي مسيلمة فإنّه لم يقتلها وعاملهما بلطف مستخدماً بذلك قانون حصانة الرسول حيث قال: «أما والله لو لا أن الرسل لا تُقتل لضربت أعناقكما»[2].

٢ ـ **الأسلوب الخطابي**: وهذا الأسلوب كان رائجاً في الأمم المعاصرة له ﷺ وبالأخص العرب إلّا إنَّه لم يكن بالمستوى الذي استخدمه الرسول ﷺ من حيث المحتوى والمضمون، وكذلك من حيث الاستخدام المتكرر فإنه ﷺ لم يدع أمراً صغيراً أو كبيراً إلا وكان يخطب قومه للحديث عنه، وفي نظرة سريعة إلى اعتماده في هذا الجانب على خطبه فيمكن القول إنه ﷺ عاش في المدينة منذ وروده إليها وحتى رحيله إلى الرفيق الأعلى نحو ٣٦٣٠ يوماً، ويمكن القول أيضاً: ما من يوم إلا وكان يخطب أصحابه

---

(١) مسيلمة الكذاب: هو ابن ثمامة بن كبير بن حبيب الحنفي الوائلي، يكنى بأبي ثمامة، كان من المعمرين ولد في قرية الجبيلة في اليمامة، قتله الوحشي في حرب اليمامة عام ١٢ للهجرة وقد تعدى المائة سنة، قدم المدينة على الرسول محمد ﷺ مع قومه من بني حنيفة إلا إنه تخلف خارج المدينة فأسلم قومه ومنحهم الهدايا وذكروا له مسيلمة فأمر له بمثل ما أمر به لهم، قيل أسلم لكنه ادعى بعد ذلك النبوة، فعُرف بكذبه لهذا الادعاء، حتى جاء في المثل: «أكذب من مسيلمة».

(٢) السيرة النبوية: ٢٤٣/٤، إبن هشام عبد الملك الحميري، تعليق: عمر عبد السلام تدمري، دار الكتاب العربي، بيروت ـ لبنان، ١٤١٠هـ (١٩٩٠م).

أو الوفود الذين كان يستقبلهم أو السرايا التي كان يودِّعها أو الغزاة الذين كان يحثهم، أو الرسل الذين كان يبعثهم أو العمال الذين كان يرسلهم، بالإضافة إلى الخطبتين اللتين كان يستقبل بهما صلاة الجمعة التي أقامها مدة ٥٢٨ جمعة، كما والخطبتان اللتان كان يلقيهما بعد صلاة العيدين إلى جانب الخطب التي كان يخطب بها في الأحداث التي كانت تلم بالأمة أو بالقضايا التي كانت تهم الأمة، وكذا المناسبات أمثال شهر رمضان والغدير والحج وما إلى ذلك مما إذا أحصيت لَعُدَّت بالآلاف مما يدلنا على حرصه الإعلامي، وتوجيه الأمة عبر هذه الوسيلة الإعلامية الخطيرة والحيوية.

ومن الجدير ذكره أنّه خطب في المسلمين وغير المسلمين وفي الرجال والنساء، فلم يدع موقعاً إلا واستغله في الدعوة إلى الله وإلى ترسيخ فضائل الأخلاق ومكارم الصفات، ولم يعهد لرئيس دولة أو نبي مرسل أو قائد محنك خطب قومه وشعبه بقدر ما خطب الرسول ﷺ قومه[١]، ومن خطبه نستقطع هذا المقطع والذي يقول فيه:

«أيها الناس.. اتقوا ربكم وأجملوا في طلب الرزق ولا يحملنكم استبطاؤه على أن تطلبوه بمعصية ربكم فإنّه لن يقدر على ما عنده إلى بطاعته، قد بين لكم الحلال والحرام عير أن بينها شبهاً من الأمر لم يعلمه كثير من الناس إلا من عصم، فمن تركها حفظ عرضه ودينه، ومن وقع فيها كان كالراعي إلى جنب الحمى أوشك أن يقع فيه، وما من ملك إلا وله حمى، ألا وإنّ حمى الله محارمه، والمؤمن من المؤمنين كالرأس من الجسد إذا اشتكى تداعى إليه سائر جسده والسلام عليكم»[٢].

---

(١) تحدث المحقق الكرباسي عن موضوع الخطابة بالتفصيل في الجزء الأول من كتاب معجم خطباء المنبر الحسيني من دائرة المعارف الحسينية.

(٢) كلمة الرسول الأعظم: ٢٢٧، حسن بن مهدي الشيرازي، مؤسسة الوفاء، بيروت ـ لبنان،=

٣ ـ **الأسلوب الإنشادي**: ولقد استخدمه الرسول ﷺ وبالأخص أيام الحرب الباردة بينه وبين من كانوا يعادونه من المشركين واليهود فكانوا يستخدمون شعراءهم لهجو المسلمين والرسول ﷺ، وما كان للرسول ﷺ إلّا أن يستخدم الشعر كسلاح لا ذع لمقاومة الأعداء(١)، ونشير هنا إلى مواقف حسان بن ثابت(٢) الذي كان ينشد الشعر بأمر من الرسول ﷺ كحرب نفسية لمن كانوا يعادون الإسلام، وعلى سبيل المثال إنه ﷺ بعث إلى حسان ليرد على الزبرقان بن بدر(٣) وقال له قم يا حسان فأجب الرجل فقال حسان من قصيدة طويلة من البسيط:

قـومٌ إذا حـاربـوا ضـروا عـدوهـم   أو حاولوا النفع في أشياعهم نفعوا(٤)

٤ ـ **الأسلوب الدعوي**: حيث كان النبي ﷺ يرسل بالرسائل والوفود إلى رؤساء الدول والأمراء وقواد الجيش وزعماء القبائل والشخصيات يعرض

=١٤٠٢هـ، عن: شرح نهج البلاغة: ٢٣٣/١٤، إبن أبي الحديد عبد الحميد بن هبة الله المدائني، تحقيق: محمد أبو الفضل إبراهيم، دار الجيل، بيروت ـ لبنان، ١٤٠٧هـ.

(١) للمزيد راجع: معجم خطباء المنبر الحسيني: ٢٤/١ ـ ٣٦، وراجع: المدخل إلى الشعر الحسيني: ١١٢/١ ـ ١٣٤، محمد صادق محمد الكرباسي، المركز الحسيني للدراسات، لندن ـ المملكة المتحدة، ١٤٢١هـ (٢٠٠٠م).

(٢) حسان بن ثابت: هو حفيد المنذر الأنصاري الخزرجي (٦٦ ق.هـ ـ ٥٤هـ) يكنّى بأبي الوليد، من المعمرين أدرك الجاهلية ومدح الغساسنة والإسلام وهجا الكفار، فقد بصره ومات في المدينة وفيها كان قد ولد ونشأ وعاش، لم يشهد مع الرسول ﷺ غزوة، له ديوان نشر باسمه.

(٣) الزبرقان بن بدر: هو الحصين بن بدر التميمي السعدي المتوفى سنة ٤٥هـ، كان من شعراء الجاهلية فصيحاً، أسلم سنة ٩ للهجرة في وفد بني تميم إلى النبي ﷺ وأكرمهم وأكرمه، ولاه الرسول ﷺ صدقات قومه، والزبرقان أحد أسماء القمر سمي به الحصين لحسن جماله، نزل المدينة وسكنها وكُفَّ بصره في آخر حياته.

(٤) ديوان حسان بن ثابت: ١٤٥، حسان بن ثابت الأنصاري، دار صادر، بيروت ـ لبنان.

عليهم مبادئ الإسلام وأهدافه العليا ويُعلمهم بما منّ الله على المسلمين من الهداية والنصر ويعدهم بالإسلام خيراً ومستقبلاً زاهراً، ما مكنه من نشر العقيدة الإسلامية في شبه الجزيرة العربية وأطرافها، وبسط دولته خلال فترة عشر سنوات على أرض تقاسمتها اليوم نحو عشر دول، ولمّا كانت تطلعاته هذه فقد أخذ الإسلام يتسع وينتشر في جميع القارات في العالم.

وفي هذا الموجز نشير إلى نموذج من رسائله، ومن ذلك كتابه إلى ملك اليمامة، وجاء فيه: «بسم الله الرحمان الرحيم، من محمد رسول الله إلى هوذة بن علي، سلام على من اتبع الهدى، واعلم أنّ ديني سيظهر إلى منتهى الخف والحافر، فأسلم تسلم وأجعل ما تحت يديك»[1].

ومن الجدير ذكره أنه ﷺ أرسل مجموعة كبيرة من الرسائل إلى أطراف مختلفة في وقت كان أمر الكتابة والبريد ليس باليسير، وما وصلنا من هذه الرسائل التي تخص هذا الفصل نحو ست وأربعين رسالة فمن أراد الإطلاع عليها فليراجع مظانها[2]، وسنورد جدولاً بذلك لاحقا.

وهناك أساليب أخرى يلاحظها المتأمل في سيرته الشريفة، وأما من حيث المضمون الإعلامي فنلخص أهم ما ورد في النقاط التالية:

١ ـ ترسيخ العقيدة بوحدانية الله وعدالته وقدرته وإرساله الرسل لإسعاد خلقه ومحاسبتهم في النهاية ليثيب من أصلح ويعاقب من أفسد.

٢ ـ نشر مكارم الأخلاق والحث على تطبيق العدالة الاجتماعية وتغيير النفوس المريضة.

---

(١) مكاتيب الرسول: ١/ ١٣٦، علي بن حسين علي الأحمدي، دار صعب، بيروت ـ لبنان.

(٢) راجع: الجزء الأول من مكاتيب الرسول ﷺ للأحمدي. وقد أشار المحقق الكرباسي إلى جملة منها في الجزأين الأول والثاني من كتاب: السيرة الحسينية.

٣ ـ إيصال كلمة الحق وشرعة الله إلى الشعوب من خلال الإقناع والتفاهم.

٤ ـ تثقيف الأمم بالثقافة الإسلامية والمعايير الإنسانية، والتخلي عن المفاهيم الخاطئة التي كانت سائدة في الجاهلية.

٥ ـ إيصال المعلومة الصحيحة، وتمييز المواقف الحقة عن غيرها، ودحض الدعايات المغرضة.

٦ ـ توعية الأمم والشعوب تجاه القضايا العامة وإفهامهم الواقع الذي هم فيه.

٧ ـ تعليم الناس حب الخير والتعامل بالتسامح، وتحمل المسؤولية في معترك حياتهم الخاصة والعامة.

٨ ـ بناء قاعدة إيمانية قويّة لا ترضخ للمهاترات، ولا تخضع إلا للحق.

هذا ما يمكن أن يلمسه كل من يطّلع على مضامين خطب الرسول ﷺ العقائدية والاجتماعية والسياسية والثقافية والعسكرية والأخلاقية إلى غيرها، ولولا الإطالة لأوردنا نبذاً منها في المجالات التي تحدثنا عنها، وبما أنَّ خطبه وممارسته كلها كانت تصب في هذه الاتجاهات فلا معنى لتخصيص بعضها دون بعض، وإنما نحتاج إلى دراسة موضوعية دقيقة لها، وهنا لا مجال لمثل هذه الدراسة[١].

❁ ❁ ❁

(١) العامل السياسي لنهضة الحسين: ١/٣٠٧ ـ ٣١١.

الثقافة ودورها في الإعلام

مما لاشك فيه أنَّ للثقافة دوراً كبيراً في توجيه الإعلام، والثقافة خلافاً لما هو مشهور غير العلم، وفي هذا المجال يرى العلامة الكرباسي أن الثقافة تختلف اختلافاً كلياً عن العلم، إذ قد يكون الشخص متعلماً ويحمل عدداً من الشهادات العليا إلّا إنَّه فقير في ثقافته أو معدم، وقد يكون العكس هو الصحيح أيضاً، ويكتب سماحته في شريعة الثقافة قائلاً:

الثقافة في اللغة صيغة مصدر ثقف، وهي الحذاقة مع الخفة والسرعة والفهم والدرك السريع للأمور بحذاقة، ولأنه كذلك قيل للمتمكن من العلوم والآداب والفنون مثقف، وفي الواقع فإن الثقافة هي الذكاء الفطري فإذا كان الإنسان ملمّاً ومدركاً الحقائق من دون تكلف كانت له بصيرة وفطنة خاصة لفهم الأسباب والمسببات وربطهما معاً، وقد يكون في موضع أقوى من الآخر ولكن لا يتخصص بموضوع معين، وقد يعززه العلم والمعرفة ولكنه ليس عينه فكم من متعلم ليس بمثقف وكم من مثقف ليس بمتعلم فبينهما عموم وخصوص من وجه، وهي في جوهرها ليست كسبية وإن كان للبيئة والتربية والممارسة وفتح الآفاق دور كبير في صقل هذه الحاسة التي قد يطلق بعضهم عليها بالحاسة السادسة، ولكنها ليست كذلك بل هي مستقلة عن تلك وهي ليست بالإحساس بل درك للشيء وبالأحرى درك لفلسفة الأشياء فلذلك يضع الأشياء في موضعها كل حسب مورده ومحله، ويكون موزوناً في تصرفه ان شاء، وهذا لا يعني انه مسير في خلقه، بل له أن يعمل

٩٩

طبقاً لثقافته وله أن لا يعمل ولكنه يدرك حكمة الأشياء دون ان يدخل المعاهد وينال شهادات من الجامعات، فكم من عتّال أو مزارع عنده ثقافة رغم بساطته وعدم تعلمه وهذه قد لا تتواجد عند حامل الشهادات والنياشين والمتعلم بأكثر من علم وهنيئاً لمن جمع بين الثقافة والعلم، والأكثر فضلاً من ذلك من جمع بين الثقافة والعلم والإيمان بالله جل وعلا فإن هذا الثلاثي المقدس ان عمل الإنسان بمقتضاه مال إلى الكمال أكثر فأكثر وزاده الله فضلاً على فضل، والفضل كله بالطبع يعود إليه سبحانه وتعالى.

ولست مبالغاً إذا قلت إنَّ طالب العلم في تحصيله أو في إرشاده بحاجة إلى ثقافة معينة تخصه، والعامل في عمله بحاجة إلى ثقافة تخصه، وحتى المشي والأكل والسفر والذهاب إلى الحمام والتنظيف والقراءة والكسب كل بحاجة إلى ثقافته ليعرف المرء كيف يتعامل مع نفسه ومع الآخر في الاتجاهات الستة التي طرحناها في العلاقات الثنائية علاقة الإنسان مع نفسه ومع ربه ومع الآخر والمجتمع والدولة والبيئة فإنه في تطبيق هذه العلاقات بحاجة إلى ثقافة ليضع الأمور في موضعها ويسير باتجاه صحيح وبذلك يرضي نفسه وربه والآخر دولة كان أو مجتمعاً أو شخصية أخرى يعاشره ويسلم الجميع والبيئة من يده ولسانه وتصرفه وسيره.

ولست مبالغاً أيضاً إذا قلت إنَّ الإنسان المثقف لو سئل عن سبب تواجده في أي موقع يتواجد فيه أو في أي عمل يمارسه، وعما يفعله أو يقوم به لكان له جواب مشفوع بالسبب، فلو قيل له لماذا مشيت من هنا أو لماذا جلست هكذا أو لماذا فعلت هكذا ـ أو وألف أو ـ فإنه لا يحتار في الجواب وربما كان جوابه عن عفوية دون تردد ولكنه قصدها هذا لمن حصلت له ملكة الثقافة وقد لا تتحصّل له هذه الملكة لأنَّ امتلاك الثقافة شيء وتحصيل الملكة شيء آخر قد تأتي متأخرة، وبحاجة إلى قناعة

وممارسة لتصبح طبيعة غير متطبِّعة غير قابلة للزوال بسهولة إلا بفكرة شيطاينة أعاذنا الله منها.

عندما نقول الملكة كما نقولها في العدالة فهي تعني أنَّ الإنسان يصبح مثل سيارة محددة السرعة لها مجسّات خاصة لعدم الاقتراب من جسم آخر تصدم به وتتحسس من أي شاردة وواردة، هذه هي حقيقة الملكة، وليست هي حقنة تزرق في الجسم أو الفكر، بل هي توفيق إلهي بحاجة إلى أرضية مناسبة في الإنسان أهمها التقبل وعدم الرفض والابتعاد عن التمرد.

وقد يتصور أنَّ ذلك خاص بالمؤمن إلّا إنَّه ليس كذلك حيث إنَّ الثقافة ليست هي البصيرة الإسلامية بحدودها وخصوصياتها ولكنها جزء منها وقد يمتلكها غير المؤمن، ولاشك أنَّ الذي يكون كذلك أقرب إلى الإيمان من غيره الذي لا يمتلكها، ولذلك يمكن لمس ذلك من تصرفاته حيث يكون موزوناً ومتزناً، ورغم أنّه غير مؤمن إلّا إنَّ ثقافته لا تجعله يعمل المنكرات ولا تذهب به العقيدة إلى القول بالشرك أو الالحاد ويتفق مع المؤمن بأنّه لا يفعل المنكرات ولا يقترف الموبقات، وهذا ما نشاهده في بعض من ليس بمؤمن.

ومن جهة أخرى فالمثقف لا يعني أنَّه لا يخطئ ولا يغفل ولا يسهو أو لا يمكنه تخطي ثقافته عن عمد وتمرد بل كل ذلك ممكن وبالاضافة إلى ذلك قد تنسلخ منه بسبب عدم الاكتراث واللامبالاة وكثرة التمرد وفعل ما لا يليق وقد تنمو بفعل التدبر والتفكر والامعان وقسم منها يرتبط بالتوفيق بالمعنى الذي تحدثنا عنه في الفلسفة الضائعة[١]، وقد تزول الثقافة بفعل الأمراض المتعلقة بالنفس والعقل والأعصاب.

---

(١) يرى سماحته بأن التوفيق الذي يتحدث به الملتزمون وتتداوله المجتمعات بشكل عام ليس إلّا=

وفي الحقيقة أرى أنّ الثقافة هي مصدر الأخلاق والآداب والكمال والترفع، فالمثقف هو الذي يمكنه أن يدرك ما هو معنى الصبر والتحمل ويمكنه ان يتعامل مع العسر واليسر ويمكنه أن يمارس الأخلاق والفضيلة مع الآخرين بتفاوت مستوياتهم العلمية والعمرية والاجتماعية فللثقافة آفاق لا يمكن حصرها في مسار واحد والله العالم بالحقائق.

من جهة أخرى فإن الممارس لهذه الحياة مع الآخرين يمكنه أنْ يميز بين المتعلم والمثقف ومن يجمعهما معاً أو من يفتقدهما معاً، فانظر إلى من حولك من المتعلمين وغير المتعلمين فانك ستكتشف ببساطة من يحمل العلم والثقافة ومن لا يحمل أحدهما ومن لا يحملهما معاً ويمكنك أنْ تميِّز بين

= تجسيداً للمعنى اللغوي لهذه الكلمة وليس شيئاً خارجاً عن نطاق القوانين التي سنّها الله في مخلوقاته، فكل من تمكن من التوفيق بين مقومات الأمر الذي عزم عليه فإنه بالضرورة يصل إلى مرامه إن اختار السُبل الكفيلة لذلك، هذا هو ناموس الحياة وناموس التركيب، سواء المادي منه أو المعنوي، والمهم أن يكون الاختيار جيداً وفهمه لواقع الحياة فهماً صحيحاً، فمن مَزَجَ ذرة من الأوكسجين مع جُزيئة من الهيدروجين حصل على الماء وفق المعادلة الكيمائية التالية: ($H2 + O \rightarrow H2O$)، ومَن مزجَهُ مع غيره لم يحصل على الماء، ومَن زرع ما يناسب الأرض السبخة حصل على ما يريد، ومَن اختار الزوجة الصالحة الملتزمة الولود بدقّة سعدَ في حياته الزوجية وكان نسله طيِّباً شرط أن يقوم بتربيتهم عن خبرة ودراية، وليس في هذه الدنيا شيء عفوي أبداً، ولا شيء اعتباطي، فما مِن ريحٍ تجري من جهة الشمال إلا ولها سبب معيّن، ولا أمرٌ حادثٌ إلّا وله قصة ربما تكون طويلةً تعود بداياتها إلى قرون وقرون، ما فعله الآباء والأجداد إلّا ويترك تأثيره على الأبناء والأحفاد، فنحن نعيش على تراث السابقين وعلى تراكمات هذه الحياة، ولكن مَن اختار جيداً ومزجَ خليطه بدقّة وكان قد توكل على الله وبدأ باسمه المبارك واستمر على توكّله عليه جلَّ وعلا فإنه سبحانه وتعالى يُلهمه حُسن الاختيار وحُسن الحصاد وحُسن التصرف والاستفادة، فهذا هو التوفيق بكل بساطة، وليس هو شيء نزل من السماء أو نشأ منذ الولادة مع هذا ولم ينزل مع ذلك، وأن الله جلَّ جلاله عادل في نشأة خلقه، والناس كلهم عبيده. راجع: الفلسفة الضائعة (مقصورة شعرية)، للكرباسي: **٢٢** حوارية التوفيق (مخطوط).

عمرو وزيد وتصنفهم في درجات متفاوتة بعيداً عن التدليس الذي يمارسه البعض لإظهار كونه مثقفاً ذات خلق ونبل ولكن واقعه يدل على غير ذلك وانما هو نفاق ينافقه كما هو الحال في المرأة التي تتجمل قبل خطبتها للرجل وما إنْ تزوجها كشف جمالها المزيف أو بالعكس فالرجل يتخلق بخلق الأنبياء والصالحين لفترة الخطوبة وما إنْ تزوج كشف عن حاله وكشَّر أنيابه وإذا هو حيوان مفترس وليس بالحمل الوديع.

وبالمناسبة يطيب لي أن اذكر عينتين حصلتا في مقتبل عمري وسمعتهما عن قرب عمن هم ثقات في محنة أَلَمَّتْ بكل واحد منهما مما يمكن من خلالهما التمييز في اتجاه واحد من الثقافة وأخذ العبرة، وكلاهما لا يفارقان مخيلتي رغم مضي عقود على الحادثتين. الأولى: وقعت في كاشان المدينة الواقعة شرق مدينة قم المقدسة حيث أصيبت بالسيل العارم أيام مرجعية السيد البروجردي[1] فقد نقل لي خطيب ألمعي[2] كان قد شارك في

(١) البروجردي: هو حسين بن علي الطباطبائي (١٢٩٢ ـ ١٣٨٠هـ)، من أعلام الإمامية ومراجع التقليد، ولد في مدينة بروجرد الإيرانية ومات في قم المقدسة ودفن في الجامع الأعظم، درس في بروجرد وإصفهان وسكن العراق سنة ١٣٢٠هـ وبعد نيله درجة الإجتهاد سنة ١٣٢٨هـ عاد إلى مسقط رأسه ثم استقر في قم حتى رحيله، من أساتذته: محمد الكاشاني ومحمد كاظم الخراساني وشيخ الشريعة الإصفهاني، استقل بالمرجعية سنة ١٣٦٦هـ بعد رحيل السيد حسين القمي، من مؤلفاته: جامع أحاديث الشيعة، تجريد أسانيد الكافي، ورسالة في التحقيق عن أسانيد الصحيفة السجادية.

(٢) الخطيب: هو الشيخ علي الحيدري الكاشاني، من أعلام الحوزة العلمية في قم المقدسة وكاشان، المتوفى بعد عام ١٣٩٥هـ (١٩٧٥م)، تتلمذ على السيد البروجردي في الفقة والأصول والسيد الخميني في الفقه والأصول والأخلاق والميرزا مهدي الآشتياني في الحكمة والعرفان، زامله في حوزة قم ابن بلدته آية الله الشيخ حسين راستي الكاشاني (١٣٤٥ ـ ١٤٣٨هـ = ١٩٢٧ ـ ٢٠١٧م)، ونجله الخطيب والباحث والمؤلف الشيخ محمد باقر بن علي الحيدري الكاشاني المولود في بلدة راوند من ضواحي مدينة كاشان سنة ١٣٩٥هـ (١٩٧٥م).

الوفد الذي أرسله السيد البروجردي لكاشان لمساعدة الكاشانيين، وبطبيعة الحال لأنَّ الحدث كان شاملاً فقد وقف الوفد على تلّة وأخذ يوزع على الناس ما يحتاجونه من مأكل ومشرب وملبس وما إلى ذلك وقد أخذ كل منهم نصيبه، والجميع قصد الوفد إلا شخص دلَّت قامته على انه تجاوز الاربعين وربما بلغ الخمسين فإنه كان واثقاً من نفسه معتمداً على جذع شجرة يدخن غليونه (سبيل)[1] غير مكترث بما يوزع الوفد على الناس مما جلب انتباه الوفد فتوجهوا إليه كلهم أو الخطيب الذي نقل لي الحدث فسأله: هل أنت من كاشان؟

قال: نعم.

هل لك دار؟

قال: كان لي.

هل لك بستان؟

قال: كان لي.

هل لك أولاد؟

قال: كان لي.

هل لك امرأة؟

قال: كان لي.

هل لك قطيع غنم أو بقر؟

قال: كان لي.

---

(١) غليون: آلة تدخين تصنع من الخشب مجوفة الشكل، وربما استعمل في صناعتها حجر أملس، ويسمى باللغة الإنكليزية توباكو پايپ (Tobacco pipe) أو پايپ مختصراً.

وهكذا تعدد الأسئلة وهو يجيب بجواب واحد بفعل الماضي الدال على فقدانه لكل شيء، فانبرى الخطيب وسأله فلماذا لم تأت وتأخذ حصتك من المساعدات، قال ما معناه: الذي أعطى أخذ وهو قادر على أن يعطيني ثانية وانا أحسن من غيري فما زالت مغموراً باللطف الإلهي أمدني بالعمر والصحة وبما أرتديه من الملابس وبهذا الغليون فإني لمّا ولدت لم يكن لي كل ذلك.. هذه ثقافة ودرك لواقع قلما يدركه الآخرون.

الثانية: حدثت في حدود سنة ١٤٠٠هـ حينما أخرج صدام البائد عدداً من التجار الكبار من بغداد لأنهم ينتمون لمدرسة أهل البيت عليهم السلام وكان أحدهم من كبار التجار وامرأته مقربة فإذا بجلاوزة صدام التكريتي(١) يهاجمون بيته وفي حوار دقائق عرضوا عليه عطف سيادة الرئيس بانه لم يصدر قراراً بقتله بل سمح بمغادرة البلاد وأنَّ كل مصانعه وأملاكه قد صودرت ولا يحق له أنْ يأخذ شيئاً مما يملكه من المنقول وعليه ان يرافقهم فجلبوه وتوجهوا به وبعائلته إلى الحدود السورية وهناك تركوه بلا ماء وغذاء وأرشدوه لطفاً به إلى الطريق الذي يؤدي إلى أول نقطة سورية على الحدود، وأخذ يسير بذلك الاتجاه ومن شدة التعب والإرهاق شعرت زوجته بآلام الطلق وعلى أثرها أنجبت له طفلاً فقام الرجل وأخذ الطفل بيديه وذهب

---

(١) صدام التكريتي: هو إبن حسين بن عبد المجيد التكريتي (١٣٥٦ ـ ١٤٢٧هـ = ١٩٣٧ ـ ٢٠٠٦م)، ولد في قرية العوجة في تكريت ودفن في مسقط رأسه، خامس رئيس لجمهورية العراق في الفترة (١٩٧٩/٧/١٦م ـ ٢٠٠٣/٤/٩م) بعد أن أقصى الرئيس السابق أحمد حسن البكر، وفي عهده أبعد إلى إيران مئات الآلاف من العراقيين لأسباب طائفية وقومية، وشن الحرب على إيران التي استمرت ثماني سنوات (١٩٨٠ ـ ١٩٨٨م)، وفي سنة ١٩٩٠م احتل الكويت، وفي سنة ١٩٩١م قمع انتفاضة الشعب العراقي وقصف المدن على أهلها، وفي عهده عاش العراقيون حصاراً اقتصاديا صعبا انتهى بسقوطه في حرب قادتها الولايات المتحدة في ٢٠٠٣/٤/٩م، هرب من بغداد واعتقل في ٢٠٠٣/٩/٦م، وحكمت عليه محكمة عراقية بالإعدام ونفذ الحكم يوم ٢٠٠٦/١٢/٣٠م وسُلّم جثمانه إلى ذويه.

على تلة ورمى الطفل بقوة وخاطب ربه بما معناه: أهذا وقته!!، أنت تراني في هذه الحالة!!، ومات الطفل وغرق الجميع بالبكاء، فمن المثقف منهما الكاشاني أو البغدادي، ففي الامتحان تبلى السرائر.

ومن حيث التطبيق وعلى سبيل المثال، الكل يأكل، الإنسان يأكل والحيوان يأكل، بل كل شيء بحاجة إلى غذاء ولكن الإنسان الذي هو خيرة خلق الله جل وعلا عليه أنْ يعرف أنَّه بحاجة إلى أنْ يأكل، ولماذا يأكل؟ وكيف يأكل؟ وكم يأكل؟ وماذا يأكل؟ وو.. إلى آخره وليس المهم أن يأكل إذ ربما كان يعرف بعضها أو جميعها من حيث العلم كأن كان طبيباً أو عالم اجتماع ولكن ان يجمع كل ذلك في آن واحد ويعرف فلسفة ذلك فهذا هو عمل المثقف سواء كان متعلماً أو أميّاً، وإنَّ هذا هو كنهُ الثقافة وأساسه.

وفي الواقع إنّ آيتين في القرآن الكريم تحملان الينا مفردة البصيرة إحداهما: ﴿قُلْ هَٰذِهِۦ سَبِيلِىٓ أَدْعُوٓاْ إِلَى ٱللَّهِۚ عَلَىٰ بَصِيرَةٍ أَنَا۠ وَمَنِ ٱتَّبَعَنِىۖ وَسُبْحَٰنَ ٱللَّهِ وَمَآ أَنَا۠ مِنَ ٱلْمُشْرِكِينَ﴾[1]، والثانية: ﴿بَلِ ٱلْإِنسَٰنُ عَلَىٰ نَفْسِهِۦ بَصِيرَةٌ * وَلَوْ أَلْقَىٰ مَعَاذِيرَهُۥ﴾[2]، الأولى تتحدث عن البداية والثانية تتحدث عن النهاية فالأولى تحدد الإيمان الواقعي، فالمؤمن الحقيقي هو الذي لا يؤمن لكي يحفظ دمه وعرضه وماله، ولا يؤمن عن عاطفة أو في موجة ثورية أو ما شابه ذلك بل يؤمن بالله لأنّ منهجه الصراط المستقيم، لأنه تعالى المستحق للعبادة، فقد آمن بالله عن قناعة، ووَحَّده عن درك وإحساس فلا يشرك به أحداً، ومن هنا فإن الذي كذلك لا يتزعزع ولا ينحرف مهما كانت الظروف لأنَّه لم يؤمن لأجل أمر مادي فإنْ أبطأ عنه تخلى عنه بل وجده أهلاً للعبادة فعبده وأنّه يستحق العبادة فأطاعه، وأما الآية الأخيرة فإنها تدلنا على معرفة النفس فإنَّ الإنسان

(١) سورة يوسف، الآية: ١٠٨.

(٢) سورة القيامة، الآيتان: ١٤ ـ ١٥.

هو الذي يعلم بما يحمله من فكر وما عملته أطرافه وما قام به في الخفاء والسر، يمكنه أنْ ينتصر بأقواله وأعذاره، إنَّه يعلم جيداً بنواياه.

إنَّ هاتين المعرفتين هما من الثقافة فمن عبد الله وأطاعه من خلال فلسفة الاستحقاق والأهلية فهي الثقافة، ومن قاضى نفسه بالنوايا التي يعرفها فهي الثقافة، وحقاً أقول: إنَّ هاتين الآيتين تختصران الطريق إلى فهم الثقافة وتعريفها، ألا وهي معرفة الله عبر معرفة النفس حيث ورد في الدعاء المروي عن الإمام الصادق عليه السلام لزرارة[1] في ذكره عصر غيبة الإمام الحجة عليه السلام: «اللّهُمَّ عَرِّفني نفسك فإنَّك إنْ لَمْ تُعرِّفني نفسك لم أعرف نبيَّك، اللّهُمَّ عَرِّفني رسولَك فإنَّك إنْ لم تُعَرِّفني رسولَك لَمْ أعرف حجَّتَك، اللّهُمَّ عَرِّفني حجَّتَك فإنَّك إنْ لَمْ تُعَرِّفني حجَّتَك ضَلَلْتُ عن دِيني»[2].

فالإنسان إذا عرف المترتبات والمتسلسلات وعرف الأسباب والمسببات بفهمه الفطري وعقله السليم كان مثقفاً. فالفطرة السليمة والعقل السليم ينتجان الثقافة ويبعدانه عن الضياع، فكم من معلم للأخلاق فاقدها وكم من مدرب للآداب لا يعمل بها، وكم من متعلم لا يطبق علمه، وانما الثقافة هي التطبيق بمقتضى المعرفة، والواقع أنَّ التدبر المأمور به من قبل الله تعالى هو باب من أبواب الثقافة وكما هو مروي عن النبي الأكرم

---

(١) زرارة: هو أبو الحسن عبد ربه زرارة بن أعين بن سنسن الكوفي الشيباني بالولاء (١٢٠ ـ ١٥٠هـ)، من فقهاء الإمامية وأعلامها وأدبائها ورواتها وكبار ثقاتها، وهو من أصحاب الأئمة محمد بن علي الباقر عليه السلام المتوفى عام ١١٤هـ، وجعفر بن محمد الصادق عليه السلام المتوفى عام ١٤٨هـ، وموسى بن جعفر الكاظم عليه السلام المتوفى عام ١٨٣هـ، روى عنه عدد كبير من الرواة منهم: محمد بن عمر بن اذينة، ، قال في حقه الإمام الصادق عليه السلام: «لولا زرارة لاندرست أحاديث أبي»، وقد أرجع بعض مراجعيه للمناظرة في الفقه إليه، من آثاره: كتاب الصلاة، كتاب الاستطاعة والجبر.

(٢) كمال الدين وتمام النعمة: ١/٣٧٠.

محمد ﷺ: «فكر ساعة خير من عبادة سنة»[1]، إذ ليس المهم أن تعبد ولكن المهم لماذا تعبد؟ ومن تعبد؟ وما هي العبادة؟ وكيف تكون العبادة ومقدارها ومواردها؟ ولا بد أن يعرف أن العبادة هي الطاعة المطلقة لله جل وعلا واتّباع أوامره ونواهيه فمتى قال صلِّ صلى ومتى نهى عن ذلك توقف، فالمرأة على سبيل المثال لا تجب ان تتحسر على الأيام التي لا تصلي فيها، والمسافر لا يلزم نفسه بالصوم إذا ما نهى الله عنه وأنَّ الكثرة والإصرار ليسا من الثقافة في شيء بل الثقافة اتّباع الحق في الانطلاق والامتناع دون تحسر لدى الامتناع ودون تباهٍ لدى القيام بالعبادة، بل المهم هو الانصياع الكامل للأوامر والنواهي والا ما كان طاعة ولم يعد مطيعاً بل أطاع هواه ولم يكنْ قد عرف لماذا يطيع ولماذا يقوم بكل ما يقوم، فلا بد أن يكون مثل العبد امام الله جل وعلا، ومثل الجندي في المعركة حيث عليه إطاعة القائد فإن قال له أقْدِم، أقْدَم وإن قال له توقف أو تراجع نفّذ ما ألقي إليه عندها يكون جندياً مرموقاً يستحق الثناء والشكر[2].

(١) مستدرك وسائل الشيعة: ٢/١٠٥، حسين بن محمد تقي النوري الطبرسي، مؤسسة آل البيت لإحياء التراث، قم ـ إيران، ١٤٠٩هـ.

(٢) شريعة الثقافة: ١٣ ـ ٢٥، محمد صادق بن محمد الكرباسي، بيت العلم للنابهين، بيروت ـ لبنان، ١٤٤٠هـ (٢٠١٩م).

الهدف من الإعلام

ما من شيء يقوم به العقلاء إلا ومن ورائه هدف منشود يراد من خلاله الوصول إليه فيا ترى ماهو المقصود النهائي من الإعلام؟ وهذا السؤال يجيب عليه العلامة الكرباسي بقوله:

إنَّ المقصود هو تحقق المراد الذي يخطط له الإعلاميون الحاذقون كلٌ حسب مبتغاه، فالأنبياء مثلاً هم مأمورون من قبل الله سبحانه وتعالى لإقامة العدل ورفع الضيم، ومن هنا يسعون إلى ذلك عبر الإعلام الظاهر والواضح والصريح ولن يدخلوا الزواريب الضيقة كما يفعل السياسيون، وأما السياسيون فإنهم يريدون الوصول إلى كرسي الحكم فما من حاكم إلّا وله وسيلة إعلامية أو وسائل إعلامية ناجحة تتجه بوصلتها نحو الحاكم طلباً للكرسي الذي يستمر في حكمه إن كان في حيازته أو الوصول إليه إن كان في حيازة غيره، وذلك عبر الدعاية وتحول القلوب والأنفس والآراء نحوه وعندها يصبح الإعلام بكل ألوانه وأطيافه وسيلة تخدم السلطان والحاكم.

لقد سبق من خلال ما قدمنا بيان الهدف المنشود من الإعلام ولكن يمكن أن نلخصه بالنقاط التالية بكلا اتجاهيه.

١ ـ نشر الصلاح بين الأمة أو نشر الفساد بين الشعوب، ومن الطبيعي أن القائم بذلك سواء كان فرداً أو مؤسسة فإنه في عمله الإصلاحي يريد القيام بواجبه الشرعي أو الوطني أو على الأقل إرضاء ضميره،

١٠٩

وفي الجانب السلبي يريد السيطرة على الحكم لمآرب شخصية فيها من الأنانية ما يطفو إلى العلن، أو يستفيد فوائد اقتصادية.

٢ ـ خدمة الشعوب والأمم كما هو حال الأنبياء والأئمة والأولياء والوطنيين، وفي قباله خدمة النفس الأمارة بالسوء في أي اتجاه شاءت، واشباع رغباتها التي لا تنتهي بمورد أو إثنين.

٣ ـ الهدف الأسمى أن يقوم المصلح بجلب رضا الله وسعادة نفسه في هذه الدنيا بما يمكن أن يقدمه للناس وذلك بجلب السعادة إليهم، وفي الجانب الآخر يعمل لجلب رضا شياطين الإنس أو الجن أو كليهما على حساب سعادة الآخرين مهما كلف الأمر من قتل ودمار وظلم وقهر.

الإعلام الإسلامي والرسل الإعلامية

لدى الحديث عن الإعلام الإسلامي نتوجه إلى مؤسس الدولة الإسلامية وإلى المشرع للشريعة المحمدية ألا وهو الرسول الأعظم ﷺ الذي قوله حجة وفعله حجة وتقريره حجة لنرى كيف تعامل في مسيرته الفريدة مع كثرة المناهضين له وانتشار الجهل في ذلك العصر الذي خيم فيه القتل والنهب والحروب على مسيرة الحياة، وأهم وسيلة اختارها الرسول الأعظم ﷺ هي الإبلاغ أي التبشير وإفهام الطرف الآخر واقناعه بالحقيقة وبالهدف المنشود لإسعاد البشرية فما كان منه إلا أن أرسل الرسل من هنا وهناك ليوصلوا لهم الفكرة والهدف، ونكتفي بسرد هذا الجدول للوصول إلى حركة الرسول ﷺ الإعلامية على مدى أحدى عشر سنة بعد أن هاجر من مكة المكرمة إلى المدينة المنورة وأسس أول تجمع إسلامي رائد وإليك جدولاً بالرسل الإعلامية كما أثبته المحقق الكرباسي في دائرة المعارف الحسينية(١):

التسلسل	المرسل إليه	السمة	البلدة	الرسول	المعتقد
١	أبرويز بن هرمز (كسرى)	ملك الدولة الساسانية	.... (إيران)	عبد الله بن حذافة السهمي	مجوس
٢	جريح بن مينا (المقوقس)	زعيم الأقباط	الإسكندرية (مصر)	حاطب بن أبي بلتعة	نصارى

---

(١) راجع: العامل السياسي لنهضة الحسين: ١/ ٣١٢.

٣	الهلال	صاحب البحرين	البحرين	.....	....
٤	هرقل الأول (قيصر)	ملك الدولة البيزنطية	بيزنطة (إسطنبول تركيا)	دحية بن خليفة الكلبي	نصارى
٥	مسروح ونعيم ابنا عبد كلال	أميران في اليمن	صنعاء (اليمن)	....	نصارى
٦	أهل عمان	وكان يستجان عامل عمان	دما (عمان)	....	نصارى
٧	أصحمة بن أبجر النجاشي	ملك الحبشة	الحبشة	عمرو بن أمية الضمري	نصارى
٨	... ابن اصحمة النجاشي	ملك الحبشة	الحبشة	....	نصارى
٩	الحارث بن أبي شمر الغساني	ملك دولة الغساسنة	الغوطة ـ دمشق (سوريا)	شجاع بن وهب الأسدي	نصارى
١٠	هوذة بن علي الحنفي	ملك اليمامة	هجر ـ اليمامة (نجد ـ (السعودية)	سليط بن عمرو العامري	نصارى
١١	المنذر بن ساوى الدارمي	والي الساسانيين	هجر (الأحساء) (السعودية)	العلاء بن الحضرمي	مجوس
١٢	جيفر وعبد ابنا الجندي	صاحبا عمان	عمان	عمرو بن العاص السهمي	...

١٣	فروة بن عمرو الجذامي	والي البيزنطيين	معان (الأردن)	مسعود بن سعد	نصارى
١٤	أكثم بن صيفي الأسيدي	حكيم العرب	(الحجاز السعودية)	ابن أكثم	...
١٥	يحنة بن رؤبة	والي البيزنطيين	إيلة (تبوك السعودية)	حريث بن زيد الطائي وجماعته	نصارى
١٦	زياد بن جهور اللخمي	كبير بني لخم	رفحة (فلسطين)	...	نصارى
١٧	قبائل بكر بن وائل	وكان عدي بن شراحيل يرأسهم	اليمامة (نجد ـ السعودية)	مرثد بن ظبيان السدوسي	...
١٨	مسيلمة بن حبيب الكذاب	مدعي النبوة	اليمامة (نجد السعودية)	عمرو بن أمية الضمري	...
١٩	ضغاطر	رئيس الأساقفة	بيزنطة (اسطنبول تركيا)	دحية بن خليفة الكلبي	نصارى
٢٠	يهود خيبر	...	خيبر (يثرب ـ الحجاز)	...	يهود
٢١	أبو حارثة بن علقمة	كبير الأساقفة	نجران (اليمن)	عتبة بن غزوان وصحبه	نصارى
٢٢	سمعان بن عمرو الكلابي	...	...	عبد الله بن عوسجة العُرني	...
٢٣	جبلة بن الأيهم الغساني	ملك دولة الغساسنة	الشام (سوريا)	عمار بن ياسر المذحجي	نصارى

٢٤	ذو الكلاع وذو عمرو	...	...	جرير بن عبد الله البجلي	...
٢٥	ورد بن مرداس الهذيمي	...	...	...	...
٢٦	أقيال (أمراء) حضرموت	...	حضرموت (اليمن)	مسعود بن وائل	...
٢٧	قبيلة حارثة بن عمرو	...	...	عبد الله بن عوسجة العُرني	...
٢٨	زرعة بن سيف بن ذي يزن	...	(اليمن)	...	...
٢٩	عمرو بن مالك الأرحبي	...	...	قيس بن نمط	...
٣٠	عريب والحارث ابنا عبد كلال	زعيما قبيلة بني حمير	(اليمن)	...	...
٣١	قبائل حمير	...	(اليمن)	...	...
٣٢	جفينة النهدي	...	...	...	...
٣٣	...	عامل البيزنطيين	بُصرى (سوريا)	الحارث بن عمير الأزدي	...
٣٤	عبد الله بن الحارث الأزدي	...	...	...	...
٣٥	حراش بن جحش العبسي	...	...	...	...

٣٦	سرباتك	ملك الهند	قبوج[١] - (الهند)	حذيفة بن حسيل اليمان وصحبه	وثني هندوسي
٣٧	قيس بن عمرو	الهمداني	...	...	...
٣٨	بنو معاوية من كندة	...	...	...	...
٣٩	نفاثة بن فروة	ملك السماوة	السماوة (العراق)	...	...
٤٠	بنو عذرة	...	...	...	...
٤١	اسيبخت	مرزبان (قائد الجيش)	هجر (الأحساء ـ السعودية)	...	مجوس
٤٢	حوشب ذي ظليم	...	...	...	...
٤٣	عرينة السحيمي	...	...	...	...
٤٤	قيس بن مالك	...	...	...	...

وفي وجه آخر من وجوه الإعلام الذي استخدمه الرسول ﷺ هو تعامله مع الوفود حيث تمكن من كسب زعماء القبائل وأبناء القبيلة بالعطايا والمنح بحيث لم يرجع أحد منهم صغيراً كان أم كبيراً، عبداً كان أو زعيماً إلا ونال من جوائزه، مما يعود بالنفع على الإسلام والمسلمين ويرجعون إلى بلادهم دعاة إلى الإسلام فيدخلون في دين الله أفواجاً.

(١) قَبوج: بفتح أوله وتشديد ثانيه مدينة تقع في شرق فيروز آبادي وسط الهند.

ولنذكر نموذجاً من معاملة الرسول ﷺ مع الوفود مما عكس وجهاً إعلامياً جيداً للإسلام والمسلمين حيث يروي أبو النعمان[(١)] عن أبيه قال: قدمت على رسول الله وافداً في نفر من قومي فنزلنا ناحية من المدينة، ثم خرجنا نَؤُم المسجد فنجد رسول الله ﷺ يصلي على جنازة في المسجد، فلما انصرف رسول الله ﷺ قال: من أنتم؟ قلنا: من بني سعد هذيم، فأسلمنا وبايعنا ثم انصرفنا إلى رحالنا، فأمر بنا فأنزلنا وضيّفنا، فأقمنا ثلاثاً، ثم جئناه نودعه، فقال: أمّروا عليكم أحدكم، وأمَّر بلالاً[(٢)] فأجازنا بأواق[(٣)] من فضة، ورجعنا إلى قومنا فرزقهم الله الإسلام[(٤)].

وأما عدد الوفود[(٥)] التي وصلت إلى المدينة فقد تجاوز ٧٢ وفداً[(٦)]، ومن يلاحظ سيرة الرسول الأكرم محمد ﷺ مع الوفود يدرك مدى أهمية ذلك إعلامياً، حيث نتج من خلال هذه اللقاءات ما يلي:

---

(١) ابو النعمان: وهو من بني سعد هذيم المزني، لم أقف على ترجمته وترجمة أبيه، عاش في القرن الأول الهجري يروي عنه أبي عمير الطائي الذي يروي أيضاً عن ابن شهاب الزهري محمد بن مسلم المدني (٥٨ ـ ١٢٤هـ).

(٢) بلال: هو إبن الحارث بن عصم بن سعيد بن قرة المزني (٢٠ق.هـ ـ ٦٠هـ)، من الصحابة قدم على الرسول ﷺ مع قبيلته مزينة سنة ٥ للهجرة وبايعوه، وكان حامل راية قبيلته يوم فتح مكة، سكن منطقة الأشعر في ضواحي المدينة، ثم سكن البصرة، روى عنه ابنه الحارث وعلقمة بن وقاص الليثي الكناني

(٣) أواق: جمع واقية: الستر والدرع الواقية.

(٤) الطبقات الكبرى: ١/ ٣٣٠، محمد بن سعد الزهري، دار صادر، بيروت ـ لبنان، ١٤٠٥هـ.

(٥) راجع: الجزآن الأول والثاني من السيرة الحسينة من الموسوعة الحسينية للكرباسي، ويُذكر أن أول من وفد عليه ﷺ في المدينة هو بلال بن الحارث في أربعة عشر رجلاً من مزينة فأسلموا جميعاً وذلك في السنة الخامسة للهجرة ـ راجع: تاريخ الخميس في أنفس النفيس: ١/، حسين بن محمد الدياربكري، دار صادر، بيروت ـ لبنان.

(٦) راجع: الطبقات الكبرى: ١/ ٢٩١ ـ ٣٥٩، خلال خمس سنوات، راجع: السيرة النبوية لابن هشام: ٢٠٣/٤ ـ ٢٤١ سنة الوفود.

١ ـ التعرف على حقيقة الإسلام قولاً وفعلاً.

٢ ـ اعتناق الوفود للدين الإسلامي في الغالب.

٣ ـ رجوع الوفود إلى ديارهم بعدما انقلبوا إلى دعاة.

٤ ـ تعليمهم للأحكام الإسلامية.

٥ ـ إبرام العهود والمواثيق.

٦ ـ النظر إلى الإسلام بعين العظمة والإكبار.

أهمية الإعلام

إنَّ الحديث عن الإعلام ودلالاته وأهميته يحتاج إلى دراسة عميقة للحصول على النتائج الواقعة التي خلفها الإعلام. وحتى لا نطيل الكلام حول هذا الموضوع فمن الأفضل أن نقوم هنا فقط بالإشارة إلى العينات التي لا تقبل الشك في هذا الاتجاه، والذي في يومنا الحاضر ممثل بالدول العظمى والدول المعادية للإسلام إلى جانب الحركات الإرهابية التي حلّت في دولنا الشرقية وبالأخص الإسلامية، والواقع المعاش أوصلنا إلى درك هذه الحقيقة ألا وهي أن معظم الحروب والفتن قامت بسبب الإعلام المضاد الكاذب والممنهج للفوضى والفتنة.

في هذا المجال قال الفقيه الكرباسي في إحدى جلسات يوم الجمعة المنعقدة بعد تلاوة دعاء الندبة في قاعة الأشتر في المركز الحسيني للدراسات: إنَّ الإعلام قد يسيِّر الأمة والشعوب إلى الجنان والفردوس وقد يسيرهم إلى النار والجحيم، وإنه قد يتحالف مع الرحمان وقد يتحالف مع الشيطان، وقد يؤدي إلى الإصلاح والاستقرار، وقد يؤدي إلى الفساد والفوضى، وقد يوصل البلاد والعباد إلى السعادة وقد يكون العكس هو صحيح أيضاً فيؤدي بهم إلى الشقاء.

وهنا يجب القول بأننا لا بد أن نكون حذرين في التعامل مع الإعلام إصغاءً ونشراً، قد ننشر من حيث لا نعلم البغض والكراهية والفساد والقتل

والدمار والرذيلة بنقل الخبر الإعلامي المغرض عبر ألسنتنا أو عبر وسائل الاتصالات المتاحة لدينا، وقد يكون العكس صادقاً مائة في المائة، انا هديناه النجدين أما شاكراً وإما كفورا[1] فالحذر كل الحذر من الإعلام فلا بد أن لا نقبل ما لم يكن مدعوماً بالدليل القاطع فقد قال تعالى: ﴿يَـٰٓأَيُّهَا ٱلَّذِينَ ءَامَنُوٓاْ إِن جَآءَكُمْ فَاسِقُۢ بِنَبَإٍ فَتَبَيَّنُوٓاْ أَن تُصِيبُواْ قَوْمًۢا بِجَهَـٰلَةٍ﴾[2] فقد يكون الكلام معسولاً والصورة واضحة وضوح الشمس إلّا إنَّها مزورة ليس لها واقع بل ملفقة.

فالحذار الحذار أن نكون جزءاً من هذا الإعلام الكاذب، الكافر بالحقائق والمفاهيم الأخلاقية.

۞ ۞ ۞

(١) مفاد قوله تعالى: ﴿وَهَدَيْنَـٰهُ ٱلنَّجْدَيْنِ﴾ [البلد: ١٠]، وقوله تعالى: ﴿إِنَّا هَدَيْنَـٰهُ ٱلسَّبِيلَ إِمَّا شَاكِرًا وَإِمَّا كَفُورًا﴾ [الإنسان: ٣]، وقوله تعالى: ﴿وَنَفْسٍ وَمَا سَوَّىٰهَا ۞ فَأَلْهَمَهَا فُجُورَهَا وَتَقْوَىٰهَا ۞ قَدْ أَفْلَحَ مَن زَكَّىٰهَا ۞ وَقَدْ خَابَ مَن دَسَّىٰهَا﴾ [الشمس: ٧ ـ ١٠].

(٢) سورة الحجرات، الآية: ٦.

مصداقية الإعلام الإسلامي

وازن الإسلام الأمور في اتجاهاتها المختلفة ووضع للإعلام الذي هو سيف ذو حدين أحكاماً وقواعد وقوانين هي ملزمة لمن يريد الولوج في هذا المضمار الحساس، ونورد في هذا الفصل حزمة من المسائل الفقهية التي أوردها سماحة الفقيه الكرباسي ضمن سلسلة شرائعه[1]:

١ ـ الإعلام: هـو الإخبـار بالأحداث الجـارية والمـاضية وإظهاره بالوسائل المقروءة والمسموعة والمرئية بالصوت والصورة.

٢ ـ لحليّة الإعلام شروط أهمها ما يلي:

أ ـ أن لا يكون كاذباً.

ب ـ أن لا يُحرَّف منه شيء.

ت ـ أن لا يُستقطع منه شيء له تأثير في المعنى.

ث ـ أن لا يوجب الفتنة.

ج ـ أن لا ينطبق عليه شرائط الغيبة.

ح ـ أن لا يهتك حرمة مَن له حرمة.

خ ـ أن لا يكشف سراً يجب حفظه.

د ـ أن لا يوجب إلى إسقاط حق أو ضياعه.

_____

(١) راجع: شريعة الإعلام، للكرباسي: ١٣ (مخطوط).

ذ ـ أن لا يوجب تشجيعاً على ما هو محرّم شرعاً.

ر ـ أن لا يوجب خيانة للوطن.

ز ـ أن لا يوجب تجاوزاً على القوانين المرعيّة والشروط المتفق عليها.

٣ ـ الكذب محرم بكل أشكاله وألوانه وفي الإعلام أشدّ إذ قد يؤدي إلى فتنة كبرى.

٤ ـ الكذب إذا كان لأجل الاصلاح يجوز، فلو استخدم في الإعلام من هذا الباب جاز.

٥ ـ إذا ترتب على الكذب الاعلامي أية سلبيات فالاعلامي ضامن لآثاره المادية ويتحمل مسؤوليته المعنوية إنْ تعمّد ذلك.

٦ ـ الكذب: هو كل ما لم يكن له حقيقة ولا يختلف باختلاف مظاهره، ويتحقق بالمنطق والقلم والإشارة والصورة وما إلى ذلك.

٧ ـ الرسوم المتحركة (الكاريكاتورية) إذا كانت توحي معنًى كاذباً فهو من الكذب المحرم وكذلك إذا نشرت صورة ملفقة، أي صُنعت بالحاسوب بالدمج مع صورة أخرى.

٨ ـ الكلمات المومية والموحية إلى ما هو غير واقع فهو كذب.

٩ ـ التحريف قد يتحقق بالتفسير غير المسؤول لنص شخص حسب رؤية عدائية.

١٠ ـ التلاعب بالنص في استخداماته الأدبية أو الاصطلاحية أو المنطقية لإسقاط الآخر أو إسقاط حكم مما لم يقصده قائله محرم.

١١ ـ التحريف قد يكون بالمعنى وقد يكون باللفظ حتى وإن كان بتبديل مفردة «قعد» إلى «جلس» فإنه إذا تعمّد في ذلك فهو محرم إذا كان مفعوله يختلف عما قصده قائله.

١٢ ـ الاستقطاع والتجزئة في الكلام بما يغير المعنى لأغراض عدائية لا يجوز، كما لو قال: إنَّ الحزب الفلاني عميل إذا قَبِلَ بوصاية الدولة الفلانية، فجاء الإعلام وذكر الجزء الأول من الجملة، وقال: إنَّ الحزب الفلاني عميل.

١٣ ـ إذا كان هناك نص ينقل فيه مقولة من غيره للاستشهاد على موضوعٍ ما أو للرد عليه، فإذا جاء مَن يلقي الضوء على هذه المقولة باعتبارها وردت في نص الناقل فهذا من التحريف المحرم والإعلام الساقط.

١٤ ـ إذا تحدث الإعلام عن أمر يوجب فتنة بين شريحة وأخرى، أو طائفة وثانية، أو حرب وصراع بين دولتين فإن ذلك محرّم حتى وإن كان بين عدوين إلا في حالة الحرب، شرط أن تكون المادة الإعلامية حقيقة واقعة.

١٥ ـ الفتنة سواء كانت اجتماعية أو عقائدية أو سياسية بحد ذاتها محرمة، فإذا جاء الإعلام لتحريض مثل هذه الفتن فقد خالف الشريعة وأثم وتحمل وزرها.

١٦ ـ الغيبة لا تختص بالحديث الثنائي بل تتحقق بالبث الإعلامي وعبر الوسائل المرئية والصوتية، فإذا اجتمعت شرائط الغيبة كانت غيبة وحرمتها تكون مضاعفة.

١٧ ـ لا يجوز بأي شكل هتك حُرمة المؤمنين والمسالمين من سائر الفئات من خلال وسائل الإعلام أو من خلال الحديث الإعلامي.

١٨ ـ تختلف الحرمة حسب المكانة الاجتماعية، فيختلف الأمر من شخص إلى آخر حسب موقعه ومكانته، وترتبط بالفهم العرفي السائد.

١٩ ـ لا يختص هتك الحرمة بالأحياء بل يشمل الأموات.

٢٠ ـ هتك الحرمة لا يختص بالشخص بل ربما كان الحديث عن والده أو أسرته الموجب لهتك حُرمة الشخص.

٢١ ـ لا يجوز نشر أسرار الناس من خلال وسائل الإعلام باسم حرية التعبير والسبق الصحفي.

٢٢ ـ الأسرار السياسية إذا كان في التحفّظ عليها خيانة للوطن والعقيدة، فلا يحرم نشرها بل يجب كشفها.

٢٣ ـ الشخصيات ذات المكانة الوطنية أو العامة لا تعد حركتهم ومسيرتهم من الحياة الخاصة، ولكن هناك حياة خاصة لهم لا يجوز الكشف عنها.

٢٤ ـ لا يجوز للإعلام حشر أنفه في خصوصيات الناس ورصد حركتهم.

٢٥ ـ لا يجوز التخوين ورمي الاتهامات دون الاستناد إلى دليل مادي.

٢٦ ـ لا يجوز تسقيط الشعوب أو التكتلات والأشخاص من خلال الإعلام.

٢٧ ـ التصريح الإعلامي المؤدي إلى ضياع حق سواء تعلق بفرد أو مجتمع أو وطن محرّم.

٢٨ ـ المؤسسة الإعلامية قد تكون مسؤولة عن أي ضرر يصيب الفرد أو المجتمع أو الوطن إذا كانت هي من وراء هذا النوع من الإعلام وإلا تقع المسؤولية على الشخص الإعلامي، ويضمن كل الخسائر المادية والمعنوية.

٢٩ ـ إذا كان الإعلام يحتوي على قذف شخص، جاز تنفيذ قوانين القذف في حقّه.

٣٠ ـ خيانة الوطن والمعتقد تعد من الكبائر وهو من الإفساد في الأرض والذي له قوانينه الجزائية في الإسلام.

٣١ ـ لا يجوز من خلال الإعلام إهانة أية شخصية ذات قدسية على

الإطلاق، ويتحمل مرتكبوه العقاب، والذي تختلف درجاته، وقد أوردنا تلك الأحكام في شريعة الحدود[1].

٣٢ ـ المذيع والمقدِّم للبرامج الإعلامية إن كان حرّ التصرف فالمسؤولية تقع عليه، وأما إذا كان مقيّداً بالنصوص التي تُعطى له فإنه لا يتحمل المسؤولية الكبرى إلّا إنَّه يأثم، وهناك حالات يشترك فيها مع أصحاب القرار في تحمل المسؤولية، والأحكام الشرعية تترتب على الآثار، وهي مبيّنة في شريعة الحدود.

٣٣ ـ لا تكفي الاستقالة في محو الإثم ورفع المسؤولية لأن هناك حالات مختلفة، فإن كان من الحق الخاص بالنسبة إلى الناس فلا بد من استرضائهم والسماح منهم، وأما حقّ الله فيمحى بالتوبة بعد رضا المتضرر، وأما الحق العام فلا يسقط بأي شكل من الأشكال إلا بإجراء القانون الجزائي، وقد تحدثنا عن ذلك في شريعة الحقوق[2].

٣٤ ـ حرية التعبير مقيّدة بعدم إهانة من له حرمة أو الإضرار بالغير، أو الفساد والفتنة، وإلا حرم وعوقب الفاعل.

٣٥ ـ الحرية أساساً ليست مطلقة، نعم لا شك أن لا إكراه في حرية المعتقد، ولا إشكال في حرية التصرف في ماله شرط أن لا تكون له تأثيرات سلبية على الآخرين والبيئة، فلا يحق لأحد أن يُحرق بيته ويتضرر جيرانه منه، كما لا يحق لأحد أن يلوّث البيئة ليقول: إن بملكي وليس بملك الآخر، كما لا يحق أن يضرب ويقتل ويعذب أولاده وإن كان هو أولى

---

(١) شريعة الحدود: تحت الطبع.

(٢) شريعة الحقوق: صدر الكتيب في بيروت سنة ١٤٣٦هـ (٢٠١٥م) عن بيت العلم للنابهين في ٥٦ صفحة.

بهم، بل لا يحق له أن يجرح نفسه أو يقتل نفسه تحت عنوان الحرية، فإن كل هذه محرمة ومقيّدة بقيود.

٣٦ ـ لا يجوز كبح جماح الإعلام من قبل الأنظمة إلا ضمن نظام حماية حقوق الإنسان الفرد والمجتمع والدولة.

٣٧ ـ لا إشكال في تنظيم الإعلام من قبل السلطة الحاكمة ووضع رُخَص لذلك بغرض ضبط الأمور وفرض الالتزام بقوانين الإعلام الذي يكون في خدمة الشعب ومصالح الوطن والعقيدة.

٣٨ ـ لا يجوز أن يُستغل الإعلام كوسيلة حكومية في صالح الرؤساء وأنصارهم بل هو لكل الوطن والمواطنين، فلا بد أن يكون في مصلحة الوطن والمواطنين.

٣٩ ـ لا يجوز تجيير الإعلام أيام الانتخابات لفئة معينة، بل يجب المساواة بين المرشحين إذا كانوا ضمن القانون المعتمد.

٤٠ ـ لا يجوز استخدام المذيعات دون حجاب.

٤١ ـ كل ما فيه فساد أخلاقي من الصور أو المقالات فاشاعتها ونشرها محرّم.

٤٢ ـ الفساد قد يكون ثقافياً وقد يكون وطنياً وقد يكون عقائدياً، فكلها من قول الباطل والزور، فهي محرمة دون شك.

٤٣ ـ الحوار مع العدو المحارب في وسائل الإعلام لا يجوز إلا إذا كان في ذلك دعم للحق.

٤٤ ـ نشر بيانات الإرهابيين والتكفيريين على الشاشات المرئية وإذاعتها من خلال المذياع لا يجوز، إلا إذا كان لأجل محاربتهم ودحض آرائهم.

٤٥ ـ لا يجوز للمذيعات استخدام المساحيق بشكل مفرط، على تفصيل أوردناه في شريعة الجنس(١) وشريعة الزينة(٢).

٤٦ ـ استخدام العزف ضمن المناهج الإعلامية في الإعلام المسموع والمرئي محرّم.

٤٧ ـ استخدام الصور الخلاعية في الوسائل الإعلامية محرّم.

٤٨ ـ الأفلام المشينة والمفسدة للأخلاق والنافية للدين جميعها محرمة، وهناك مسائل تخص الفن أوردناها في شريعة الفن(٣).

٤٩ ـ الدعايات المستخدمة في الوسائل الإعلامية والمثيرة للجنس أو الفاسدة محرمة.

٥٠ ـ الدعاية للشركات المعادية للإسلام محرمة، وهناك مسائل متعدّدة تخصُّ الدعاية أوردناها في شريعة الدعاية(٤).

٥١ ـ نشر الصور المشينة للإسلام وقادته ومقدساته حتى وإن كانت ضمن الإعلام فلا يجوز إلا لأجل الرد والنقض.

٥٢ ـ لا حرمة في عرض صور النساء غير المحجبات من الأجانب أو ممن لا يلتزمن بالحجاب فيما إذا تعلق الإعلام بهن، إلا إذا كانت الصورة مخالفة للاحتشام.

٥٣ ـ الدعاية عن الخمر أو سائر المحرمات أو الأمور الضارة بالإنسان محرمة.

---

(١) شريعة الجنس: صدر الكتيب في بيروت سنة ١٤٣٥هـ (٢٠١٤م) عن بيت العلم للنابهين في ٧٢ صفحة.

(٢) شريعة الزينة: مخطوط.

(٣) شريعة الفن: مخطوط.

(٤) شريعة الدعاية: مخطوط.

٥٤ ـ يحرم استخدام الوسائل الإعلامية للإباحية وللإثارة الجنسية.

٥٥ ـ حديث النساء سواء المذيعات أو اللواتي يخرجن على المذياع أو الشاشة لا يحرم إلا إذا كان أسلوب الحديث مشيناً ومائعاً.

٥٦ ـ بعض النقاشات التي ضررها أكثر من نفعها كالجنس من الناحية الطبية، أو الناحية التربوية لا تجوز، إلا إذا كان الحوار والمناقشة والتصوير بشكل محتشم وعلمي.

٥٧ ـ إذاعة القرآن بعد البرامج الساقطة أو المحرمة أو قبلها إذا عُدّ إهانة للقرآن فإنَّه محرّم.

٥٨ ـ لا يجوز عرض مشاهد مقززة تنفر منها النفوس من ضحايا إذا كانت موجبة لتضعيف النفوس إلا إذا كان في ذلك دحض الباطل والعدو.

٥٩ ـ يجب أن يتخذ من الإعلام وسيلة للدفاع عن حريم الإسلام والمسلمين والوطن بل وكل المفاهيم الإسلامية.

٦٠ ـ يجب حسب الامكانات الممكنة البث بكل اللغات ونشر الإسلام ومفاهيمه.

٦١ ـ لا بد أن يلتزم الموظف في المؤسسات الإعلامية بالشروط المتفق عليها كما هو الحال في سائر التعاقدات، ولكن عليه أن لا يخالف في ذلك المبادىء الإسلامية.

٦٢ ـ إذا كان الموظف متعاقداً مع المؤسسة الإعلامية على نشر ما يخالف الشرع فعمله باطل وما يقبضه حرام، وبذلك يكون آثماً أيضاً.

٦٣ ـ على المسؤولين في الوسائل الإعلامية استخدام أصحاب الكفاءات وأرباب المواهب.

٦٤ ـ إن عقد حوارات غير متوازنة مما يشين بالأخلاق أو العقائد أو الوطن لا يجوز، وإن كان صدر عن تعمد فهو إثم كبير.

٦٥ ـ يجب الاستقواء بالأجهزة الإعلامية الفعالة وبالمناهج الفاعلة للوقوف أمام الإعلام المضاد.

٦٦ ـ يجب التركيز على التنمية الثقافية والتربوية والاجتماعية والسياسية والاقتصادية من خلال جميع الوسائل الإعلامية، والعمل على رفع التخلف.

٦٧ ـ يجب على المسؤولين عن الإعلام حل قضايا الناس من خلال الإعلام.

٦٨ ـ يجب وجوباً كفائياً على كل قادر من ذوي الاختصاص المشاركة بما أُوتي من قوة للاصلاح سواء بالمقالات أو المقابلات أو المناهج المرتبطة بالإعلام.

٦٩ ـ لا إشكال في توظيف واستخدام غير المسلمين في المؤسسة الإعلامية والمهم في ذلك عدم الخيانة سواء كان مسلما أو غير مسلم، ولا يجوز بخس أعمالهم وخدماتهم حتى وإن كانوا غير مسلمين.

٧٠ ـ ليس لأحد من الإعلاميين الحصانة، وكل من خالف القوانين يحاسَب ويعاقَب مهما كانت مرتبته.

٧١ ـ الاتفاقات الإعلامية بين الدول محترمة إذا كانت لمصلحة الوطن وضمن الأطر الشرعية.

٧٢ ـ الاتفاقات والمعاهدات محترمة ما دام لم تكن هناك اختراقات من الأطراف الأخرى.

٧٣ ـ ينبغي التنسيق بين سياسة الإعلام وسياسة النظام الشرعي القائم.

٧٤ ـ لا يجوز توريط المشاركين في المقابلات وكشفهم بغرض القبض عليهم أو تجريمهم.

٧٥ ـ من المستحسن على الذي يريد العمل في حقل الإعلام أن يتفقه في الأحكام الشرعية المرتبطة بالإعلام.

٧٦ ـ من المستحسن أن تستخدم مساحة من الإعلام في بيان الأحكام الشرعية، وبيان المستجد منها.

٧٧ ـ بيع وشراء والتعامل في الأدوات والآلات الإعلامية كالمذياع والشاشة الصغيرة والصحف والمجلات غير محرّم إلا إذا أصبحت خاصة بالفساد.

٧٨ ـ الصحف الخلاعية بيعها وشراؤها وتداولها حرام.

٧٩ ـ أي تشجيع لمثل هذه الوسائل اللاأخلاقية ولو بالكتابة فيها إذا عُدّ تشجيعا فحرام.

٨٠ ـ قد نجد أن المترجم يتعمد التحريف في الترجمة فهو من الخيانة المحرمة.

٨١ ـ لا إشكال في العمل في الوسائل الإعلامية غير الإسلامية إذا لم يستلزم حراماً مباشراً.

٨٢ ـ المشاركة في الوسيلة الإعلامية المنحرفة لا يجوز إذا كان الاشتراك تشجيعاً للانحراف.

دائرة المعارف الحسينية والإعلام

وفي نهاية الحديث عن مجمل الإعلام نصل إلى مدار هذا الكتاب الخاص بما نشرته وسائل الإعلام المختلفة عن قراءاتنا الموضوعية لأجزاء دائرة المعارف الحسينية التي تصدر تباعا عن المركز الحسيني للدراسات في لندن، وبيان بعض النقاط من واقع التجربة والتعاطي المباشر مع الموسوعة الحسينية ومؤلفها الفقيه والمحقق آية الله الشيخ محمد صادق الكرباسي، وما يتم انجازه، وهي نقاط يُستحسن الإشارة إلى بعضها.

١ ـ إن المؤلف من الفقهاء المحققين القلة الذين يولون اهتماما بالغا بالإعلام لأهميته في حياة الأمّة وتداخله المباشر في كل صغيرة وكبيرة وتأثيره على مسارها ومستقبل أجيالها.

٢ ـ يمثل المركز الحسيني للدراسات في لندن واجهة معرفية وتحقيقية وإعلامية بارزة، يحرص العاملون فيه كل الحرص على إيصال المعلومة السليمة عبر وسائل الإعلام المختلفة.

٣ ـ يتولى المهندس هاشم الصابري[1] إدارة موقع دائرة المعارف

---

(١) هاشم الصابري: هو إبن سلطان علي بن حسين الشوشتري الحائري، المولود في مدينة قم المقدسة سنة ١٤٠٧هـ (١٩٨٧/١/٦م)، نشأ ودرس في مسقط رأسه، ثم انتقل مع والده إلى دمشق حيث المركز العلمي في حي السيدة زينب عليها السلام وسكنها في الفترة (٢٠٠١ ـ ٢٠٠٤م) وفيها واصل دراسته، ثم عاد إلى إيران وفيها حصل على دبلوم علوم من معهد «پيش دانشگاهي=

الحسينية الذي يعد اليوم من المواقع الثقافية الغنية من حيث المحتوى ومن حيث الأسلــوب الفني وبلغـات مختلفة، حيث يجد القارئ فيها ضالته، إلى جانب قيامه بإعداد ست مجموعات من الصور الوثائقية «ألبومات» حاكية عن مدى أهمية هذه الموسوعة عبر ألسن العلماء والأكاديميين والأعيان والسياسيين والخطباء والعشائر والشعراء وغيرهم في ندوات ومؤتمرات ومهرجانات أقيمت في عدد من الدول وقد طبعت بالعناوين التـالـيـة: نـدوة عـن دائـرة الـمـعـارف الـحـسـيـنـيـة[١]، الـمـركـز الـحـسـيـنـي واللقاءات[٢]، مؤتمر الإمام الحسيني الدولي[٣]، الملتقى الثقافي عن دائرة

=گيوه چي» في مدينة قم، ثم عاد وسكن دمشق في الفترة (٢٠٠٧ ـ ٢٠٠٩م) وبعدها هاجر إلى المملكة المتحدة ووصلها يوم ٢٠٠٩/١/١٢م وسكن لندن ونال فيها شهادة في علوم الحاسوب، وهو اليوم يعمل في المركز الحسيني للدراسات.

(١) ندوة عن دائرة المعارف الحسينية: محفظة صور (ألبوم)، صدر عن المركز الحسيني للدراسات في لندن، تابع فيها المعد بالصور ندوة ثقافية واسعة انعقدت في دمشق يوم ٢٠٠٥/٧/٣م لتكريم الموسوعة الحسينية ومؤلفها، وقد حضر الندوة من لندن: الدكتور وليد سعيد البياتي والدكتور عبد العزيز مختار شَبين، ومن سوريا العلامة الشيخ محمد أمين الغفوري.

(٢) المركز الحسيني واللقاءات: محفظة صور (ألبوم) صدر عن المركز الحسيني للدراسات في لندن سنة ١٤٣٥هـ (٢٠١٣م)، تابع المعد بالصور اللقاءات والزيارات التي تمت لدار المركز الحسيني للدراسات.

(٣) مؤتمر الإمام الحسين الدولي: أو (إنترنشل إمام حسين كنفرانس)، محفظة صور (ألبوم) صدر عن المركز الحسيني للدراسات في لندن سنة ١٤٣٤هـ (٢٠١٣م) تابع المعد بالصور مؤتمر الإمام الحسين الدولي الذي عقدته إدارة منهاج الحسين في لاهور في باكستان تحت إشراف العلامة الشيخ محمد حسين أكبر يومي ١٥ و١٦ حزيران يونيو ٢٠١٣م، وحضر المؤتمر عن المركز الحسيني للدراسات في لندن: الدكتور نضير رشيد الخزرجي، الأستاذ عمر عزيز ألاي بك، الشيخ فاضل عبد الرسول الخطيب المياحي، الدكتور وليد سعيد البياتي، والشيخ هاشم حسن رضا الغديري.

المعارف الحسينية[1]، من مملكة الضباب إلى جمهورية القباب[2]، و«أضواء على السياسة الحسينية»[3].

٤ ـ قامت جهات علمية وثقافية وإدارية وسياسة واجتماعية في عدد من الدول بالتعاون مع المركز الحسيني للدراسات بإقامة ندوات ومؤتمرات ومهرجانات عن دائرة المعارف الحسينية في سوريا والهند وباكستان

---

(١) الملتقى الثقافي عن دائرة المعارف الحسينية: محفظة صور (ألبوم) صدر عن المركز الحسيني للدراسات في لندن سنة ١٤٣٥هـ (٢٠١٤م) تابع فيها المعد المهرجان الثقافي حول دائرة المعارف الحسينية الذي انعقد في الكويت يوم ٢٠١٤/٣/٥م برعاية جمعية المستقبل الثقافية الاجتماعية بالتنسيق مع إدارة الوقف الجعفري في الكويت، وحضر المهرجان عن المركز الحسيني للدراسات في لندن: الدكتور نضير بن رشيد الخزرجي، الأستاذ علي بن محمد التميمي، المهندس حسن بن حسين بخشيان الكاظمي، والشيخ هاشم بن حسن رضا الغديري.

(٢) من مملكة الضباب إلى جمهورية القباب: محفظة صور (ألبوم) صدر عن المركز الحسيني للدراسات في لندن سنة ١٤٣٣هـ (٢٠١٢م)، تابع فيها المعد لقاءات الفقيه الكرباسي خلال وجوده في العراق سنة ٢٠١٢م والمؤتمرات والندوات والمهرجانات الخاصة بدائرة المعارف الحسينية التي انعقدت في كل محافظات العراق في الفترة (١٢ حزيران ـ ٦ أيلول ٢٠١٢م)، وقد مثّل المركز الحسيني للدراسات في لندن في هذه الفعاليات كل من: الدكتور نضير رشيد الخزرجي، الدكتور حسين حاجي إسماعيل أبو سعود، الدكتور عباس جعفر الإمامي.
والمفيد ذكره أن المعد اختار العنوان ليتطابق مع عنوان الكتاب الذي كتبته من وحي الندوات والمهرجانات التي انعقدت في المحافظات العراقية، وأسميته: «سفر الخلود: رحلة الموسوعة الحسينية من مملكة الضباب إلى جمهورية القباب» صدر في بيروت سنة ١٤٤٠هـ (٢٠١٨م) عن بيت العلم للنابهين في جزأين من ١٢٠٠ صفحة من القطع الوزيري.

(٣) أضواء على السياسية الحسينية: محفظة صور (ألبوم) صدر عن المركز الحسيني للدراسات في لندن سنة ١٤٣٥هـ (٢٠١٤م) تابع المعد بالصور مؤتمر الإمام الحسين الدولي الذي عقدته إدارة منهاج الحسين في لاهور في باكستان وتحت إشراف العلامة الشيخ محمد حسين أكبر يوم ٢٢/ ٢٠١٤/٦م وتناول الجانب السياسي من النهضة الحسينية، وفيه تم تكريم دائرة المعارف الحسينية ومؤلفها المحقق الكرباسي، وحضر المؤتمر عن المركز الحسيني للدراسات في لندن: المستشار القانوني السيد خليل المرعشي والشيخ هاشم حسن رضا الغديري.

والكويت وإيران والعراق، تحدث فيها شخصيات من جميع الأديان والمذاهب ومن معظم الأطياف السياسية.

٥ ـ نشر الإعلام المقروء والصحافة العربية وغيرها منذ بزوغ نجم الدائرة الكثير عنها، وكتب عنها العلماء والشعراء والكتاب والمثقفون الكثير من المقالات والدراسات والقراءات، وقد تجاوز أعداد وسائل الإعلام الناشرة لهذه المقالات المئات وبلغات مختلفة، وقد تم تثبيت معظم أسمائها في سلسلة كتبنا المطبوعة على التوالي: «نزهة القلم»، «أشرعة البيان»، «أجنحة المعرفة»، و«أرومة المداد».

٦ ـ نظم القصائد عن الموسوعة الحسينية ومؤلفها العشرات من الشعراء من مختلف الأقطار العربية بل وغيرها باللغة العربية وغيرها حتى تكوّن عدد من المؤلفات منها «الزنبقة في التقاريظ المنمقة»(١) من إعداد وتقديم الأديب الشيخ حسين شحادة(٢)، و«الياسمين في تقريظ موسوعة سيد الميامين»(٣) إعداد وتقديم الدكتور حسين الطائي(٤)، و«الألفين في تقريظ موسوعة

---

(١) صدر الكتاب في بيروت عن بيت العلم للنابهين سنة ١٤٢٥هـ (٢٠٠٤م) في ٨٣٢ صفحة من القطع الوزيري ضم ١٦٥ قصيدة ومقطوعة أنشأها ٦٤ شاعراً من ٢٠ بلداً مختلفا.

(٢) حسين شحادة: هو ابن أحمد شحادة العاملي، من أعلام لبنان، أديب وشاعر وناشط إسلامي، ولد في بيروت في ١٣٧١/٨/١٥هـ (١٩٥٢/٥/١٠م)، نشأ ودرس في مسقط رأسه وواصل الدراسة الحوزوية في العراق، ومارس نشاطه التبليغي في سيراليون حيث أنشأ فيها جمعية الثقافة الإسلامية، كما ساهم في لندن في إنشاء رابطة أهل البيت ﷺ، له مساهمات في تأسيس وانشاء عدد من المساجد والمدارس والجمعيات في بلدان مختلفة، من مؤلفاته: قدسية العمل في الإسلام، الإسلام وتحديات العولمة، الزنبقة في التقاريظ المنمّقة (إعداد)، وديوان شعر.

(٣) يمثل الكتاب المجموعة الثانية بعد الزنبقة في تقريظ الموسوعة الحسينية ومؤلفها، بقصائد من شعراء من بلدان مختلفة والكتاب تم تنضيده سنة ١٤٣٤هـ (٢٠١٣م).

(٤) حسين الطائي: هو إبن رشيد بن مجيد الطائي، تربوي وكاتب عراقي مقيم في لندن، ولد في=

الحسين»[١] من نظم الشيخ سلطان علي الصابري[٢]، و«الباقة الوردية في الموسوعة الحسينية»[٣] من نظم الشاعر الشيخ صادق الهلالي[٤]، و«أنت السفينة والبحار»[٥] من نظم الشاعر عبد الحسين المطلبي[٦] إلى غيرها.

=بغداد في ١٣٨٨/٤/٤هـ (١٩٦٨/٧/١م)، سكن لندن ١٤٢٤هـ (٢٠٠٣م)، نال شهادة الدكتوراه في علوم القرآن والتفسير عام ١٤٣٢هـ (٢٠١١م) من الجامعة العالمية للعلوم الإسلامية في لندن، من مؤلفاته: أثر جهود الإمام علي في تفسير القرآن، آثار تفسير القرآن في مدرسة أهل البيت، دراسة قرآنية عن النار.

(١) صدر الديوان التقريظي في بيروت عن بيت العلم للنابهين عام ١٤٣٢هـ (٢٠١١م)، ضم ١٣٥ قصيدة ومقطوعة توزعت على ٣٢٨ صفحة من القطع الوزيري.

(٢) سلطان علي الصابري: هو إبن حسين التستري، ولد في تستر (شوشتر) جنوب إيران عام ١٣٥٨هـ وفيها نشأ ودرس، هاجر إلى العراق سنة ١٣٧٥هـ وسكن كربلاء المقدسة وتخرج من حوزتها العلمية ثم تركها قسراً إلى قم المقدسة سنة ١٣٩١هـ، ومن ثم إلى دمشق سنة ١٤٢٢هـ، عاد إلى كربلاء سنة ١٤٢٤هـ، مارس التدريس والخطابة والتأليف، له أكثر من عشرين مؤلفاً في النحو والشعر منها: شرح قصيدة الفرزدق وتخاميسها، الاقتباس من الآيات القرآنية (شعر)، سرودهاي مذهبي (تواشيح دينية).

(٣) صدر الديوان التقريظي في بيروت عن بيت العلم للنابهين عام ١٤٣٢هـ (٢٠١١م)، ضم ٢٨ قصيدة حسب الحروف الأبجدية توزعت على ٧٢ صفحة من القطع المتوسط.

(٤) صادق الهلالي: هو إبن جعفر الهلالي، أديب وخطيب وشاعر ولد في مدينة النجف الأشرف ١٣٧٢هـ، (١٩٥١م)، نشأ ودرس في مسقط رأسه، هاجر إلى سورية عام ١٤١١هـ (١٩٩١م) واستقر في منطقة السيدة زينب عليها السلام في دمشق، وعاد إلى العراق بعد عام ١٣٢٤هـ (٢٠٠٣م)، من مؤلفاته: موسوعة زينب الحوراء في قوافي الشعر، حبل الوصال (شعر)، موسوعة وقعة شهداء كربلاء في شعر المديح والرثاء.

(٥) صدر الديوان التقريظي في بيروت عن بيت العلم للنابهين عام ١٤٢٦هـ (٢٠٠٥م)، ضم ٦ قصائد توزعت على ٨٧ صفحة من القطع المتوسط.

(٦) المطلبي: هو عبد الحسين بن يوسف بن مطيلب بن علي، أديب وشاعر عراقي، ولد في قضاء المشرح في محافظة العمارة (ميسان) يوم ١٣٥٦/١/١٩هـ (١٩٣٧م) وتوفي في بغداد يوم الأربعاء ٢٠١٩/٤/٣م ودفن في النجف الأشرف، نشأ في أسرة علمائية وأدبية ودرس في مسقط رأسه وأكمل في بغداد وتخرج من جامعة المستنصرية قسم اللغة العربية، وسكن العاصمة=

٧ ـ كُتب عن الموسوعة الحسينية عشرات الكتب تعريفاً وثناءً باللغات العربية والفارسية والأردوية والإنكليزية والپشتوية والتركية والفرنسية وغيرها وهي غير قليلة مثل كتابنا «تعريف عام.. دائرة المعارف الحسينية»(١) الذي ترجم إلى خمس لغات(٢) ويُعتبر أول كتاب تعريفي عن الموسوعة الحسينية، و«معالم دائرة المعارف الحسينية»(٣) والمترجم إلى خمس لغات(٤)، و«أضواء على دائرة المعارف الحسينية»(٥) المترجم إلى لغتين(٦)، و«دائرة المعارف الحسينية في سطور»(٧)، و«العين الباصرة في المطبوع من

=وعمل مشرفاً لغوياً في عدد من المؤسسات ومترجما بالإنكليزية لدار ثقافة الأطفال إلى جانب تدريس اللغة العربية، من مؤلفاته: غداً تلتهب الرمال (شعر)، بعد الرحيل (شعر)، وحيوانات الغابة (قصص أطفال).

(١) صدر الكتيب التعريفي في طبعته الثانية عن المركز الحسيني للدراسات في لندن سنة ١٤١٣هـ (١٩٩٣م) في ٤٨ صفحة من القطع الصغير، وقد تمت طباعته خمس مرات.

(٢) ترجمه الدكتور صلاح الخطيب إلى اللغة الفرنسية، الشيخ حافظ إقبال حسين إلى اللغة الأردوية، الشيخ سلطان علي الصابري إلى اللغة الفارسية، الأستاذ حسين تم لايبنر إلى اللغة الألمانية، والدكتور زهير أولياء بيك إلى اللغة الإنكليزية.

(٣) صدر الكتاب التعريفي عن دار المجتبى في بيروت سنة ١٤٢١هـ (٢٠٠٠م) في ١٤٤ صفحة من القطع الوزيري.

(٤) وضعه الأستاذ علاء بن جبار الزيدي باللغة العربية، وترجمه: الأستاذ علي فاضل إلى اللغة الأردوية، الدكتور حاتم زندي إلى اللغة الفارسية، المرحوم الأستاذ حسين العاملي إلى اللغة الإنكليزية، الأستاذ هدايت قوشاجا إلى اللغة التركية.

(٥) صدر الكتاب التعريفي عن جمعية المستقبل الثقافية الاجتماعية في بالكويت سنة ١٤٣٥هـ (٢٠١٤م) في ٧٩ صفحة من القطع الصغير.

(٦) وضعته اللجنة الخاصة بالمهرجان الثقافي في دولة الكويت الخاص بدائرة المعارف الحسينية الذي انعقد في فندق كراون بلازا يوم ٢٠١٤/٣/٥م، وقد ترجمه الشيخ هاشم حسن رضا الغديري إلى اللغة الأردوية، كما وترجمه إلى الپشتوية الدكتور محمد أكبر بن محمد أمان كركر.

(٧) كتيب تعريفي وضعه الأستاذ الحاج علي محمد التميمي، وطبع في النجف الأشرف في العراق عبر مطبعة الرائد سنة ١٤٣٣هـ (٢٠١٢م) في ٤٠ صفحة من القطع الصغير.

الدائرة»[1] و«المنهاج دراسة في الجزء الأول من الحسين والتشريع الإسلامي»[2] و«المرشد.. عن موسوعة دائرة المعارف الحسينية»[3].

٨ ـ إلى جانب الإعدادات التي تم استقطاعها من دائرة المعارف الحسينية التي بلغ المطبوع منها أكثر من ثلاثين كتاباً، وقد وضعها وأعدها عدد من الأكاديميين من أقطار مختلفة مضافاً إلى ما ترجم منها أو أُعدت أساساً بلغة أخرى.

٩ ـ أجرت قنوات فضائيات متلفزة ومحطات إذاعية متنوعة[4] مقابلات مع عدد من الشخصيات من داخل المركز وخارجه للحديث عن دائرة المعارف الحسينية باتجاهات مختلفة.

١٠ ـ أعلن الكثير من الخطباء البارزين من على المنابر الحسينية أيام شهري محرم وصفر وفي شهر رمضان وتحدثوا بشكل واسع عن هذه الموسوعة وأهميتها ومحتوياتها.

١١ ـ صدور كتب مختلفة عن الندوات التي أقيمت بالإضافة إلى الموسوعات والكتب التي كتبت عن هذه الدائرة، والمؤلفات التي اعتمدت على هذه الموسوعة لتكون إحدى مراجعها ومصادرها، إلى جانب

---

(١) وضعه العلامة الشيخ محمد صالح بن محمد الكرباسي، صدر عن بيت العلم للنابهين في بيروت في ٢١٥ صفحة من القطع المتوسط وذلك سنة ١٤٢٥هـ (٢٠٠٤م).

(٢) وضعه الدكتور وليد سعيد البياتي، صدر عن بيت العلم للنابهين في بيروت في ١٢٠ صفحة من القطع المتوسط وذلك سنة ١٤٢٤هـ (٢٠٠٣م).

(٣) وضعه فضيلة الشيخ حسين بن محمد علي الفاضلي، صدر عن مجلة المرشد في دمشق سنة ١٤٢٠هـ (١٩٩٩م) في ٤٩٥ صفحة من القطع الوزيري.

(٤) من قبيل: قناة الفرات، قناة كربلاء، قناة الحوار، قناة الفيحاء، قناة الأنوار الأولى، قناة الأنوار الثانية، قناة الأوحد، قناة الإمام الحسين الثانية، قناة المهدي، قناة الزهراء.

الجامعات العالمية التي وجهت روّادها إلى جعل هذه الموسوعة مرجعاً من مراجعها حسب الاختصاص.

ورغم هذا الكم من الإعلام، أعتقد أن التعاطي الإعلامي مع دائرة المعارف الحسينية من قبل المؤسسات الإعلامية ليس بالحجم المطلوب ولا ينسجم مع موسوعة معرفية كبيرة صدر منها حتى اليوم **١١٦** مجلدا من نحو تسعمائة مخطوط، تتناول نهضة الإمام الحسين عليه السلام في كل شاردة وواردة، لمؤلف واحد أكب منذ عام **١٩٨٧**م على التحقيق والتأليف، ولا زال قلمه بإذن الله جارٍ كتيار جارف يسابق الزمن، له في كل باحة علم موضع قدم.

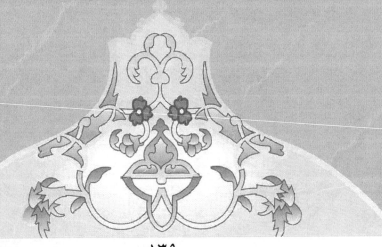

حرف الألف

(١)

آفاق حسينية[١]

(مجلة ـ دمشق)

مجلة فصلية ناطقة باللغة العربية صدر العدد الأول في بيروت[٢] في شهر ذي القعدة ١٤٢٢هـ (كانون الثاني ٢٠٠٢م) في ١٤٨ صفحة عن مجمع السيدة رقية عليها السلام الثقافي، وحمل غلافه صورة الخطيب الحسيني الشيخ أحمد بن حسون الوائلي[٣] (١٣٤٧ ـ ١٤٢٤هـ) وفي الواجهة عنوان لمقابلة صحافية: «عميد المنبر الحسيني العلامة الدكتور الوائلي في حوار هادف».

رأس تحريرها عبد الهادي محمد أمين[٤]، فيما تولى مسؤوليتها الشيخ

---

(١) معجم المقالات الحسينية: ١/ ٤٠.

(٢) لا يخفى أن طباعتها كانت في بيروت واصدارها كان من دمشق.

(٣) أحمد بن حسون الوائلي: هو حفيد سعيد بن حمود الليثي (١٩٢٨ ـ ٢٠٠٣م)، من أعمدة المنبر الحسيني وقاماته السامقة ومن الأدباء الشعراء، ولد في النجف الأشرف وتوفي في بغداد ودفن في صحن كميل بن زياد الواقع بين الكوفة والنجف، من مؤلفاته: أحكام السجون، ديوان شعره، حماية الحيوان بالشريعة الإسلامية.

(٤) عبد الهادي محمد أمين: رئيس تحرير مجلة آفاق حسينية الصادرة في بيروت، إقامته في دمشق، لم أقف على ترجمته.

عبد الجليل الديواني[١]، وأشرف عليها القاضي اللبناني الشيخ يوسف بن محمد آل عمرو[٢]، وتعرضت هيئة التحرير للتغيير في أعضائها بين عدد وآخر.

وصدر العدد المزدوج ٥ و٦ في (محرم ـ ربيع الثاني ١٤٢٤هـ) (آذار ـ حزيران ٢٠٠٣م) مع بقاء رئيس التحرير نفسه، ولكن بهيئة تحرير جديدة ومدير تحرير جديد هو الشاعر العراقي عبد الحسين بن خلف الدعمي[٣] المولود في مدنية كربلاء المقدسة سنة ١٣٧١هـ، مع إضافة عنوان بريدي جديد في كربلاء المقدسة، وتوزعت صفحاتها على المحاور والأبواب التالية: الافتتاحية، دراسات وبحوث، شخصيات، شعر وأدب، حوارات ومقابلات، ركن القراء، فكر، ثقافة، متفرقات، وحتى نلتقي.

ثم إنها توقفت في بيروت لتصدر من كربلاء المقدسة[٤].

---

(١) عبد الجليل الديواني: مسؤول مجلة آفاق حسينية الصادرة في بيروت، إقامته في دمشق، لم أقف على ترجمته.

(٢) يوسف بن محمد آل عمرو: هو حفيد جعفر بن علي بن يحيى الوائلي، أديب وقاضي شرع، ولد في قرية المعيصرة في قضاء كسروان اللبناني في ٧ رجب ١٣٦٧هـ (١٩٤٨/٩/١٤م)، درس في لبنان وانتقل إلى العراق وواصل الدراسة في حوزة النجف الأشرف وترك العراق في خريف ١٩٧٨م بسبب مضايقات السلطة، رجع إلى بلاده وتولى القضاء الجعفري في الفترة (١٩٨٤ ـ ٢٠٠١م)، يشرف على جمعية آل عمرو الخيرية، من مؤلفاته: التذكرة (مذكرات قاض)، المسيح الموعود والمهدي المنتظر، والمدخل إلى أصول الفقه الجعفري.

(٣) عبد الحسين خلف الدعمي: كاتب وأديب عراقي، ولد في مدينة كربلاء المقدسة سنة ١٩٥٢م وفيها يقيم، عضو اتحاد أدباء العراق، عضو اتحاد أدباء العرب، عضو اتحاد المسرحيين العراقيين، من مؤلفاته: هوامش الأمس القريب، ترتيل الولاء في المديح والرثاء، وللحديث صلة.

(٤) راجع: معجم المقالات الحسينية: ٩/٤، محمد صادق الكرباسي، المركز الحسيني للدراسات، لندن ـ المملكة المتحدة، ١٤٣٦هـ (٢٠١٥م).

(٢)
آواز^(١)
(جريدة ـ لاهور)

جريدة يومية من القطع الكبير تصدر من لاهور في باكستان، باللغتين الأردوية والإنكليزية^(٢).

والجريدة متنوعة الأبواب يغلب عليها الطابع الخبري، والمفردة تعني (الصوت).

وللجريدة صفحة كهربية على الشبكة الدولية بالرابط التالي: (www.awaazdaily.com)، واحدة باللغة الأردوية وأخرى باللغة الإنكليزية متوزعة على الأبواب التالية، مع الترجمة: پاكستان، يورپ «أوروبا»، بين الأقوامي «الدولي»، إيشيا «آسيا»، كالم «المقال»، مدل ايست «الشرق الأوسط»، شوبز «أفلام»، انترويو «حوار»، بلاگ «مدونة»، كلاسيفاي يد «اعلانات»، رابط «الاتصال»، تيم «هيئة التحرير»، ولا يخفى أن الصفحة الإنكليزية هي ترجمة للصفحة الأردوية.

وللجريدة قناة تلفزيونية بالاسم نفسه.

(٣)
أبرار^(٣)
(جريدة ـ طهران)

جريدة يومية سياسية اجتماعية ثقافية اقتصادية، تصدر باللغة الفارسية من

---

(١) معجم المقالات الحسينية: ٥/ ٩، محمد صادق الكرباسي، المركز الحسيني للدراسات، لندن ـ المملكة المتحدة، ١٤٣٧هـ (٢٠١٦م).

(٢) يرأس تحريرها الأديب الباكستاني المقيم في لندن السيد علي رضا النقوي ويتلخص في كتاباته باسم (رضا سيد).

(٣) معجم المقالات الحسينية: ١/ ٤٠.

طهران عن مؤسسة أبرار الإعلامية، وصاحب امتيازها والمدير المسؤول عنها هو المهندس سيد محمد صفي زاده[(١)].

صدر العدد الأول منها في سنة ١٤١٢هـ (١٩٩٣م) وهي من ١٢ صفحة من القطع الكبير[(٢)]، وبلغت حتى يوم ١٤٣٠/١٢/٢٢هـ (٦٠٤٣) عدداً، كما أنَّ مجموعة أبرار الإعلامية تصدر عنها جريدة أبرار ورزشي (أبرار الرياضية) من ١٢ صفحة وجريدة أبرار اقتصادي (أبرار الاقتصادية) من ٢٤ صفحة، وتعد أبرار ورزشي أول جريدة رياضية في إيران، ولا زالت مستمرة.

(٤)

الأبرار[(٣)]

(نشرة ـ لندن)

نشرة ملونة من ثمان صفحات حجم (A4)[(٤)] تصدر مرة كل أسبوعين في لندن عن مؤسسة الأبرار الإسلامية[(٥)] وباللغتين العربية والإنكليزية وبنسختين

---

(١) سيد محمد صفي زاده: مهندس ورياضي وكاتب وصحافي إيراني، صاحب امتياز جريدة أبرار الطهرانية، تخرج من الجامعة الوطنية في طهران (جامعة شهيد بهشتي)، عمل في مؤسسات وزارية مختلفة منها وزارة الداخلية ووزارة الزراعة ووزارة التربية، كان عضوا في فريق جامعة بهشتي لكرة القدم، الرئيس الثامن عشر للاتحاد الإيراني لكرة القدم سنة ١٩٩٣م خلفا لناصر نوآموز وفي عهده صعدت إيران إلى نهائيات كأس العالم في أميركا سنة ١٩٩٤م ثم خلفه أمير عابديني، عمل مساعداً لوزير الداخلية ثم مساعداً لوزير الزراعة وفي عهده أسس فريق الزراعة لكرة القدم، رأس اللجنة الإدارية لمجلس الشورى الإسلامي، أسس جمعية الصحفيين والمراسلين في إيران.

(٢) معجم المقالات الحسينية: ٤/ ٩.

(٣) معجم المقالات الحسينية: ٤/ ٩.

(٤) قياسها: ٢٩,٧٠ × ٢١سم.

(٥) مؤسسة الأبرار الإسلامية: مؤسسة ثقافية تأسست في لندن سنة ١٤٠٩هـ (١٩٨٩م)، واستقرت=

منفصلتين، وتحت ابواب متعددة منها أخبار محلية وفضاءات إسلامية ومنبر الأبرار وخير جليس وعظماء، صدر العدد الأول منها في ربيع الثاني ١٤٢٥هـ (حزيران ٢٠٠٤م) بلونين أبيض وأسود، وبعد فترة صدرت بالألوان، ويرأس تحريرها الدكتور سعيد الشهابي[1]، وهي لا زالت مستمرة والعدد رقم ٢٤٣ صدر للفترة ١٦ ـ ٢٠١٤/٣/١٣م.

(٥)
الاتحاد العام للأدباء والكتاب في العراق[2]
(نشرة ـ بغداد)

نشرة باللغة العربية خاصة بالاتحاد العام للأدباء والكتاب في العراق الذي تأسس عام ١٣٧٧هـ (١٩٥٨م) ومقره بغداد[3]، وللاتحاد موقع كهربي على الشبكة الدولية بالعنوان التالي: (www.iraqiwritersunion.com)

=في مكانها الحالي في منطقة إدجور رود وسط لندن سنة ١٤٢٣هـ (٢٠٠٢م)، وهي إمتداد لمؤسسة أهل البيت التي تأسست سنة ١٣٩٦هـ (١٩٧٦م)، وتشهد مساء كل يوم خميس برنامجا في موضوعات مختلفة تستقبل فيه شخصيات من مشارب وثقافات وجنسيات مختلفة.

(١) سعيد الشهابي: هو إبن عبد النبي، ولد في مدينة الدراز في البحرين سنة ١٩٥٤م، كاتب وإعلامي وسياسي بحريني، نشأ ودرس في البحرين، وسكن بريطانيا منذ سنة ١٣٩١هـ (١٩٧١م) وأكمل فيها الدراسات الجامعية والعالية ونال الشهادة العليا (دكتوراه هندسة) في نظرية التحكّم في سير الأجهزة، أنشأ وساهم في تأسيس عدد من الجمعيات الشبابية الإسلامية والنشرات والصحف في بريطانيا، منها جمعية الشباب المسلم، حركة أحرار البحرين، جريدة صوت العراق، نشرة الأبرار، ورأس تحرير مجلة العالم، من المؤسسين لمنتدى الوحدة الإسلامية في لندن، من مؤلفاته: البحرين في الوثائق البريطانية، لكي لا ننتحر مرتين، لا تكن ظهراً لغيرك.

(٢) معجم المقالات الحسينية: ٥/ ٩.

(٣) بعد سقوط نظام صدام حسين سنة ١٤٢٤هـ (٢٠٠٣م) أُعيد تشكيل الاتحاد من جديد ورأسه الشاعر جبار فرحان العكيلي، كما رأسه الناقد والمترجم فاضل ثامر المولود في بغداد عام ١٣٥٧هـ (١٩٣٨م)، وكان قبل ذلك عضوا في الهيئة الإدارية منذ سبعينيات القرن العشرين، =

وتتوزع صفحات الموقع على الأبواب التالية: أدباؤنا، قصائد، مقالات، قصص قصيرة، دراسات نقدية، كتب، صحف ومجلات، مختارات عربية، مختارات عالمية، نصوص مترجمة، روايات، مهرجانات ثقافية، نشاطات ثقافية، فنون، وخدمات الموقع وهي تضم بدورها الأبواب التالية: القرآن الكريم، القاموس الثنائي، إذاعة الموقع، تلفزيون الموقع، معرض الصور، سجل الزوار، ارشيف الموقع، ومحتويات الموقع.

(٦)

أجوبة المسائل الدينية[١]

(مجلة ـ كربلاء)

مجلة شهرية صدرت في مدينة كربلاء المقدسة في العراق عن لجنة الثقافة الدينية، أسسها السيد عبد الرضا بن زين العابدين بن محمد حسين المرعشي الشهرستاني[٢] المولود في مدينة كربلاء المقدسة سنة ١٣٣٩هـ والمتوفى في مدينة مشهد المقدسة في إيران في ١٤١٨/٤/٢٨هـ، وذلك بدعم من المرجع الديني السيد مهدي بن حبيب الله الشيرازي (١٣٠٤ ـ ١٣٨٠هـ)[٣]، وقد انبثقت

=وفي انتخابات الجمعة ٢٠١٦/٥/١٣م فاز الأديب ناجح المعموري برئاسة الاتحاد، وهو من مواليد مدينة الحلة سنة ١٩٤٤م.

(١) معجم المقالات الحسينية: ٤١/١.

(٢) عبد الرضا بن زين العابدين المرعشي الشهرستاني: (١٩٢١ ـ ١٩٩٧م)، من أعلام كربلاء وفقهائها، ولد في كربلاء ودفن في مشهد، تولى إدارة مدرسة الهندية كما تولى الإشراف على المكتبة العامة في العتبة العباسية المقدسة، ساهم في تأسيس عدد من المشاريع العلمية والثقافية، من مؤلفاته: المعارف الجليلة، حياة الإمام الحسين، والتقويم الفلكي.

(٣) مهدي حبيب الله الشيرازي: الحائري الحسيني (١٨٨٦ ـ ١٩٦١م)، من فقهاء الإمامية وأعلامها ومراجعها، ولد في كربلاء المقدسة وفيها مات ودفن في مقبرة الشيرازي بالصحن الحسيني الشريف، تتلمذ على الآخوند الخراساني والشيخ محمد حسين الغروي والسيد محمد كاظم=

من اللجنة الثقافية الدينية التي كانت تهتم بالإجابة على أسئلة المتعطشين إلى معرفة المعارف الإسلامية، وكان ثلة من العلماء ومنهم السيد محمد صادق بن محمد رضا القزويني (١٣١٨ ـ ١٤٠٠هـ)(١) والسيد حسن بن مهدي الشيرازي (١٣٥٢ ـ ١٤٠٠هـ)(٢) والسيد عبد الرضا الشهرستاني والسيد أحمد بن عزيز الفالي المتوفى سنة ١٤٢٨هـ(٣) والشيخ محمد هادي بن علي المعرفة (١٣٥٣ ـ ١٤٢٧هـ)(٤).

=الطباطبائي اليزدي وغيرهم، وعليه تتلمذ نجله السيد محمد الشيرازي وعبد الرحيم القمي والشيخ محمد الهاجري وغيرهم، تولى المرجعية الدينية وحين وفاته تولاها نجله السيد محمد الشيرازي، من مؤلفاته: مناسك الحج، ذخيرة العباد، وديوان شعر.

(١) محمد صادق بن محمد رضا القزويني: هو حفيد محمد هاشم (١٩٠٠ ـ ب ١٩٨٠م)، من فقهاء الإمامية وأعلامها، ولد في كربلاء المقدسة وفيها نشأ ودرس وبزغ ومن وجوه مدرسة الهندية وأساتذتها، شارك في الثورة العراقية سنة ١٩٢٠ ضد الاحتلال البريطاني للعراق، كان عالما فاضلا زاهدا، تولى إمامة الصلاة في مسجد العطارين، اعتقله نظام صدام حسين سنة ١٩٨٠م ضمن موجة الاعتقالات لعلماء الدين وانقطعت أخباره، ولم يعثر عليه في السجن بعد سقوط النظام في ٢٠٠٣/٤/٩م، من مؤلفاته: استشهاد الحسين.

(٢) حسن بن مهدي الشيرازي: هو حفيد حبيب الله الحائري الحسيني (١٩٣٧ ـ ١٩٨٠م)، من أعلام الإمامية وأدبائها وشعرائها، ولد في النجف الأشرف وسكن كربلاء المقدسة وفيها نشأ ودرس وبزغ واغتيل في بيروت، تعرض للاعتقال اثناء وجوده في العراق بسبب نشاطه السياسي ودعوته لقيام حكومة إسلامية، ترك العراق مرغما وسكن الشام، وفي ريف دمشق أسس الحوزة الزينبية العلمية التي أدارها الفقيه المحقق آية الله الشيخ محمد صادق الكرباسي، كما أسس مؤسسات وجمعيات في بلدان مختلفة منها أفريقيا، من مؤلفاته: موسوعة الكلمة، الاقتصاد، الأدب الموجّه.

(٣) أحمد بن عزيز الفالي: هو حفيد هاشم راغب زاده الفالي الموسوي الحائري (١٩١٦ ـ ٢٠٠٧م)، من الفقهاء الخطباء والمؤلفين الأدباء الشعراء، ولد في مدينة فال من توابع شيراز وهاجر إلى العراق سنة ١٩٣٤م ودرس في حوزة النجف الأشرف ثم سكن كربلاء المقدسة سنة ١٩٤٢م وفيها بزغ حيث درس على السيد هادي الميلاني والسيد مهدي الشيرازي وغيرهما، أُبعد قسراً إلى سنة ١٩٧٠م واستقر في قم المقدسة وفيها مات ودفن في كربلاء بعد نقله إليها، من مؤلفاته: تذكرة الشباب، الأنوار في سيرة الأئمة الأطهار، وبين الإنسان وسائر الموجودات.

(٤) محمد هادي بن علي المعرفة: هو حفيد محمد علي الميسي (١٩٣٠ ـ ٢٠٠٦م)، من أساتذة=

وكان المؤسس في الوقت نفسه مدير اللجنة ومقرها في مدرسة الهندية، صدر الجزء الأول في شهر محرم الحرام سنة ١٣٧٥هـ (آب ١٩٥٥م) على هيئة كتاب في ٥٢ صفحة من القطع المتوسط، اهتمت إلى جانب الموضوعات الفكرية والتاريخية والثقافية، بالإجابة على الأسئلة الواردة إلى اللجنة في أبواب شتى.

طبع العدد الأول في مطبعة الآداب في النجف الأشرف، فيما طبع العددان الأخيران المزدوجان ١١ و١٢ من السنة الثالثة عشرة والصادر في شهر ذي القعدة سنة ١٣٨٩هـ (كانون الثاني ١٩٧٠م)، في مطبعة الغري الحديثة في النجف الأشرف، وجاء في جانب من كلمة الوداع: «ولعلنا نوقف السير إلى هذا الحد لو بقيت الظروف على وضعها الراهن من التضايق والضنك في ميزانية الإدارة المالية أو يقيظ الله تعالى من يقوم بأعبائها من المحسنين عن جد وإخلاص إنه ولي التوفيق وهو المستعان»[(١)].

(٧)

أجوبة المسائل الشرعية[(٢)]

(نشرة ـ بيروت)

نشرة ملونة باللغة العربية بقياس (A4) صدرت عام ١٤١٣هـ في بيروت

=الحوزة العلمية ومن الفقهاء المفسرين، ولد في كربلاء المقدسة ومات في قم المقدسة ودفن في حضرة المعصومة، نشأ ودرس في مسقط رأسه كما درس في النجف الأشرف وقم المقدسة، له اهتمام كبير بالقرآن الكريم وتفسيره، أصدر رسالته العملية المعنونة «الأحكام الشرعية»، من مؤلفاته: التمهيد في علوم القرآن، ولاية الفقيه أبعادها وحدودها، والمجتمع المدني.

(١) وقد خرجت من رحم مجلة الشروق الكربلائية حيث كانت تنشر الإجابة على الأسئلة الموجهة إلى اللجنة عبرها.

(٢) معجم المقالات الحسينية: ١٠/٤.

ذُكر بأنها مطابقة لفتاوى المرجع الديني الراحل آية الله العظمى السيد محمد الحسيني الشيرازي[1]، وكانت تصدر بعشر صفحات مع صورة للفقيد، وبعد رحيله في الأول من شوال ١٤٢٢هـ (٢٠٠١/١٢/١٧م) استمرت بالصدور وقد كتب تحتها العبارة التالية: (مطابقة لفتاوى الإمام الراحل السيد محمد الحسيني الشيرازي أعلى الله درجاته والمرجع الديني آية الله العظمى السيد صادق الشيرازي[2] دام ظله) مع وضع صورة للفقيد وأخرى لشقيقه، ومن العدد ١٤٨ الصادر في ربيع الأول عام ١٤٣١هـ صدرت النشرة بالعبارة التالية: (مطابقة لفتاوى المرجع الديني آية الله العظمى السيد صادق الشيرازي دام ظله) مع صورة له وللمرجع الراحل، ومنذ العدد ١٧٠ الصادر في محرم الحرام ١٤٣٣هـ بدأت بالصدور في ١٢ صفحة ملونة، ومن العدد ١٩٤م الصادر في شهر محرم الحرام ١٤٣٥هـ استقلت النشرة بوضع صورة المرجع الديني السيد صادق الحسيني الشيرازي فقط.

ويُلاحظ أنه في بعض الفترات وهي قليلة كانت النشرة تصدر بعدد مزدوج كالعدد الصادر عن شهري ربيع الثاني وجمادى الأولى عام ١٤٢٧هـ

---

(١) محمد الشيرازي: هو ابن مهدي بن حبيب الله الحسيني الشيرازي، من فقهاء الإمامية وأعلامها، ولد في النجف الأشرف عام ١٣٤٧هـ (١٩٢٨م)، وسكن كربلاء المقدسة وفيها نشأ ودرس تولى المرجعية الدينية بعد رحيل والده سنة ١٩٦١م، وفي ١٦ شعبان ١٣٩١هـ (١٩٧١م) هاجر إلى سوريا واستقر في الكويت، عاد في سنة ١٩٧٩م وهاجر إلى إيران حيث سكن قم حتى رحيله ودفن في حضرة السيدة فاطمة المعصومة، ترك مؤسسات ومنشئات وهيئات علمية واجتماعية وطبية وخيرية كثيرة متوزعة في أنحاء العالم، له مؤلفات جمة منها: موسوعة الفقه، الصياغة الجديدة، والحرية الإسلامية.

(٢) صادق الشيرازي: هو ابن مهدي بن حبيب الله الحسيني الشيرازي، ولد في كربلاء المقدسة عام ١٣٦٠هـ (١٩٤٢م)، هاجر إلى الكويت ومنها إلى إيران وسكن قم المقدسة، تولى المرجعية بعد رحيله شقيقه السيد محمد الشيرازي عام ٢٠٠١م، من مؤلفاته: السياسة من واقع الإسلام، علي في القرآن، والطريق إلى بنك إسلامي.

بالرقم ١٠١ ـ ١٠٢ في عشر صفحات ملونة، كما تضم النشرة إلى جانب الأسئلة والاستفتاءات موضوعات ومقالات مختلفة وقراءات متنوعة لآخر الإصدارات.

(٨)
الأحداث[١]
(جريدة ـ طهران)

جريدة أسبوعية باللغة العربية في ٨ صفحات بقياس (٤٨ × ٣٤ سم) صدرت في طهران عام ١٤٠٩هـ (١٩٨٨م)، ثم توقفت عام ١٤٢٤هـ (٢٠٠٣م) مع عودة معظم طاقمها التحريري إلى العراق، وهي صادرة عن المكتب الاعلامي لمنظمة العمل الإسلامي في العراق، ورأس تحريرها عضو المكتب السياسي للمنظمة الاستاذ صادق الطائي[٢]، والمشرف العام على الجريدة هو الأستاذ إبراهيم المطيري[٣]، والعدد المرقم (٢٦٣) صدر يوم الإثنين ٦ محرم ١٤٢٤هـ (١٠/٣/٢٠٠٣م)[٤].

---

(١) معجم المقالات الحسينية: ٤/١١.

(٢) صادق الطائي: هو ابن عبد الصاحب، سياسي واعلامي عراقي، ولد في مدينة كربلاء المقدسة في ١٣٧٤/١١/٢٣هـ (١٩٥٥/٧/١٤م)، وكان خلال أيام المعارضة في إيران يستخدم اسم صادق الشكرجي (أبو مشتاق)، وهو ممن أشرف من قبل على جريدة (العمل الإسلامي)، تعرض لعمليات اغتيال بسم الثاليوم خلال سفره للعاصمة السويدية استوكهولم عام ١٩٨٥م ثم عاد إلى طهران بعد عام ولا زال.

(٣) ابراهيم المطيري: هو ابن علي بن عباس، ولد في قضاء عين التمر بمدينة كربلاء المقدسة سنة ١٣٧٢هـ (١٩٥٣م)، سياسي عراقي ومنظّر حركي، عضو الجمعية الوطنية العراقية عن منظمة العمل الإسلامي، من نشاطاته الاجتماعية بعد عودته إلى العراق سنة ٢٠٠٣م من هجرة قسرية إلى إيران تأسيسه لمؤسسة المصطفى لرعاية الأيتام والأرامل، من مؤلفاته: مقومات الثورة الإسلامية، في رحاب الوعي.

(٤) يذكر أن المدير المسؤول هو السيد مرتضى الموسوي، ومن الأسماء التي ساهمت في كتابة=

ولا يخفى أن منظمة العمل الإسلامية العراقية المعارضة انشقت مرة أخرى على نفسها عام ١٩٨٨م فاستمرت الأولى في اصدار جريدة (العمل الإسلامي)[١] وراحت الثانية تصدر جريدة الأحداث[٢] القريبة من مرجعية السيد محمد تقي المدرسي[٣].

(٩)
الأحداث[٤]
(جريدة ـ لندن)

جريدة يومية كانت تصدر بواقع ستة أعداد في الأسبوع ويكون عدد يومي

=العدد هي: حسن عبد الله، عبد الله الشمري، أمير غائب، محمد علي آل درويش، أحمد عبد الرحمن، محمود العذاري، جعفر ضياء الدين، حسين الواعظ، علي التميمي، ومعتصم الغنيمي.

(١) عن خصوصيات جريدة العمل الإسلامي العراقية المعارضة الصادرة في طهران، راجع: معجم المقالات الحسينية: ٧٨/١.

(٢) المفيد ذكره أن أمين عام منظمة العمل الإسلامي التي كانت تصدر عنها جريدة العمل الإسلامي هو الشيخ محسن الحسيني (جاسم محسن الأسدي) المتوفى عام ٢٠٠٣م، فيما أمين عام منظمة العمل الإسلامية في العراق التي كانت تصدر عنها جريدة الأحداث هو الأستاذ ابراهيم علي المطيري المقيم في كربلاء المقدسة، والناطق الرسمي لها هو الأستاذ جواد العطار (جاسم محمد كاظم العطار) المقيم في كربلاء المقدسة.

(٣) محمد تقي المدرسي: هو ابن محمد كاظم بن محمد باقر المدرسي، من مراجع التقليد المؤلفين والعاملين في المجال الرسالي الحركي، ولد في مدينة كربلاء المقدسة سنة ١٣٦٤هـ (١٩٤٥م)، نشأ ودرس في مسقط رأسه، هاجر إلى الكويت عام ١٩٧١م، ثم انتقل إلى طهران عام ١٩٧٩م مع انتصار الثورة الإسلامية في إيران، ساهم في تأسيس حوزة القائم في طهران وفروعها خارج إيران، عاد إلى العراق عام ٢٠٠٣م وهو يتنقل بين كربلاء وطهران، من مؤلفاته: من هدى القرآن (تفسير)، التمدن الإسلامي، والتشريع الإسلامي.

(٤) معجم المقالات الحسينية: ٩/٢، محمد صادق الكرباسي، المركز الحسيني للدراسات، لندن ـ المملكة المتحدة، ١٤٣٢هـ (٢٠١١م).

الجمعة والسبت مزدوجاً، صدرت نحو عام ١٤٠٨هـ (١٩٨٨م)، وكان صاحب امتيازها الأستاذ علي بن باقر سليمان اللواتي[١]، وأدار تحريرها عدد من الإعلاميين، منهم: الأستاذ صادق العبادي[٢]، ولفترة الدكتور توفيق بن محمد تقي السيف[٣] مع مجموعة من المحررين منهم: الأستاذ زهير بن عيسى الصفواني[٤]، الدكتور فؤاد بن علي بن إبراهيم آل إبراهيم[٥]،

---

(١) علي باقر سليمان اللواتي: رجل أعمال عُماني ولد في مسقط يوم ١٩٥٨/٧/١٩م، أسس في لندن جريدة الأحداث في الفترة (١٩٨٨ ـ ١٩٩٣م)، وبعد توقفها استقر في مسقط رأسه حيث يمارس عمله في مجال الأعمال الحرة قسم تقنية المعلومات.

(٢) صادق العبادي: اسم صحافي، واسمه عند الولادة هو: خضر بن محمد علي پور عبادي، من مواليد مدينة كربلاء المقدسة بالعراق سنة ١٣٧٢هـ (١٩٥٣م)، يقيم حالياً في طهران.

(٣) توفيق محمد تقي السيف: كاتب سعودي وباحث في العلوم السياسية، ولد في مدينة تاروت في المنطقة الشرقية سنة ١٣٧٨هـ (١٩٥٩/١/١١م)، نشأ ودرس في مسقط رأسه، لظروف سياسية هاجر إلى إيران وسوريا والمملكة المتحدة، وفي الأخيرة نال شهادة الدكتوراه، عمل في الصحافة والإعلام، عاد إلى وطنه في إطار مفاوضات الصلح مع الحكومة التي جرت في جدة في أيلول (سبتمبر) ١٩٩٣م في عهد الملك فهد بن عبد العزيز آل سعود، وهو ناشط وله حضور مشهود في المحافل الثقافية والعلمية والسياسية، من مؤلفاته: نظرية السلطة في الفقه الشيعي، هوامش نقدية على واقعنا الثقافي، وحدود الديمقراطية الدينية.

(٤) زهير عيسى الصفواني: كاتب ومحرر صحفي سعودي، ولد في مدينة صفوى في المنطقة الشرقية سنة ١٣٨٤هـ (١٩٦٥م)، نشأ ودرس في مسقط رأسه، ولظروف سياسية ترك البلاد ثم استقر في لندن وعمل في الصحافة، عاد إلى وطنه في أيلول (سبتمبر) ١٩٩٣م في إطار مفاوضات الصلح مع الحكومة التي جرت في جدة في عهد الملك فهد بن عبد العزيز آل سعود، وعمل في الصحافة المحلية.

(٥) فؤاد علي إبراهيم آل إبراهيم: كاتب وباحث وناشط سياسي سعودي، ولد في مدينة صفوى سنة ١٣٨٠هـ (١٩٦٠/١٢/١٩م)، نشأ ودرس في مسقط رأسه، ولظروف سياسية هاجر إلى خارج البلد وسكن الولايات المتحدة وإيران والشام والمملكة المتحدة، عمل في الصحافة والإعلام، عاد إلى وطنه في أيلول (سبتمبر) ١٩٩٣م في إطار مفاوضات الصلح مع الحكومة التي جرت في جدة في عهد الملك فهد بن عبد العزيز آل سعود، ثم عاد وترك البلد سنة ١٩٩٨م واستقر في=

الدكتور نضير بن رشيد الخزرجي[1]، الأستاذ ميرزا بن علي الخويلدي[2]، الأستاذ جواد عبد الوهاب[3]، الأستاذ فائق بن محمد آل

=لندن، وفي المهجر واصل الدراسة الجامعية وحصل على الشهادة العليا (الدكتوراه) في العلوم السياسية من جامعة لندن، رئيس تحرير مجلة «شؤون سعودية»، يدير حالياً قناة النبأ الفضائية، من مؤلفاته: الفقيه والدولة، العقيدة والسياسة الوهابية وآل سعود مثالا، ثنائيات التأزم في السعودية (بالاشتراك مع الدكتور حمزة الحسن).

(١) نضير الخزرجي: هو إبن رشيد بن حميد بن علي شاه البغدادي الخزرجي، كاتب وباحث وأستاذ جامعي، ولد في مدينة كربلاء المقدسة بالعراق سنة ١٣٨٠هـ (١٩٦١م)، نشأ ودرس في مسقط رأسه، هاجر سنة ١٤٠٠هـ (١٩٨٠م) قسراً بعد فترة اعتقال سياسي إلى سوريا ثم إيران وبعدها المملكة المتحدة، نال شهادة الكفاءة (دبلوم) في الدراسات الإسلامية من جامعة لندن ثم الشهادة الجامعية (البكالوريوس) والشهادة العالية (ماجستير) والشهادة العليا (الدكتوراه) في الفقه السياسي من الجامعة العالمية للعلوم الإسلامية بلندن، حرّر ورأس تحرير عدد من الصحف والمجلات والنشرات في العراق وإيران والمملكة المتحدة، باحث مشارك في دائرة المعارف الحسينية (لندن) ومشرف دراسات عليا في الجامعة العالمية للعلوم الإسلامية بلندن، من مؤلفاته: نزهة القلم قراءة نقدية في الموسوعة الحسينية، التعددية والحرية في المنظور الإسلامي، سفر الخلود.. رحلة الموسوعة الحسينية من مملكة الضباب إلى جمهورية القباب.

(٢) ميراز علي الخويلدي: كاتب وصحافي ومحرر إعلامي سعودي، ولد في مدينة صفوى في المنطقة الشرقية سنة ١٣٨٧هـ (١٩٦٧/٤/٢٤م)، نشأ ودرس في مسقط رأسه، لظروف سياسية هاجر من بلده وسكن المملكة المتحدة وعمل في الصحافة والإعلام بلندن، عاد إلى وطنه في أيلول سبتمبر ١٩٩٣م في إطار مفاوضات الصلح مع الحكومة التي جرت في جدة في عهد الملك فهد بن عبد العزيز آل سعود، وعمل كاتبا ومحررا في صحيفة الشرق الأوسط ومجلة المجلة إلى جانب نشاطات ثقافية مختلفة.

(٣) جواد عبد الوهاب: هو حفيد علي الجمري، باحث وكاتب وناشط سياسي بحريني، ولد في قرية بني جمرة سنة ١٣٨٠هـ (١٩٦٠/٩/١٠م)، نشأ ودرس في مسقط رأسه، ولظروف سياسية هاجر من بلده وتنقل في البلدان وسكن إيران والشام والمملكة المتحدة، عمل في الصحافة والإعلام إلى جانب النشاط السياسي والثقافي، واصل دراسته الجامعية ونال شهادة البكالوريوس من الجامعة العالمية للعلوم الإسلامية بلندن سنة ١٩٩٧م، رجع إلى البحرين سنة ٢٠٠١م في إطار ميثاق العفو العام، كتب وحرر في صحيفة الأيام وأصبح المدير التنفيذي لاتحاد الصحافة الخليجية التابع لمجلس التعاون الخليجي، نال في البحرين الشهادة العالية (الماجستير) في=

هاني[1]، الأستاذ كريم بن عيسى المحروس[2]، والكاتب البحريني الدكتور راشد الراشد[3]، والكاتب العراقي عقيل الطائي[4]، وغيرهم، وتولى

=العلوم السياسية من جامعة البحرين، ولأسباب سياسية ترك البحرين سنة ٢٠١١م ورجع إلى لندن حيث يسكنها اليوم، من مؤلفاته: المجتمع المدني بين خطأ المطلب والمطالبة بالخطأ، آل خليفة من صحراء نجد إلى الإستيلاء على البحرين، والبحرين: لماذا الثورة؟

(١) فائق محمد آل هاني: محرر وفني إعلامي سعودي، ولد في مدينة صفوى في المنطقة الشرقية سنة ١٣٨٥هـ (١٩٦٦م)، نشأ ودرس في مسقط رأسه، ترك بلده لأسباب سياسية، سكن المملكة المتحدة وعمل في الصحافة والإعلام بلندن، عاد إلى وطنه في أيلول (سبتمبر) ١٩٩٣م في إطار مفاوضات الصلح مع الحكومة التي جرت في جدة في عهد الملك فهد بن عبد العزيز آل سعود، عمل في الصحافة المحلية.

(٢) كريم عيسى المحروس: باحث وكاتب وناشط سياسي بحريني، ولد في منطقة النعيم في المنامة العاصمة سنة ١٣٧٨هـ (١/٩/١٩٥٨م)، نشأ ودرس في مسقط رأسه، اعتقل لأسباب سياسية ثم أفرج عنه بكفالة وهاجر إلى لبنان وفي سنة ١٩٩١م هاجر إلى المملكة المتحدة وسكن لندن، عمل في الصحافة والإعلام إلى جانب النشاط السياسي والثقافي، واصل دراسته الجامعية ونال الشهادة الجامعية (البكالوريوس) والشهادة العالية (الماجستير) من الجامعة العالمية للعلوم الإسلامية بلندن سنة ١٩٩٧م وسنة ٢٠٠١م، مارس النشاط السياسي المعارض ولا زال وأسقطت الحكومة البحرينية جنسيته سنة ٢٠١٥م، من مؤلفاته: جزيرة بلا وطن، البحرين: الأصالة ومظاهر التغيير السياسي، والفرق الإسلامية: المنشأ السياسي وتحولات الصراع.

(٣) راشد الراشد: كاتب وباحث وناشط سياسي بحريني، ولد سنة ١٩٦٠م، نشأ ودرس في مسقط رأسه، لظروف سياسية هاجر في البلدان وسكن إيران والشام والمملكة المتحدة، عمل في الصحافة والإعلام وكتب وحرر في صحف ومجلات مثل الشهيد (طهران) والثورة الرسالية (طهران) والعمل الإسلامي (طهران) والأحداث (لندن)، حاصل على الشهادة العليا (دكتوراه فلسفة في الإدارة)، خبير في مجال تنمية وتطوير القدرات البشرية، عمل لنحو ربع قرن مديراً عاماً في إحدى الشركات الكبرى، قيادي في تيار العمل الإسلامي، من مؤلفاته: عاصفة فوق مياه الخليج، حياة امرأة بحرانية، والإسلاميون ما لهم وما عليهم.

(٤) وهو اسم حركي وإعلامي اتخذه لنفسه أيام المعارضة السياسية، واسمه حين الولادة هو: ماهر بن حبيب البعيوي الشمري من مواليد مدينة الديوانية في ١٦/٨/١٣٧٩هـ (١٤/٢/١٩٦٠م)، رجع من مقر إقامته في لندن إلى العراق بعد عام ٢٠٠٣ م، وعمل في بغداد في صفوف حركة المؤتمر الوطني العراقي التي يقودها السياسي أحمد بن عبد الهادي الجلبي،=

الإشراف عليها في السنة التي توقفت الشيخ عبد الحميد الرضي[1].

وقد صدرت عن جريدة الأحداث جريدة عاشوراء الموسمية باللغتين العربية والإنجليزية تغطي العشرة الأولى من أيام محرم الحرام وتضم مقالات ودراسات وقصائد وأخباراً، صدر عددها الأول في لندن في ١/١/١٤١٠هـ (٣/٨/١٩٨٩م)، وتوقفت مع توقف جريدة الأحداث عام ١٤١٣هـ (١٩٩٣م).

(١٠)
الأحرار[2]
(مجلة ـ كربلاء)

مجلة أسبوعية باللغة العربية وملونة تصدر في كربلاء (العراق) عن قسم الإعلام في العتبة الحسينية المقدسة في ٢٨ صفحة بقياس (٢٩,٧٠ × ٢١,٠٠ سم)، ويرأس تحريرها الأستاذ سامي كاظم عبد الرحمن[3]، وهي

=وفي يوم الخميس ١٨/٦/١٤٢٥هـ (٥/٨/٢٠٠٤م) في طريقه من مقر عمله في بغداد إلى مسقط رأسه تعرض لحادث خطف مع سائقه وانقطعت أخباره حتى يومنا هذا. (استقينا المعلومات من الحاج محمد النائب شقيق زوجته عبر اتصال هاتفي جرى يوم السبت ١٢/١/١٤٣٢هـ).

(١) عبد الحميد الرضي: من مشايخ البحرين والناشطين في المجال الإسلامي والثقافي، ولد في المنامة سنة ١٣٧٧هـ (١٩٥٨م) ويسكن حالياً جد علي، نشأ ودرس في مسقط رأسه، وسكن الكويت فترة ودرس فيها، خريج كلية الخليج في المنامة، لظروف سياسية ترك البحرين وتنقل في البلدان وسكن إيران والشام والمملكة المتحدة واستقر في لندن سنة ١٩٩٢م، عاد إلى وطنه سنة ٢٠٠٢م في إطار ميثاق العفو العام، ونشط في جمعية الرسالة قبل أن تحل، وفي غيرها.

(٢) معجم المقالات الحسينية: ٣/ ٩، محمد صادق الكرباسي، المركز الحسيني للدراسات، لندن ـ المملكة المتحدة، ١٤٣٤هـ (٢٠١٣م).

(٣) سامي كاظم عبد الرحمن: هو سامي بن جواد بن كاظم بن عبد الرحمن المنذري، ولد في مدينة الكاظمية بالعراق سنة ١٣٧٨هـ (١/٢/١٩٥٩م)، إعلامي وطالب دراسات عليا في=

مودعة في دار الكتب في بغداد سنة ١٤٣٠هـ (٢٠٠٩م) بالرقم ١٢١٦، ومقيدة لدى نقابة الصحفيين العراقيين سنة ١٤٣١هـ (٢٠١٠م) بالرقم ٨٩٦، صدر عددها الأول سنة ١٤٢٦هـ (٢٠٠٥م)، وتطبع في دار الضياء للطباعة في النجف الأشرف[١].

وكانت المجلة من قبل تصدر في ٤ صفحات باللونين الأبيض والأسود ثم اتسع حجمها إلى ٨ صفحات بقياس (٤٢,٠٠ × ٢٩,٧٠ سم) وبالألوان ثم إلى ٢٠ صفحة من الحجم نفسه وبالألوان أيضاً، وكان يشرف عليها هيئة

=جامعة المصطفى العالمية، حاصل على الشهادة الجامعية (البكالوريوس) في الشريعة من الجامعة العالمية للعلوم الإسلامية (لندن) سنة ١٤٣١هـ (٢٠١٠م)، ونال شهادة الكفاءة (دبلوم) بالمحاسبة سنة ١٣٩٨هـ (١٩٧٨م)، سكن كربلاء المقدسة منذ سنة ١٤٢٧هـ (٢٠٠٦م)، عضو في نقابة الصحافيين العراقيين، يتولى اضافة إلى مجلة الأحرار رئاسة تحرير المجلات والنشرات التالية: مجلة «العائلة المسلمة»، نشرة «رسالة الأربعين»، نشرة «رسالة عاشوراء»، نشرة «رسالة رجب»، نشرة «رسالة مهرجان ربيع الشهادة»، فضلا عن تحرير عدد من الإصدارات الصادرة حسب المناسبات من قبيل: المشاريع الخدمية للعتبة الحسينية، الحسين باق والطغاة زائلون، ومسابقة نصب شهداء زيارة الأربعين، له نحو ألفي مقالة ودراسة وبحث منشور، له من المؤلفات: دفناء العتبة الحسينية (بالإشتراك مع الدكتور حميد مجيد هدو)، لا تقرأني قراءة سطحية (سلسلة)، ولو سألوك (سلسلة).

(١) تتكون هيئة تحرير مجلة الأحرار في الوقت الحاضر فضلا عن رئيس التحرير، من السادة: حسن الهاشمي (سكرتير التحرير)، طالب عباس الظاهر، حسين النعمة، علي الجبوري، علاء السلامي (هيئة التحرير)، صفاء السعدي، تيسير عبد عذاب (المراسلون)، عباس عبد الرزاق الصباغ (الإشراف اللغوي)، حيدر عدنان (التنضيد الطباعي)، عمار الخالدي، رسول العوادي، حسنين الشالجي، حسين الشيخ علي (التصوير)، محمد الشامي (الأرشيف)، حسين الأسدي، محمد البخاتي (التصميم والإخراج)، ومنذ تأسيسها وحتى الآن مرّ عليها أكثر من مشرف ومحرر ومراسل، من قبيل المشرف العام السابق السيد محمد حسين العميدي، والمراسلون السادة: علاء الباشق، حيدر المنكوشي، حسين السلامي، وذو الفقار الشريفي.

مكونة من الأستاذين حسن الهاشمي[١] وطالب عباس الظاهر[٢]، كما أنَّ للمجلة ملحقاً ثقافياً شهرياً من إعداد الإعلامي الأستاذ تيسير الأسدي[٣]، صدر العدد الأول منه يوم الخميس ٢٧ شوال ١٤٢٨هـ (٢٠٠٧/١١/٨م) وهو في أربع صفحات بقياس (٤٢,٠٠ × ٢٩,٧٠ سم).

وتضم المجلة الأبواب التالية: الافتتاحية، نداء الجمعة، قبسات إيمانية، استفتاءات متنوعة، لو سألوك، الخبرية، تقارير، مشاركات، العطاء الحسيني، تحقيقات، لقاءات، أدب، نهج المعصومين، مقالات،

---

(١) حسن الهاشمي: هو إبن مهدي، ولد في مدينة كربلاء في العراق سنة ١٣٨٢هـ (١٩٦٣/٢/٧م)، إعلامي وتربوي، درس الإبتدائية والمتوسطة في مسقط رأسه وأكمل الإعدادية في بغداد ودخل معهد النفط وطبّق في معمل ألبان أبي غريب ولم يكمل السنة الأولى حيث هاجر إلى إيران سنة ١٤٠٣هـ (١٩٨٣م) وعاد إلى العراق سنة ١٤٢٥هـ (٢٠٠٤م) وواصل مشواره في كربلاء، حصل على الشهادة الجامعية (البكالوريوس) في الشريعة من جامعة المصطفى العالمية بمدينة قم الإيرانية، وعمل في سلك التعليم منذ مطلع عام ١٤٣٣هـ (٢٠١١/١٢/٢٥م)، له بحوث ودراسات ومقالات كثيرة، وله كتاب: الشعائر الحسينية من وحي الثورة وفتاوى السيد السيستاني.

(٢) طالب عباس الظاهر: هو طالب بن عباس بن عبد بن ظاهر السعداوي، وشهرته طالب عباس الظاهر، أديب وقاص عراقي، ولد في كربلاء سنة ١٣٨٣هـ (١٩٦٣/١٠/١٨م)، عضو مؤسس في اتحاد الأدباء والكتاب في كربلاء، عضو اتحاد الأدباء والكتاب العرب، يعمل حالياً في قسم الإعلام في العتبة الحسينية المقدسة، من نتاجاته الأدبية: الأدب الإسلامي رؤية معاصرة (دراسة)، الفضاء السابع (قصص)، وتراب آدم (رواية).

(٣) تيسير الأسدي: هو إبن سعيد بن بهاء، أديب وشاعر وإعلامي عراقي ولد في مدينة كربلاء المقدسة في ١٣٩٠/١٢/١٨هـ (١٩٧١/٢/١٤م)، فيها نشأ ودرس وأتم سنة ١٩٨٨م اعدادية الصناعة قسم الكهرباء، ظهرت شاعريته في وقت مبكر واهتم بنظم شعر حساب الجمل وأرّخ لمناسبات كثيرة، عمل بعد عام ٢٠٠٣م في وسائل إعلام مختلفة منها شبكة الإعلام العراقي، فضلا عن رئاسة تحرير وكالة نون الخبرية، من مصنفاته: مؤرخات الأسدي، مقالات في زمن الكوليرا، ودقات قلب عشريني (ديوان مخطوط).

أسرة ومجتمع، واحة الأحرار، بالإضافة إلى أبواب أخرى متفرقة تتناسب والذكريات والمناسبات المختلفة[١].

(١١)
أخبار الخليج[٢]
(جريدة ـ المنامة)

جريدة يومية باللغة العربية من ٣٦ صفحة ملونة من القطع الكبير صدرت في المنامة عاصمة البحرين سنة ١٣٩٦هـ (١٩٧٦م)، يرأس مجلس الإدارة والتحرير الأستاذ أنور عبد الرحمن[٣]، ولا زالت الجريدة قائمة والعدد الصادر يوم الجمعة ٢٠١٤/٣/٢١م حمل الرقم (١٣١٤٦).

وبشكل عام فإن الجريدة متوزعة على الأبواب التالية: أخبار البحرين، قضايا وآراء، المال والاقتصاد، شرق وغرب، دراسات، أخبار عربية ودولية، الإسلامي، المبوبة، بريد القراء، رسائل، المجتمع، الأخيرة، أخبار الخليج الرياضي، ويستأثر الباب الأول والأخير بأكبر عدد من الصفحات. وللجريدة موقع في الشبكة الكهربية على الرابط التالي: (www.akhbar-alkhaleej.com).

---

(١) لمجلة الأحرار موقع كهربي إلكتروني في الشبكة العنكبوتية بالعنوان التالي: (www.ahrar.imamhussain.org).

(٢) معجم المقالات الحسينية: ٤/ ١٢.

(٣) أنور عبد الرحمان: هو ابن محمد بن عبد الرحمان، من رجال البحرين البارزين في مجال الصحافة والاقتصاد، ولد عام ١٩٤٢م، درس في مقتبل عمره في مدارس القرآن الكريم ثم في المدارس الرسمية، وفي العام ١٩٥٦م درس اللغة الإنكليزية في شركة نفط البحرين (بابكو)، بعد تخرجه تدرج في العمل من المكتبات الخاصة إلى المطابع ودور النشر والنشاط الاقتصادي، ويتولى حالياً رئاسة مجلس دار الخليج ورئاسة تحرير جريدة أخبار الخليج معاً.

(١٢)

أخبار الخليج[١]

(جريدة كهربية ـ المنامة)

الموقع واجهة كهربية لجريدة «أخبار الخليج» اليومية الصادرة من العاصمة البحرينية المنامة، المستمرة في الصدور منذ عام ١٣٩٦هـ (١٩٧٦م)[٢]، ويرأس مجلس الإدارة والتحرير الأستاذ أنور بن محمد عبد الرحمن، وهي غير جريدة «أخبار الخليج» البحرينية التي توقفت سنة ١٣٧٦هـ (١٩٥٧م) والتي تعد فرعا من جريدة البصرة[٣].

وتذيل جريدة أخبار الخليج موقعها (www.akhbar-alkhaleej.com) بالعبارة التالية: (الجريدة اليومية الأولى في البحرين) باعتبارها أقدم جريدة يومية لم تتوقف عن الصدور وإلا فهناك صحف بحرينية يومية سبقت أخبار الخليج ولكنها انقطعت عن الصدور مثل جريدة أضواء الخليج التي ظهرت شهر رمضان ١٣٨٩هـ (تشرين الثاني عام ١٩٦٩م)، وتوقفت في ١٣٩٠هـ (نيسان ١٩٧٠م)

ويضم موقع الجريدة الأبواب التالية: الرئيسية، أخبار البحرين، مقالات، المال والاقتصاد، عربية ودولية، الرياضة، أعمدة، قضايا وآراء،

---

(١) معجم المقالات الحسينية: ١٠/٢.

(٢) وجريدة أخبار الخليج هي واحدة من ٥ صحف بحرينية يومية ناطقة باللغة العربية واثنتين ناطقتين باللغة الإنجليزية، وخلال الفترة ١٣٥٨ ـ ١٤٣٠هـ (١٩٣٩ ـ ٢٠٠٩م) شهدت البحرين إصدار نحو ١١٣ صحيفة ومجلة توقف منها ٢١ جريدة و١٦ مجلة، وكانت صحيفة البحرين الصادرة عام ١٣٥٨هـ (١٩٣٩م) وهي أول صحيفة بحرينية أسبوعية وتوقفت عام ١٣٦٣هـ (١٩٤٤م). انظر: جريدة الأيام البحرينية: العدد ٧٨٩٧ الصادر في ١٤٣١/١٢/١٧هـ (٢٠١٠/١١/٢٣م).

(٣) انظر: جريدة الأيام البحرينية: العدد ٧٨٩٧ الصادر في ١٤٣١/١٢/١٧هـ (٢٠١٠/١١/٢٣م).

تحقيقات، دراسات، الأعداد السابقة، مقال رئيس التحرير، الملاحق، سوق البحرين للأوراق المالية، والنشرة الإخبارية.

(١٣)
الأخلاق والآداب[١]
(مجلة ـ كربلاء)

مجلة شهرية ناطقة باللغة العربية تعتني بشؤون الدين والاجتماع، أسسها في كربلاء المقدسة السيد حسن بن مهدي الشيرازي (١٣٥٢ ـ ١٤٠٠هـ) بتوصية من والده السيد مهدي بن حبيب الله الشيرازي (١٣٠٥ ـ ١٣٨٠هـ)، وأدارها من مدرسة السليمية ثلة من الروحانيين كان على رأسهم الشيخ محمد حسن بن محمد حسين الأعلمي (١٣٥٥ ـ ١٤١٨هـ)[٢].

صدر العدد الأول منها بأربع وعشرين صفحة في شهر جمادى الثانية سنة ١٣٧٧هـ (كانون الثاني ١٩٥٨م)، بموجب موافقة متصرفية لواء كربلاء المقدسة بكتابها المرقم ٢٠٦٦٦ والمؤرخ ١٩٥٧/١٢/٣٠م، وطبعت في مطبعة النعمان في النجف الأشرف.

وتعرضت المجلة للمنع في العهد الملكي (١٣٣٩ ـ ١٣٧٧هـ) (١٩٢١ ـ

---

(١) معجم المقالات الحسينية: ١ / ٤٢.

(٢) محمد حسن محمد حسين الأعلمي: هو حفيد سليمان بن ولي الله الحائري (١٩٣٦ ـ ١٩٩٧م)، من الأعلام الفقهاء المدرسين، وشهرته الشيخ حسن الأعلمي، ولد في النجف الأشرف في أسرة علمية حيث كان والده فقيها وأديبا وموسوعيا وتوفي في طهران، انتقل مع والده وسكن كربلاء وفيها نشأ ودرس، وفي سنة ١٩٦٠م عاد إلى مسقط رأسه وواصل الدراسة على أعلامها وبعد خمس سنوات رجع إلى كربلاء، وكان من مدرسي المدرستين الهندية والسليمية، وفي سنة ١٩٦٨م انتقل إلى طهران وأسس دار نشر باسم «مؤسسة الأعلمي» كما مارس التدريس في مدرسة مروي، وواظب على ذلك حتى رحيله.

١٩٥٨م) ثم واصلت صدورها في العهد الجمهوري، وبعد سفر رئيس التحرير إلى مدينة النجف الأشرف تولى تحريرها شقيقه الشيخ محمد حسين بن محمد حسين الأعلمي[١] وبدأت تصدر في ٤٢ صفحة، وآخر عدد لها هو العدد ١٠ من السنة الرابعة الصادر في شهر محرم الحرام سنة ١٣٨٤هـ (أيار ١٩٦٤م).

(١٤)
إدارة جعفرية[٢]
(موقع كهربي ـ لندن)

موقع باللغة الإنكليزية (idara-e-jaaferiya.org.uk) يغطي فعاليات جمعية ومسجد الإدارة الجعفرية الواقعة في منطقة توتنغ (Tooting) جنوب لندن، وهي من الجمعيات القديمة في لندن تضم الناطقين باللغة الأردوية على وجه الخصوص، لها فعاليات يومية وأسبوعية وموسمية في أفراح أهل البيت عليهم السلام وأتراحهم، إلى جانب الصلوات اليومية وصلاة الجمعة واحياء ليلة الأربعاء (دعاء التوسل)، وليلة الجمعة (مجلس حسيني ودعاء كميل)، وبرامجها باللغتين الأردوية والإنكليزية، وتضم مدرسة لتعليم العربية والقرآن والعلوم الإسلامية المختلفة في كل يوم سبت[٣].

---

(١) محمد حسين محمد حسين الأعلمي: هو حفيد سليمان بن ولي الله الحائري، باحث ومحقق، وشهرته الشيخ حسين الأعلمي، ولد في النجف الأشرف ١٣٥٨هـ (١٩٣٩م)، نشأ ودرس في كربلاء وكان من طلبة مدرسة الهندية، سكن بيروت وفيها أسس مؤسسة الأعلمي للمطبوعات، من مؤلفاته وتحقيقاته: أعمال وأدعية شهر رمضان المبارك، عيون أخبار الرضا للشيخ الصدوق (تحقيق)، تحف العقول للشيخ الحراني (تعليق).

(٢) معجم المقالات الحسينية: ٥/ ١٠.

(٣) وبين فترة وأخرى يتولى الإمامة في جمعية الإدارة الجعفرية شخصية علمائية، وفي الوقت=

ويتألف الموقع من الأبواب التالية مع ترجمتها: Home «الصفحة الأصلية»، Visitors «الزائرون»، Education «التعليم»، Funera «التشييع والوفيات»، Hall Hire «تأجير القاعة»، Calendar «التقويم»، Events «المناسبات»، Youth «الشباب»، Support «الدعم».

(١٥)
الأدب (١)

(موقع كهربي ـ سمنان)

موقع كهربي بالعنوان التالي: (www.al-adab.blogfa.com)، خاص بطلاب مرحلة الشهادات العليا (الدكتوراه) ولاسيما للناطقين باللغة الفارسية والدارسين لعلوم القرآن والأدب العربي، وهو باللغتين العربية والفارسية يبث مواده من مدينة سمنان الإيرانية، ويتصدر الصفحة العبارة التالية: (موقع لكل المهتمين بلغة القرآن).

تضم الصفحة الكهربية الأبواب التالية: الصفحة الرئيسة، العناوين، اتصل بنا، الروابط، ومن أنا.

(١٦)
الأربعينية (٢)

(نشرة، كتيب ـ كربلاء)

نشرة موسمية حولية باللغة العربية بأربع صفحات ملونة بقياس (A4)

=الحاضر (١٤٤٠هـ) فإن الإمام هو السيد حسن عباس الرضوي، كما لها لجنة مشرفة تضم ١٢ شخصية متنوعة.

(١) معجم المقالات الحسينية: ٤/ ١٣.

(٢) معجم المقالات الحسينية: ٥/ ١١.

صدر عددها الأول في كربلاء المقدسة في العراق سنة ١٤٢٤هـ (٢٠٠٣م) عن القسم الإعلامي في العتبة العباسية المشرّفة، وهي تغطي مراسم أربعينية الإمام الحسين عليه السلام في العشرين من شهر صفر المظفر من كل سنة، وعلى شكل ارشادات ومواعظ.

ومرّت النشرة بثلاث مراحل، في الأولى كانت في أربع صفحات وفي الثانية في ٨ صفحات وفي المرحلة الثالثة التي بدأت منذ سنة ٢٠١٢م تحولت إلى كتيب موسمي[١]، فيه إلى جانب الإرشادات دراسات ومقالات بالمناسبة، تصدر عن قسم الدراسات في العتبة العباسية المشرّفة.

(١٧)
إرشاد[٢]
(مجلة ـ كراچي)

مجلة شهرية تصدر باللغة الأردوية في مدينة كراچي في باكستان.

(١٨)
إسلام (Islam)[٣]
(مجلة ـ لندن)

وهي مجلة شهرية يدل اسمها على طبيعتها، صدر عددها الأول في لندن في المملكة المتحدة في شهر محرم عام ١٤١٦هـ (حزيران ١٩٩٥م)، وجاء في ترويستها أنها مجلة إسلامية مستقلة (INDEPENDENT ISLAMIC MAGAZINE).

---

(١) يشرف على الكتيب الشيخ بدر العلي.
(٢) معجم المقالات الحسينية: ١/ ٤٢.
(٣) معجم المقالات الحسينية: ٢/ ١١.

صدر العدد الأول وبلون أخضر من ١٦ صفحة بقياس (A4) وضم خمس مقالات ومقدمة وهي للتالية أسماؤهم: الدكتور بدر الدين[١]، مصطفى بن أحمد الخاتمي[٢]، هاشم الخاتمي[٣]، أم كي (MK)[٤]. ولم تستمر المجلة في الصدور طويلاً.

---

(١) بدر الدين: لعله هو عبد الملك بدر الدين إيغل: (Abdelmalik Badruddin Eagle)، باحث ومدرس ومحاضر بريطاني (١٣٥٧ ـ ١٤٢٩هـ)، ولد في بلدة بيدينغتون (Beddington) التابعة لمدينة كرويدون (Croydon) جنوب انكلترا ومات في مدينة درهام (Durham) ودفن في المقبرة اليمنية في بلدة ساوث شيلدز (South Shields) شمال شرق انكلترا، وكان اسمه عند الولادة دونالد بن روسلي إيغل (Donald Rossley Eagle)، كان من أتباع الكنيسة البريطانية (Anglican) ثم تحول إلى الكاثوليكية ثم اعتنق الدين الإسلامي سنة ١٣٩٠هـ، تخرج من كلية سانت كاثرين (St Catharine's College) وكامبريدج (Cambridge University)، نال شهادة الماجستير في الأدب (MLitt) من جامعة درهام (Durham University) سنة ١٤١٠هـ، امتهن تدريس اللغة الإنكليزية في لندن والسعودية واليمن وعُمان والهند، ترجم عددا من الكتب منها: ما هو الإسلام (What is Islam: Beliefs, Principles and a Way of Life) للمرجع السيد محمد الشيرازي، والأجوبة الشرعية الخاصة بالأطعمة والأشربة (Islamic Legal Decision Concerning Food Drink) للشيخ فاضل السهلاني.

(٢) مصطفى أحمد الخاتمي: هو حفيد علي الحسيني الخراساني الحائري، ولد في أسرة علمائية في مدينة كربلاء بالعراق نحو سنة ١٩٦٥م، انتقل صغيراً مع أسرته إلى الكويت سنة ١٩٧١م ثم طهران وقم ودرس في حوزة المجتبى ولبس العمامة وصعد المنبر خطيبا، هاجر إلى الشام ثم المملكة المتحدة ورجع إلى إيران وسكن مدينة مشهد، من مؤلفاته: شعائر حسيني، أكثر من أربعين حديثاً حول زيارة الإمام الحسين عليه السلام.

(٣) هاشم الخاتمي: وهو من أسرة علمائية في العراق وإيران، وهو إبن عم السيد مصطفى أحمد الخاتمي، يسكن حالياً كندا.

(٤) أم كي: (MK)، والظاهر أنه الحرف الأول والثاني من اسم السيد مصطفى الخاتمي.

(١٩)

إسلام[١]

(جريدة ـ باكستان)

جريدة يومية سياسية باكستانية باللغة الأردوية في ٢٤ صفحة من الحجم الكبير، تصدر في مدن كراچي ولاهور وملتان وراولبندي وپيشاور، منذ سنة ١٤٢٤هـ (٢٠٠٣م) وهي مسجلة بالرقم (أس أس ١١٢٤)، صدرت في البداية بالأبيض والأسود ثم أصبحت ملونة، وكانت تحمل في السنوات الأولى اسم مؤسسها الراحل المفتي رشيد أحمد[٢]، ثم رفع منها في السنوات الأخيرة، كما تحمل في أعلى يمين الصفحة ترجمة أردوية لقوله تعالى: ﴿إِنَّ ٱلدِّينَ عِندَ ٱللَّهِ ٱلْإِسْلَٰمُ﴾[٣].

وللجريدة مجلة بالاسم نفسه، كما أنَّه يصدر عن الجريدة ملحق خاص بالمرأة كل يوم أربعاء، وملحق خاص بالطفل كل يوم أحد، وقد حمل العدد الصادر يوم ١٤٣٦/٥/٢٤هـ (٢٠١٥/٣/١١٦م) الرقم (٢٨٣) للسنة الرابعة عشرة.

وللجريدة موقع كهربي (www.dailyislam.pk) عناوينه موزعة بشكل عام وفق صفحات الجريدة الورقية وعلى النحو التالي: القرآن والحديث، قومي خبرين (الأخبار المحلية)، عالمي خبرين (الأخبار العالمية)، تجارتي خبرين (الأخبار الاقتصادية)، إدارتي صفحة (إدارة الصفحة)، اسلام كلاسيفايد

---

(١) معجم المقالات الحسينية: ٥/ ١١.

(٢) رشيد أحمد: هو ابن عبد الخالق، رجل دين وناشط سياسي باكستاني ولد ونشأ ومات في كراتشي (١٣٦٢ ـ ١٤٢٠هـ= ١٩٤٣ ـ ١٩٩٩م)، أسس الحزب الإسلامي الحقيقي، له أكثر من عشرة كتب في علم الكلام والفقه والأخلاق والتاريخ منها حقيقت شيعة (حقيقة الشيعة).

(٣) سورة آل عمران، الآية: ١٩.

(الإعلانات)، بچون كا اسلام (الإسلام ‎٠٠‏ الإطفال)، خواتين كا اسلام (الإسلام.. المرأة)، ميگزين أيديشن (مجلة الإسلام)، ورابطة (الاتصال).

(٢٠)

إسلام أون لاين[(١)]

(موقع كهربي ـ الدوحة)

موقع كهربي باللغتين العربية والإنكليزية، أسسه الدكتور يوسف القرضاوي[(٢)] سنة ١٤٢٠هـ (١٩٩٩م) من الدوحة (قطر) ويحمل العنوان التالي: (www.islamonline.net)، وهو يتبع رسميا لجمعية البلاغ الثقافية، ويبث مواده من العاصمة المصرية القاهرة.

ونتيجة لخلافات بين أعضاء في جمعية البلاغ والفريق التحريري والفني في القاهرة، تم نقل تحرير الموقع إلى الدوحة وإعلان وزارة الشؤون الاجتماعية في قطر رسميا إقالة المؤسس من رئاسة مجلس إدارة جمعية البلاغ الثقافية في ١٤٣١/٤/٧هـ (٢٠١٠/٣/٢٣م)، وإجراء تعديلات على الموقع تتناسب والتوجهات الجديدة للحكومة القطرية من القضايا العربية والإسلامية[(٣)]، فيما عمد الفريق المصري إلى إنشاء صفحة جديدة باسم أون

---

(١) معجم المقالات الحسينية: ٣/ ١١، معجم المقالات الحسينية: ٤/ ١٤.

(٢) يوسف القرضاوي: هو إبن مصطفى، ولد سنة ١٣٤٨هـ (١٩٢٦م) في قرية صفط تراب في المحلة الكبرى بمحافظة الغربية المصرية، حصل على الشهادة العليا (الدكتوراه) من الأزهر سنة ١٣٩٣هـ، سكن قطر، ويتولى حالياً رئاسة الاتحاد العالمي لعلماء المسلمين، له نحو ١٢٠ مؤلفا، منها: الزكاة وأثرها في حل المشاكل الاجتماعية، أثر الإيمان في حياة الفرد، والإخوان المسلمون سبعون عاماً في الدعوة والتربية والجهاد.

(٣) أعلنت وزارة الشؤون الاجتماعية القطرية في بيان الإقالة الموجه إلى مدير مكتب الشيخ القرضاوي السيد وليد ابو النجار، أنه عينت مجلس إدارة جديد يرأسه الدكتور إبراهيم بن=

إسلام بالعنوان التالي: (www.onislam.net)، وبالسياسة القديمة التي كانت معتمدة في صفحة إسلام أون لاين.

وتتكون صفحة الموقع من أربعة أقسام هي: أخبار، آراء، أقليات مسلمة، وإسلاميون، وتفرعت من قسم الأخبار الأبواب التالية: ملفات، إسلاميون، أقليات مسلمة، منوعات، أخبار دولية، العالم الإسلامي، والعالم العربي، ومن قسم الآراء تفرعت الأبواب التالية: دراسات، حوارات، تحليلات، ووجهات نظر، وتفرعت من القسم الثالث الأبواب التالية: شخصيات، الهوية والإندماج، فقه الأقليات، استراليا والأوقيانوس، آسيا، أفريقيا، أميركا اللاتينية، أميركا الشمالية، وأوروبا، ومن القسم الرابع والأخير تفرعت الأبواب التالية: حركات وأحزاب، تبليغ، مستقلون، صوفيون، سلفيون، إخوان مسلمون، وتنظيمات مسلحة.

(٢١)

الإسلام فوق كل شيء[١]

(نشرة ـ الكاظمية)

نشرة باللغة العربية صدرت عن مدرسة الخالصي[٢] في الكاظمية

=عبدالله الأنصاري وعضوية الدكتور حسن بن راشد الدرهم، محمد بن بدر السادة، علي بن محمد العمادي، وهاشم بن عبد الرحيم السيد.

(١) معجم المقالات الحسينية: ٥/ ١٢.

(٢) نسبة إلى الشيخ مهدي بن محمد حسين بن عزيز الأسدي الخالصي (١٢٧٦ ـ ١٣٤٣هـ = ١٨٦٠ ـ ١٩٢٥م)، من أعلام العراق وقادة ثورة العشرين، ولد في الكاظمية ودرس فيها وفي النجف الأشرف، وأسس في مسقط رأسه جامعة مدينة العلم (مدرسة الخالصي)، وتوفي في مشهد ودفن في العتبة الرضوية، من مؤلفاته: تصحيف المنحة الإلهية عن النفثة الشيطانية، الشريعة السمحاء في أحكام سيّد الأنبياء، منظومات شعرية في العلوم العربية.

المشرّفة في العراق، في الربع الأخير من القرن الرابع عشر الهجري (ستينيات القرن العشرين)، واستمرت لسنوات ثم توقفت عن الصدور، وبعد سقوط نظام صدام حسين[1] سنة ١٤٢٤هـ (٢٠٠٣م)، عاد النشاط إلى مدرسة الخالصي، وبدأت تنشر عبر مدينة العلم للإمام الخالصي الكبير وتبث من موقع المدرسة على الرابط التالي: (www.madeena.net).

وتتوزع صفحات الموقع على الأبواب التالية: أخبارنا، نشاطاتنا، سيرة علماء، في سبيل الله، منبر الجمعة، آراؤنا، المكتبة، المكاتب، معرض الصور، الإستفتاءات، من نحن، وتواصل معنا.

(٢٢)
الأشراف السليمانيون في الحجاز[2]
(موقع كهربي ـ الحجاز)

موقع كهربي باللغة العربية يبث مواده من الحجاز على الرابط التالي: (www.al-sulymani.com)، مختص بشكل عام بتاريخ الأشراف في الحجاز والأشراف السليمانيين بشكل خاص، إضافة إلى موضوعات مختلفة حسب الأبواب المدرجة أدناه.

وتتوزع موضوعات الموقع على الأبواب التالية: الأشراف، البطاقات، المنتديات، مواقع صديقة، ومساحة اعلانية.

وتستأثر المنتديات بالقسم الأكبر من الموضوعات وهي موزعة على الأبواب التالية: الأقسام الإسلامية وتضم التالي: القرآن الكريم، السنّة

---

(١) صدام حسين: هو حفيد عبد المجيد التكريتي (١٣٥٦ ـ ١٤٢٧هـ = ١٩٣٧ ـ ٢٠٠٦م)، وقد مضت ترجمته.

(٢) معجم المقالات الحسينية: ٥/ ١٣.

النبوية والحديث الشريف، نبي الهدى محمد ﷺ، صحابة رسول الله ﷺ، الصحابيات رضي الله عنهن، الإسلاميات.

قسم خاص بالأشراف ويضم التالي: الأشراف السليمانيون، الوثائق والمشجرات، صور أعلام الأشراف السليمانيين، أخبار الوطن، الحوار العام.

ويضم باب الأقسام الأدبية التالي: الشعر، النثر، القصة. ويتكون قسم شؤون المجتمع من التالي: الصحة، التعليم. ويضم القسم الترفيهي التالي: الطرائف والألغاز والألعاب.

ويضم القسم التقني التالي: الكمبيوتر والإنترنت ولغات البرمجة، الجرافيك والتصاميم، والجوال. ويضم قسم الإدارة التالي: الإقتراحات والشكاوي، الصور، والمشرفين.

ويضم قسم احصائيات المنتدى التالي: احصائيات منتديات الأشراف السليمانيين في الحجاز، ودلالات الأيقونات(١).

(٢٣)
الأضواء(٢)
(مجلة ـ النجف)

مجلة إسلامية شهرية عامة صدرت باللغات العربية والفارسية والإنجليزية تشرف عليها اللجنة التوجيهية لجماعة العلماء في النجف الأشرف بإيعاز من

---

(١) وفي واجهة الموقع صورة مؤسس الموقع وراعيه الدكتور الشريف غازي بن سعيد بن علي السليماني المولود في مدينة الطائف في ١٣٨٣/٧/١هـ (١٩٦٣/١١/١٨م)، وهو خريج الجامعة الأميركية في الإدارة العامة، رجل اعمال وراعي للثقافة والأدب وعدد من المدارس التعليمية، من منجزاته: تأسيس ديوانية آل البيت الأدبية الثقافية في جدة.

(٢) معجم المقالات الحسينية: ١/ ٤٢.

المرجع الديني السيد محسن بن مهدي الحكيم (١٣٠٦ ـ ١٣٩٠هـ)[١]، صدر العدد الأول بموجب موافقة رسمية مؤرخة في ١٣٨٠/١/٢هـ (١٩٦٠/٦/٢٧م)، وكان المرجع الديني السيد محمد باقر بن حيدر الصدر (١٣٥٣ ـ ١٤٠٠هـ)[٢] يكتب افتتاحيتها وبخاصة في السنة الأولى منها[٣].

وصدرت المجلة من دار الأضواء الإسلامية التي رأسها الشيخ كاظم بن صالح بن محمد المخزومي الحلفي المولود في قضاء المِدَيْنَة في البصرة سنة ١٣٥٦هـ (١٩٣٧م) والمعدوم في بغداد بموجب كتاب محكمة الثورة رقم

---

(١) محسن مهدي الحكيم: هو حفيد صالح بن أحمد الطباطبائي (١٨٨٩ ـ ١٩٧٠م)، من الفقهاء ومراجع التقليد، ولد في النجف الأشرف ومات في بغداد ودفن في مسقط رأسه، تتلمذ على السيد محمد كاظم اليزدي وضياء الدين العراقي ومحمد حسين النائيني، وغيرهم، وعنه أخذ العلم السيد محمد باقر الصدر والسيد محمد سعيد الحكيم، والشيخ محمد تقي الفقيه، وغيرهم، شارك في ثورة العشرين سنة ١٩٢٠ ضد الاحتلال البريطاني، تولى المرجعية بعد رحيل السيد حسين البروجردي عام ١٣٨٠هـ (١٩٦٠م)، أقام المؤسسات الثقافية في المدن العراقية وبخاصة سلسلة المكتبات العامة، من مؤلفاته: مستمسك العروة، حقائق الأصول، ومنهاج الصالحين.

(٢) محمد باقر حيدر الصدر: هو حفيد إسماعيل بن محمد صدر الدين (١٩٣٥ ـ ١٩٨٠م)، من فقهاء الإمامية وأعلامها وفلاسفتها، ولد في الكاظمية وقُتل في بغداد ودفن في النجف الأشرف، نشأ في مسقط رأسه ودرس في الحوزة العلمية بالنجف الأشرف، دعم العمل السياسي في العراق وتعرض للحجز والمضايقة والاعتقال ومن ثم الإعدام، ترك نحو عشرين كتاباً، منها: الأسس المنطقية للإستقراء، بحث حول الولاية، ورسالته العملية (الفتاوى الواضحة).

(٣) من أبرز المحررين فيها هو الدكتور عبد الهادي بن محسن الفضلي المولود بقرية صبخة العرب في مدينة البصرة سنة ١٣٥٤هـ (١٩٣٥/١٢/٦م) والمتوفى في القطيف بالمنطقة الشرقية سنة ١٤٣٤هـ (٢٠١٣/٤/٨م) حيث دفن في مدينة سيهات، كما كان بعض أبناء المرجع الحكيم أعضاء ومحررين فيها، وكان محرر صفحة الطلبة فيها هو الناشط في مجال حقوق الإنسان الدكتور صاحب بن جواد الحكيم المولود في النجف الأشرف سنة ١٣٦١هـ (١٩٤٢م) والمقيم حالياً في لندن.

٣٧٩٥ المؤرخ في ١٤٠٢/١١/١٧هـ (١٩٨٢/٩/٥م)، وهو في الوقت نفسه صاحب امتيازها، ثم توقفت نظرا للظروف الأمنية والسياسية، وكان يُكتب تحت اسم (الأضواء) كلمة (الإسلامية) بخط أصغر، ولذلك يقال لها مجلة الأضواء أو مجلة الأضواء الإسلامية وهي واحدة كما في العدد المزدوج ٦ و٧ الصادر في السنة الرابعة لشهري شعبان ورمضان ١٣٨٣هـ (١٥/٢/١٩٦٤م) والمطبوع في مطبعة القضاء في النجف الأشرف.

وصدرت في مدينة قم الإيرانية مجلة الأضواء من جديد مذيلة باسم «جماعة العلماء المجاهدين في العراق»، حيث صدر العدد الأول من السنة الخامسة غرة ذي الحجة سنة ١٤٠٣هـ (أيلول ١٩٨٣م) في ١٩٤ صفحة، وقد اعتبر كاتب باب «رسالتنا» وتحت عنوان «عدنا.. والحمدُ لله» أن المجلة الجديدة هي استئناف للمجلة الأم(١).

(٢٤)
إطلاعات(٢)

(جريدة ـ طهران)

جريدة يومية صدر عددها الأول في طهران في ١٣٤٤/١٢/٣٠هـ (١٩/٤/١٣٠٥ش) (١٩٢٦/٧/١١م) عن «مركز إطلاعات إيران» في ٥٠٠ نسخة طبعت في مطبعة روشنايي، وكان صاحب امتيازها ومديرها عباس المسعودي(٣) المولود في طهران سنة ١٣١٩هـ (١٢٨٠ش) والمتوفى فيها في

---

(١) والظاهر أنها توقفت عن الصدور في إيران بعد عودة طاقمها إلى العراق مع سقوط نظام صدام حسين في ٢٠٠٣/٤/٩م، وكان أمين عام جماعة علماء الدين المجاهدين في العراق التي عنها تصدر المجلة هو السيد محمد باقر الحكيم (١٩٣٩ ـ ٢٠٠٣م).

(٢) معجم المقالات الحسينية: ١١/٢.

(٣) عباس المسعودي: (١٩٠١ ـ ١٩٧٤م)، رجل إعلام وصحافة وسياسة، ولد في طهران وفيها=

١٣٩٤/٥/٢٦هـ (١٣٥٣/٣/٢٧ش) الذي تولى فيما بعد مسؤوليات في الدولة ودخل مجلس الشورى الوطني ونال عضوية مجلس الشيوخ.

وفي بادئ الأمر صدرت بورقة كبيرة من صفحتين عصر كل يوم ثم توسعت في السنين الأولى إلى ٨ صفحات ثم ١٢ صفحة ثم تصاعد عدد صفحاتها لاحقا لتخرج صباح كل يوم.

وتولى إدارتها بعد وفاة مؤسسها ابنه فرهاد المسعودي[١] حتى قيام الثورة الإسلامية في إيران عام ١٣٩٩هـ، حيث آل أمرها إلى مؤسسة المستضعفين في الفترة (١٣٩٩ ـ ١٤٠٠هـ) وفي عام ١٤٠٠هـ تولى الإشراف عليها بقرار من قائد الثورة الإسلامية السيد روح الله الخميني (١٣٢٠ ـ ١٤٠٩هـ)[٢] السيد

=مات، درس الإبتدائية والمتوسطة في دار الفنون ثم توجه إلى العمل مبكرا واشتغل عاملا في المطابع ثم مصححا للصحف مثل: إقدام وشفق وكوشش، ثم أسس سنة ١٩٢١م مركز إطلاعات وبعدها أسس جريدة إطلاعات سنة ١٩٢٦م، دخل مجلس الشورى الوطني عن طهران في دورات عدة كما أصبح سناتورا عن العاصمة، تعرض لمحاولة اغتيال سلم منها، كتب عنه ابنه فرهاد مسعودي كتاب: الإنتصار الباسم (پيروزي لبخند).

(١) فرهاد المسعودي: هو إبن عباس المسعودي الطهراني (١٩٣٩ ـ ٢٠١٦م)، سياسي وإعلامي إيراني، ولد في طهران ومات في نيس بفرنسا، نشأ ودرس في مسقط رأسه وواصل الدراسة في أميركا وحصل على الشهادة الجامعية (البكالوريوس) في الصحافة والاقتصاد من جامعة منيسوتا (University of Minnesota) في مدينة منيابوليس (Minneapolis)، عاد إلى مسقط رأسه وانخرط في العمل السياسي والإعلامي كأبيه، رأس تحرير مجلة «ژورنال دو إيران» باللغة الفرنسية، وبعد سنوات أصبح قائمقام مؤسسة إطلاعات للمطبوعات تحت رئاسة والده وبعد رحيل والده سنة ١٩٧٤م أخذ مكانه في رئاسة جريدة إطلاعات حتى أيلول (سبتمبر) ١٩٧٨م أثناء اشتداد شعلة الثورة الإسلامية في إيران حيث ترك طهران إلى المملكة المتحدة، من مؤلفاته: الإنتصار الباسم (پيروزي لبخند).

(٢) روح الله الخميني: هو إبن مصطفى بن أحمد الموسوي (١٩٠٢ ـ ١٩٨٩م)، مؤسس الجمهورية الإسلامية في إيران، ولد في خمين من توابع إصفهان وتوفي في طهران ودفن جنوبها وقبره مزار، تتلمذ على عبد الكريم الحائري اليزدي وحسين البروجردي وغيرهما، رجع إليه الناس=

محمود دعائي[1] ولا زال، وتولى رئاسة التحرير فيها الإعلامي شمس آل أحمد[2]، وفي الوقت الحاضر فإن رئيس تحريرها هو الإعلامي علي رضا خاني[3].

وخلال عمر الصحيفة تولى رئاسة تحريرها عدد من الإعلاميين والكتاب منهم غلام حسين صالح يار[4] الذي تولى رئاسة التحرير سنة ١٣٧٦هـ

=في التقليد بعد وفاة السيد البروجردي سنة ١٩٦٠م، قاد سنة ١٩٦٣م انتفاضة كبيرة ضد حكم ملك إيران محمد رضا پهلوي وبعد عام نفاه إلى تركيا وغادرها إلى العراق واستقر في النجف الأشرف، وفي سنة ١٩٧٨م غادر العراق مكرها إلى فرنسا وعاد إلى طهران في ١٩٧٩/٢/١م وبعد عشرة أيام انتصرت الثورة الإسلامية معلنة انتهاء العهد الشاهنشاهي، من مصنفاته: أسرار الصلاة، الحكومة الإسلامية، وديوان شعر.

(١) محمود دعائي: هو إبن محمد، ولد في مدينة يزد في ١٣٦٠/٣/٢٢هـ (١٩٤١/٤/١٩م)، وبعد أربع سنوات انتقل للسكن في كرمان وفيها نشأ ودرس والتحق بحوزتها ثم حوزة قم المقدسة وفي سنة ١٩٦٧م وبسبب نضاله السياسي هاجر قسرا إلى العراق ودرس في حوزتها، كان الناطق الرسمي لعلماء الدين المبارزين قبل الثورة الإسلامية لسبع سنوات، مع انتصار الثورة الإسلامية في شباط ١٩٧٩م أصبح سفيراً لإيران في بغداد حتى شباط ١٩٨٠م حيث عمل في مكتب الإمام الخميني بشمال طهران، ثم تم تعيينه رئيساً لمؤسسة إطلاعات، دخل مجلس الشورى الإسلامي لست دورات حتى عام ٢٠٠٣م.

(٢) شمس آل أحمد: هو شمس الدين بن أحمد سادات آل أحمد (١٩٢٩ ـ ٢٠١٠م)، كاتب وأديب وإعلامي إيراني، أصله من طالقان ولد في طهران وفيها مات، عينه مرشد الجمهورية الإسلامية عضوا في لجنة الثورة الثقافية سنة ١٩٨٠م، من مؤلفاته: عقيقة، سير وسلوك، وحديث الثورة (حديث إنقلاب).

(٣) علي رضا خاني: باحث وصحافي إيراني ولد في منطقة شميران من ضواحي طهران في ٧ رجب ١٣٩١هـ (١٩٧١/٨/٢٩م)، نشأ ودرس في مسقط رأسه وواصل الدراسة الجامعية في جامعة العلامة الطباطبائي ونال منها الشهادة الجامعية (البكالوريوس) والشهادة العالية (الماجستير) ومن جامعة طهران نال الشهادة العليا (الدكتوراه) في علم السياسة والاجتماع، عمل في الصحافة وكان سنة ١٩٩٤م من ضمن الفريق الذي ادار تحرير جريدة (إيران) اليومية الصادرة في طهران، تم في عام ٢٠١٥م انتخابه عضوا في لجنة تقييم جودة الصحافة الإيرانية، رئيس تحرير جريدة إطلاعات.

(٤) غلام حسين صالح يار: أديب وكاتب مسرحي وإعلامي إيراني (١٣٥١ ـ ١٤٢٥هـ = ١٩٣٢ ـ=

(١٣٤٤ش)، وحسين بني أحمد[1] المولود سنة ١٣٤٨هـ، وغيرهما كما ولمؤسسة اطلاعات إصدارات أخرى مثل: أدبستان فرهنگ وهنر (المركز الأدبي للثقافة والفن) (شهرية)، لا ريفيو دي تهران (La Revue de Téhéran) (فرنسية)، إطلاعات علمي (العلمية)، إطلاعات هفتگي (أسبوعية)، دنياي ورزش (عالم الرياضة)، جوانان امروز (شباب اليوم). كما لها موقع موسع في الشبكة البينية الدولية بالعنوان التالي: (www.ettelaat.com).

ولا يخفى أنها لا زالت مستمرة في الصدور.

=٢٠٠٤م)، ولد في طهران وفيها نشأ ودرس ومات، نال من جامعة طهران الشهادة الجامعية (بكالوريوس حقوق) والشهادة العالية (الماجستير) في العلوم السياسية والعلاقات الدولية، توجه إلى المسرح والصحافة والتحق بدورة إعلامية في جريدة إطلاعات سنة ١٩٥٦م وبعدها عمل فيها وتولى رئاسة تحريرها سنة ١٩٦٥م حتى سنة ١٩٦٧م حيث عمل بعدها في جريدة آيندگان (الأجيال القادمة) حتى سنة ١٩٧٠م واعتزل العمل الصحافي لمدة عام ثم انتقل للعمل في الإذاعة والتلفزيون الإيراني في باريس ولندن وبعد عودته ساهم في تأسيس وكالة أنباء الإذاعة الوطنية ثم تولى رئاسة تحرير جريدة مردم (الشعب)، وفي سنة ١٩٧٤م منع من الكتابة بأمر حكومي وفي سنة ١٩٧٧م عمل في صحيفة ژورنال الإنكليزية في طهران وبعدها عاد وتولى رئاسة تحرير جريدة إطلاعات حتى انتصار الثورة الإسلامية عام ١٩٧٩م، وفي عهده اشتهرت صحيفة اطلاعات بمطالع صفحتها الأولى مثل: الشاه رحل (شاه رفت)، عاد الإمام (إمام آمد)، من آثاره: وجه الصحافة المعاصرة (چهرة مطبوعات معاصر).

(١) حسين بني أحمد: كاتب وأديب وإعلامي إيراني، ولد سنة ١٩٣٠م، في سنة ١٩٥٧م رأس تحرير مجلة إطلاعات للأطفال (إطلاعات كودكان)، وبعد عام تولى إدارة تحرير جريدة إطلاعات اليومية، في الفترة (١٩٧٠ ـ ١٩٧٥م) عمل في ڤيينا في قسم الإعلام والعلاقات العامة في منظمة أوبك المصدرة للنفط عاد بعدها إلى طهران ورأس تحرير جريدة تهران ژورنال الإنكليزية وإدارة تحرير جريدة ژورنال دو إيران الفرنسية، وفي سنة ١٩٧٦م عاد ليرأس تحرير جريدة إطلاعات اليومية وفي ١٩٧٩/١/٤م قدّم استقالته منها لاتهامه بالسماح بنشر رسالة تهاجم الثورة الإسلامية المتقدة في عموم إيران قبل انتصارها في ١٩٧٩/٢/١١م، له حضور في المحافل الثقافية والإعلامية.

(٢٥)

إطلاعات[١]

(جريدة ـ لندن)

وهي النسخة الدولية لصحيفة اطلاعات اليومية الطهرانية، تصدر في كل من أوروبا وأميركا وكندا، صدر عددها الأول في ١٤١٣/٩/٢٣هـ (١٢/٢٧/ ١٣٧١ش) (١٩٩٣/٣/١٧م) وغرضها تغطية فعالية الجاليات الإيرانية في الخارج وربطها بالواقع الداخلي.

وتقتصر الطبعة الدولية على ثماني صفحات، والأخيرة بلغة أجنبية، من قبيل جريدة إطلاعات الصادرة في لندن حيث لغة الصفحة الأخيرة هي الإنكليزية، كما بدأت الصحيفة منذ ١٤١٧/٥/١٨هـ (١٣٧٥/٧/١٠ش) تظهر على الشبكة البينية الدولية[٢].

(٢٦)

إطلالة النور[٣]

(مجلة ـ كربلاء)

مجلة باللغة العربية صدرت في مدينة كربلاء المقدسة (العراق) سنة ١٤٢٤هـ (٢٠٠٣م)، والظاهر أنها توقفت عن الصدور كمعظم الصحف والمجلات التي ظهرت بعد سقوط نظام صدام حسين سنة ١٤٢٤هـ (٩/٤/ ٢٠٠٣م)[٤].

---

(١) معجم المقالات الحسينية: ١٢/٢.

(٢) في ٢٠١٦/٨/٢٢م وبعد ٢٣ عاماً من الصدور، أعلنت إدارة جريدة إطلاعات في طهران عن توقف اصدار الطبعة الدولية لها وذلك لأسباب مالية.

(٣) معجم المقالات الحسينية: ١٢/٣.

(٤) صدر العدد المزدوج (٦ ـ ٧) في ١٤٢٥/١/١٥هـ (٢٠٠٤/٣/٦م).

(٢٧)

الإعلام العراقي [1]
(شبكة كهربية ـ الدنمارك)

موقع كهربي على الشبكة البينية الدولية (www.iraqi.dk)، يهتم بالشأن العراقي بعامة والجالية العراقية في داخل الدانمارك بخاصة، أسسه وأشرف عليه منذ منتصف ١٤٢٧هـ (حزيران ٢٠٠٦م) الإعلامي العراقي الأستاذ أسعد كامل [2] المقيم في كوبنهاغن.

وجاء في ديباجة التعريف: «موقع مستقل لا ينطق باسم أية حكومة أو منظمة سياسية أو فئة دينية أو يخضع لتأثير أي منها... والموقع مستقل بالكامل، سياسياً وإدارياً ومالياً وغير ربحي، ويعتمد في تغطية نفقاته على الإعلانات وتبرعات الأعضاء».

وتضم صفحة الشبكة الأبواب التالية: بحث، فيديو، نجوم وفنون، بطاقات، علوم صحية، في الدانمارك، عالم حواء، تكنولوجيا، المقالات، والأخبار.

_____

(١) معجم المقالات الحسينية: ٢/ ٣١ تحت عنوان شبكة الإعلام العراقي، والإسم الكامل له فيما بعد هو: (شبكة الإعلام في الدانمارك).

(٢) أسعد كامل: هو اسم صحافي اتخذه الكاتب والإعلامي والخطاط العراقي سعد بن كامل بن حسون الكعبي المولود في مدينة النجف الأشرف سنة ١٣٨١هـ (١٩٦١/٨/٢م) منذ أن أقام في كوبنهاغن (الدانمارك) سنة ١٤٢١هـ (٢٠٠٠م) لظروف سياسية، وهو خريج آداب من جامعة بغداد سنة ١٤٠٥هـ (١٩٨٥م)، وفي المهجر كان أول عمل له هو إدارة الإذاعة العراقية في كوبنهاغن التي تبث كل أسبوع وتهتم بشؤون العراقيين في الدانمارك، أدار مكتب قناة البغدادية الفضائية وقدم شهريا برنامجي «مشوار» و«چا وين أهلنه».

ويتولى تحريرها كما جاء في التعريف[١]: الأستاذ أدهم النعماني[٢] (مدير التحرير ومسؤول العلاقات)، الأستاذ أحمد السعدي[٣] (نائب رئيس التحرير)، الأستاذ مصطفى الشريف (مدير الأخبار والعلاقات الدانماركية)، الأستاذ أمجد الشهيب[٤] (المدير الفني ومسؤول التصوير)، والأستاذ شهاب أحمد محمود (مراسل المحافظات الجنوبية) في العراق[٥].

---

(١) جاء في رسالة جوابية مؤرخة في ١٤٣١/١٢/٢٣هـ (٢٠١٠/١٢/١م) بعث بها الأستاذ سعد كامل الكعبي إلى المركز الحسيني للدراسات: كادرنا من الشباب المتحمسين في خدمة بلدهم وأبرزهم: الأستاذ المهندس مصطفى كامل الشريف مدير تحريرها، والمخرج عماد البابلي، والاستاذ مكارم إبراهيم والاستاذ بختيار صابر وبقية المشرفين.

(٢) أدهم النعماني: هو إبن عبد الصاحب بن محمود، كاتب وأديب عراقي يقيم في العاصمة الدانماركية كوبنهاغن منذ سنة ١٩٩٢م، ولد في قضاء النعمانية بمحافظة واسط سنة ١٩٥٤م، نشأ ودرس في مسقط رأسه وأكمل مرحلة الإعدادية، اهتم بالقراءة والمطالعة منذ صغره، يتولى إدارة شبكة الإعلام العراقي في الدانمارك منذ نحو عام ٢٠٠٩م وحتى الآن.

(٣) أحمد السعدي: هو إبن إسماعيل بن علي، كاتب وناشط عراقي مقيم في العاصمة الدانماركية كوبنهاغن، ولد في كركوك سنة ١٩٨٠م، محرر ونائب رئيس تحرير شبكة الإعلام العراقي في الدانمارك.

(٤) أمجد الشهيب: هو إبن عبد الغفار بن محمد رضا، رجل أعمال حرة وناشط وكاتب سياسي عراقي، ولد في الحلة (بابل) في ١٩٧٧/٢/٢٦م، نشأ ودرس في إيران والدانمارك وحصل على البكالوريوس وشهادتي دبلوم في البرمجة، لظروف سياسية هاجر مع أسرته صغيراً إلى سوريا سنة ١٩٨١م ثم إلى إيران سنة ١٩٨٤م حتى عام ١٩٩٦م حيث هاجر إلى الداانمارك وسكن العاصمة، عمل في الفترة (٢٠٠٨ ـ ٢٠١٤م) في شبكة الإعلام العراقي في الدانمارك سكرتيراً للتحرير والمشرف على الأخبار السياسية، له سلسلة كتابات تحت عنوان: «العراق مشاكل وحلول».

(٥) تغير اسم الموقع إلى شبكة الإعلام في الدانمارك، كما أنَّ أسماء الكثير من المحررين تغيرت مع الزمن، وقد أخبرنا مؤسس الشبكة والممول الشخصي لها الأستاذ أسعد كامل في اتصال جرى يوم ٢٠١٩/٤/١١م أثناء وجوده في القاهرة في رحلة عمل أن الموقع تطور كثيراً ويتميز اليوم بأسلوب المدونات وكل ما ينشر في مدونة الكاتب يذهب آليا إلى صفحات وشبكات تويتر (Twitter) والگوگل (Google) والفيسبوك (Facebook) واللينكدن الدولي (linkedin).

(٢٨)

إعمار كربلاء[١]

(جريدة ـ كربلاء)

جريدة عربية يومية تصدر مؤقتاً كل أربعاء في محافظة كربلاء المقدسة، تأسست في ٢٠٠٦/٦/٣٠م، معتمدة لدى نقابة الصحفيين العراقيين بالرقم ٢٨٣ لعام ٢٠٠٦م ورقم الإيداع لدى دار الكتب والوثائق في بغداد بالرقم ١١٢٤ لعام ٢٠٠٨م، ويرأس تحريرها الإعلامي توفيق الحبالي[٢]، وهي الصحيفة الرسمية الناطقة باسم الإدارة المحلية لمحافظة كربلاء المقدسة.

بدأت بالصدور بحجم صغير بواقع ثماني صفحات كل أسبوعين تهتم بقضايا الإعمار والمشاريع المنفذة في المحافظة، وبعد عام من الصدور تحولت إلى حجم كبير وتصدر مرة في الأسبوع وتضمنت صفحاتها الثمان[٣]

---

(١) معجم المقالات الحسينية: ٤/ ١٤.

(٢) توفيق الحبالي: هو إبن غالب بن تكليف بن عطية الحبالي، كاتب وإعلامي عراقي ولد في مدينة النجف الأشرف في ١٣٩٣/٦/٢٩هـ (١٩٧٣م)، سكن كربلاء المقدسة عام ١٩٧٧م وتخرج فيها من اعدادية التجارة عام ١٩٩٢م، ودرس الصحافة في كلية الآداب ببغداد، تولى في الفترة (٢٠٠٥/٣/١٥ ـ ٢٠٠٦/٦/٢٠م) رئاسة تحرير مجلة المعرفة الكربلائية، ومنذ منتصف العام ٢٠٠٦م يتولى رئاسة تحرير جريدة إعمار كربلاء، ومدير مكتب وكالة أنباء الإعلام العراقي (واع) منذ عام ٢٠٠٨م، عضو في نقابة الصحفيين العراقيين منذ عام ٢٠٠٥م، شارك في دورات إعلامية كثيرة داخل العراق وخارجه ونال منها شهادات تقديرية، واصل الدراسة الجامعية في قسم الصحافة بكلية الآداب في جامعة أهل البيت عليهم السلام بكربلاء المقدسة وتخرج منها، مدير الإعلام والاتصال الحكومي في محافظة كربلاء، تم في ٢٠١٨/٩/٢٤م تكليفه برئاسة فرع نقابة الصحفيين العراقيين في كربلاء، من مؤلفاته المطبوعة: الشهيدة بنت الهدى.. إشعاعة في زمن الظلام، وآراء وأفكار في أعمدة صحفية.

(٣) أخبرنا رئيس التحرير الأستاذ توفيق الحبالي في رسائل سابقة متبادلة مع المركز الحسيني للدراسات أن النية قائمة في رفع عدد صفحات جريدة إعمار كربلاء إلى ١٢ صفحة اعتباراً من=

الملونة القضايا الإعمارية والمشاريع المنفذة، مقترحات، آراء، هموم المواطن، الحوارات، التحقيقات العامة، المجتمع، الثقافة، الرياضة، استراحة قارئ، وصفحة أخيرة منوعة، وكان رئيس مجلس الإدارة فيها المحافظ الأسبق الدكتور عقيل الخزعلي[1] حتى عام ٢٠٠٩م ومن بعده تولى الرئاسة المحافظ المهندس آمال الدين الهر[2] حتى انتهاء ولايته عام

=منتصف العام ٢٠١٤م تتضمن الموضوعات التالية: الصفحة التربوية، الصفحة القانونية، صفحة المجتمع المدني، وصفحة آراء وأفكار.

صدر العدد رقم (٥٣٥) المؤرخ ٢٧ شباط (فبراير) ٢٠١٩م صدر بثماني صفحات ملونة توزعت صفحاته على الأبواب التالية: الصحفة الأولى (١)، أخبار وتقارير (٢)، مجتمع (٣)، تحقيقات وحوارات (٤)، مجتمع (٥)، الثقافية (٦)، الرياضة (٧)، الصفحة الأخيرة (٨).

(١) عقيل الخزعلي: هو ابن محمود بن كريم، دكتور طبيب، ولد في كربلاء المقدسة في ٦/١٦/ ١٩٧٣م وفيها نشأ ودرس، ونال من جامعة الموصل (بكالوريوس طب وجراحة عامة) سنة ١٩٩٦م، عمل في المستشفى الحسيني بكربلاء المقدسة في الفترة ١٩٩٦ - ١٩٩٨م، مدير شعبة التدريبات في دائرة صحة كربلاء، وفي الفترة ١٩٩٩ - ٢٠٠٣م مارس المهنة كمدير لمركز صحي في مدينة السليمانية شمال العراق، وفي شباط عام ٢٠٠٤م أصبح عضوا في مجلس محافظة كربلاء حتى آذار ٢٠٠٥م ثم رئيساً لمجلس المحافظة منذ تموز ٢٠٠٤م حتى آذار ٢٠٠٥م، ومن آذار ٢٠٠٥م أصبح محافظاً لكربلاء حتى نيسان ٢٠٠٩م وهو الخامس ممن تولى هذه المسؤولية بعد سقوط نظام صدام حسين في ٢٠٠٣/٤/٩م حيث خلف الشيخ سعد بن صفوك المسعودي، وفي ١٤٣٠/٢/٤ خلفه المحافظ السابق المهندس آمال الدين بن عبد المجيد الهر الأسدي، ثم أصبح رئيساً للجنة العلاقات في مجلس المحافظة من العام ٢٠٠٩م حتى العام ٢٠١٣م، ثم أصبح منذ عام ٢٠١٣م وحتى الآن معاوناً لوكيل وزير الداخلية، وقبل ذلك تولى إدارة فرع المؤسسة الوطنية للتنمية والتطوير حيث نال عام ٢٠١١م دبلوماً في التنمية البشرية ونشط كمدرس مختص في التنمية البشرية حتى عام ٢٠١٣م، كما نال من جامعة أهل البيت في مدينة كربلاء الشهادة الجامعية (بكالوريوس قانون) عام ٢٠١٣م.

(٢) آمال الدين الهر: هو ابن عبد المجيد بن حميد الهر الأسدي، مهندس زراعي ومحافظ سابق لمدينة كربلاء المقدسة التي ولد فيها عام ١٩٥٥م وفيها نشأ ودرس، ونال الشهادة الجامعية (بكالوريوس هندسة وقاية) من كلية الزراعة بجامعة بغداد عام ١٩٧٦م، ومارس عمله في دائرة=

٢٠١٣م، وتولاها من بعده المحافظ الحالي للمدينة الأستاذ عقيل الطريحي[(١)].

والجريدة تصدر بثماني صفحات ملونة ومبوبة على النحو التالي: أخبار وتقارير، وصفحة مجتمع وشكاوى وتحقيقات ومجتمع والثقافية وصفحة استراحة قارئ ويرأس مجلس الإدارة محافظ كربلاء المقدسة الأستاذ عقيل الطريحي.

(٢٩)
أفتون بلادت[(٢)]
(جريدة ـ استوكهولم)

جريدة أفتون بلادت (Aftonbladet) من كبريات الصحف السويدية بقياس

=زراعة ناحية الحر، تعرض للاعتقال عام ١٩٨٠م وبعد الإفراج عنه هاجر عام ١٩٨١م إلى سوريا ولبنان وإيران، ورجع بعد سقوط النظام عام ٢٠٠٣م، وعاد إلى عمله ثم انتخب عضوا لمجلس محافظة كربلاء عام ٢٠٠٥م، وفي العام ٢٠٠٦م أصبح مديراً لزراعة كربلاء وفي العام ٢٠٠٩م انتخب ثانية لعضوية مجلس المحافظة ثم أصبح محافظاً لها حتى عام ٢٠١٣م حيث خلفه الأستاذ عقيل بن عمران الطريحي، قام خلال توليه المسؤولية بمشاريع زراعية وخدمية كثيرة، أشرف وساهم في إصدار التالي: بحوث المؤتمر العلمي الأول لانقاذ كربلاء من خطر المياه الجوفية، زراعة كربلاء طموح وتطلعات، وزراعة نخيل التمر في محافظة كربلاء المقدسة.

(١) عقيل الطريحي: هو ابن عمران بن محمد سعيد الطريحي، ولد في مدينة كربلاء المقدسة عام ١٩٦٤م، نشأ ودرس في مسقط رأسه، ونال الشهادة الجامعية في القانون من جامعة بغداد عام ١٩٨٧م، اضطر إلى الهجرة القسرية إلى الحدود العراقية الكويتية في صفوان بعد حوادث شباط (فبراير) ١٩٩١م، ومنها هاجر لاجئاً إلى إيران ومارس العمل السياسي والصحفي ثم انتقل للسكن في دمشق ومارس العمل السياسي والإعلامي ومنها هاجر إلى الدانمارك عام ١٩٩٦م، عاد إلى العراق بعد سقوط النظام عام ٢٠٠٣م وعمل إلى جانب رئيس وزراء العراق السيد نوري كامل المالكي، ثم أصبح عام ٢٠١٣م محافظاً لكربلاء.

(٢) معجم المقالات الحسينية: ٥/ ١٤.

(A3)، صدرت بلغة أهل البلد في ١٢٤٦/٦/٢٠هـ (١٨٣٠/١٢/٦م) في العاصمة استوكهولم، على يد الإعلامي والسياسي ورجل الأعمال لارس جوهان هيرتا[(١)]، وهي تعني باللغة العربية (ورقة أو جريدة المساء)، ويختلف عدد الصفحات من النسخة اليومية عن نسخة نهاية الأسبوع، فمعدل الصفحات اليومية ٦٤ صفحة ومعدل صفحات يوم الأحد ٨٨ صفحة[(٢)].

مرت الجريدة بمراحل كثيرة وتعرضت للتوقف أكثر من مرة بسبب سياستها، وتم بيعها أكثر من مرة لشركات داخلية وخارجية، ومنذ ١٤٣٩/٦/٢١هـ (٢٠٠٩/٦/١٥م) فإن مجموعة شيبستيد الإعلامية النرويجية (the Norwegian media group Schibsted) تملك ٩١ في المائة من أسهم الجريدة، حيث للشركة أسهم في الشركات الإعلامية في ٢٧ دولة حول العالم، ومقرها أوسلو.

وللجريدة موقع كهربي بالرابط التالي: (www.aftonbladet.se)، وهي

---

(١) لارس جوهان هيرتا: هو ابن كارل ديدريك هيرتا (Lars Johan Carl Didrik Hierta) (١٢١٥/٧/٩هـ - ١٢٨٩/٩/١٩هـ = ١٨٠١/١/٢٢م - ١٨٧٢/١١/٢٠م)، إعلامي ورجل أعمال وسياسي قاد التيار الاجتماعي الديمقراطي، ويطلق عليه «أبو الإعلام الحر»، ولد في في مدينة آبسالا (Uppsala) في أسرة نبيلة، وفيها نشأ ودرس وفي سنة ١٢٢٩هـ (١٨١٤م) دخل جامعتها وفي سنة ١٢٣٦هـ (١٨٢١م) حصل على الشهادة العليا (دكتوراه فلسفة وقانون)، مارس العمل بشهادته وعمل في مجلس اللوردات، بدأ مشواره مع الكتابة منذ سنة ١٢٣٨هـ (١٨٢٣م) وفي سنة ١٢٤٤هـ (١٨٢٩م) أسس دار نشر للكتب، وفي السنة التالية أنشأ جريدته التي لا زالت مستمرة في الصدور حتى الآن، ولدوره الإعلامي والسياسي والاجتماعي صُنع له تمثال ونصب في مدينة جاملا ستان (Gamla Stan) وسط استوكهولم القديمة.

(٢) يرأس تحريرها في الوقت الحاضر (١٤٣٦هـ) يان بن غوستاف هلين (Jan Gustav Helin) المولود في مدينة نينسهام (Nynashamn) من ضواحي ستوكهولم في ١٣٨٦/٩/٣٠هـ (١٩٦٧/١/١٢م)، حيث تولى رئاسة تحرير جريدة أفتون بلادت منذ ١٤٢٨/١٢/٢٢هـ (٢٠٠٨/١/١م).

توزع في السويد وشمال أوروبا، كما تفاوت أعداد طباعتها بين فترة وأخرى، فعلى سبيل المثال، كانت في سنة ١٩٩٨م تطبع (٣٩٧,٠٠٠) نسخة في اليوم وفي يوم الأحد تطبع (٥٠٢,٠٠٠)، وفي سنة ١٤٢٥هـ (٢٠٠٤م) بلغ عدد المطبوعة اليومية (٤٢٢,٠٠٠) نسخة، وارتفع عدد الطبعة اليومية إلى (٤٢٩,٠٠٠) نسخة في سنة ١٤٢٦هـ (٢٠٠٥م)، ليرتفع الرقم في سنة ١٤٢٧هـ (٢٠٠٦م) إلى (١,٤٢٥,٠٠٠) نسخة مع ازدياد نسبة سكان السويد بنحو ١٥ في المائة، وفي سنة ١٤٣١هـ (٢٠١٠م) بلغ عدد المطبوعة اليومية (٣١٠,٠٠٠) نسخة لتنخفض في سنة ١٤٣٥هـ (٢٠١٤م) إلى (١٥٤,٩٠٠) نسخة يومية[١].

(٣٠)
الأقلام[٢]
(مجلة ـ بغداد)

مجلة ثقافية أدبية شهرية باللغة العربية صدر العدد الأول منها في بغداد في شهر جمادى الأولى ١٣٨٤هـ (أيلول ١٩٦٤م) وجاء في ترويستها[٣] أنها

---

(١) بعض المعلومات استقاها المحقق الكرباسي مباشرة من إدارة الجريدة عبر اتصال هاتفي أجريته مع إدارة تحرير الجريدة يوم الخميس ٢٠١٥/٢/٥م بمعونة الأستاذ حسن بن موسى بن صادق الفتلاوي، المولود في قضاء الشامية بمحافظة الديوانية في ١٩٦٣/٥/٢٠م، الذي يجيد التحدث باللغة السويدية.

(٢) معجم المقالات الحسينية: ١٣/٢.

(٣) الترويسة: على زنة تحويلة مصدر باب التفعيل من الروس الذي هو مصدر باب الفعل الثلاثي المجرد، والروس: هو مقدمة السحاب وروائس الأودية: أعاليها، وقد استخدم عند المتعاطين بالكتاب طباعة وتحقيقا فيما يعلو الصفحة أو الغلاف من عناوين وملاحظات وأرقام ترتبط بالصفحات.

«مجلة فكرية عامة تصدرها وزارة الثقافة والإرشاد»[١] العراقية، وكان مقاس المجلة عندما صدرت ١٧ سم في ٢٢ سم ثم تبدل هذا المقاس اعتبارا من العدد التاسع، السنة السادسة، جمادى الثانية ١٣٩٠هـ (آب ١٩٧٠م) وأصبح ٢٢سم في ٢٩سم، والمجلة مسجلة في مصلحة البريد والبرق والتلفون رقم ٧٣، وخلال العقد الأول من عمر المجلة ١٣٨٤ ـ ١٣٩٥هـ (١٩٦٤ ـ ١٩٧٥) صدر منها١١٨ عددا كتب فيها ١١٢٣ كاتبا[٢].

وتعاقب[٣] على رئاسة تحريرها عدد من الكتاب والأدباء، منهم الأديب محمد مبارك[٤]، والشاعر سلمان بن إبراهيم الجبوري[٥]،

---

(١) تحول اسم الوزارة إلى وزارة الثقافة والإعلام، ثم وزارة الإعلام، وفي الوقت الحاضر فإن مجلة الأقلام تصدر عن «دار الشؤون الثقافية العامة».

(٢) انظر: موقع مؤسسة النور الثقافية في مالمو بالسويد، من مقالة للدكتور إبراهيم خليل العلاف نشرت في ٢٠٠٩/٤/١٨ م بعنوان: مجلة الأقلام العراقية وتراث ٤٥ عاماً من الفعل الثقافي.

(٣) ومنهم الأديب الشاعر عبد الجبار بن داود بن سلمان البصري المولود سنة ١٩٣٠م في قرية المطيحة بقضاء أبي الخصيب في البصرة، حيث تولى رئاسة تحرير مجلة الأقلام في الفترة (١٩٧٠ ـ ١٩٧٨م).

(٤) محمد مبارك: هو إبن مهدي (١٩٣٩ ـ ٢٠٠٧م)، أديب وناقد وصحافي عراقي، ولد في مدينة الحلة وفيها نشأ ودرس ونال من جامعة بغداد الشهادة الجامعية (بكالوريوس أدب إنكليزي)، عمل في دائرة الإذاعة والتلفزيون وتولى رئاسة القسم الثقافي، كما تولى إدارة قسم المسارح، كما تولى رئاسة تحرير مجلة الأقلام، من مؤسسي الاتحاد العام للأدباء والكتاب العراقيين، عمل في الأردن في الفترة (٢٠٠٠ ـ ٢٠٠٢م) في مكتب جريدة الزمان اللندنية، عاد إلى العراق وفيها مات في ٣١ آب أغسطس، من مؤلفاته: نظرات في التراث، مقاربات في العقل والثقافة، والكندي فيلسوف العقل.

(٥) سلمان إبراهيم الجبوري: أديب وشاعر عراقي (١٩٣٨ ـ ٢٠١٢م)، ولد ببغداد وفيها مات بعد مرض عضال، نشأ ودرس في مسقط رأسه، نظم الشعر في وقت مبكر واشتهر بشعر التفعيلة، عانى كبقية الأدباء من شظف العيش وعمل لفترة سائق تاكسي، تولى رئاسة تحرير مجلة الأقلام، والعدد المزدوج ٥ و٦ لسنة ٢٠٠٧م كان تحت رئاسته، من دواوينه: حلم في مرآة مهشمة، الغابة العذراء، وغيوم برتقالية.

وآخرهم[1] الشاعر نوفل بن هلال أبو رغيف الموسوي[2] مدير عام دار الشؤون الثقافية العامة.

(٣١)
الإمام الحسن العسكري[3]
(موقع كهربي ـ الهند)

وهو موقع كهربي (إلكتروني) باللغة الأردوية بالعنوان التالي: (www.imamhasanaskari.com)، إضافة إلى قسمين باللغتين الفارسية والإنكليزية لكنهما غير مفعّلين في الوقت الحاضر، يشرف عليه السيد آصف الرضوي[4].

ويضم الموقع بالإضافة إلى متابعة الشأن الإيراني الأقسام التالية: المكتبة الإسلامية، القرآن الكريم، التفسير، الشعائر الحسينية، العقائد،

---

(١) صدر الجزء الثاني من معجم المقالات الحسينية الذي تحدث عن مجلة الأقلام سنة ١٤٣٢هـ (٢٠١١م)، وفي الوقت الحاضر (٢٠١٩) فإن رئيس تحريرها هو القاص والأديب الأستاذ عبد الستار البيضاني (عبد الستار جبار لعيبي عجيل البيضاني) المولود ببغداد سنة ١٩٥٨م.

(٢) نوفل هلال أبو رغيف الموسوي: هو حفيد عبد المطلب، أديب وشاعر وإعلامي وأكاديمي عراقي، ولد في العزيزية بمحافظة واسط سنة ١٩٧٥م، قال الشعر مبكرا، حصل على الدكتوراه في الأدب العربي من جامعة بغداد، عمل بعد سقوط نظام صدام سنة ٢٠٠٣م في مجال الصحافة والإعلام إلى جانب المشاركة في المحافل الثقافية والأدبية، تولى مسؤوليات رسمية عدة منها مدير عام دار الشؤون الثقافية العامة بوزارة الثقافة، مدير عام دائرة السينما والمسرح، وأصبح سنة ٢٠١٥م مدير عام دار ثقافة الأطفال، رأس تحرير مجلة الأقلام لست سنوات، من مؤلفاته: ضيوف في ذاكرة الجفاف (شعر)، ملامح المدن المؤجلة (شعر)، ومستويات اللغة في النقد العربي القديم (دراسة).

(٣) معجم المقالات الحسينية: ٤٣/١.

(٤) آصف الرضوي: يرجع بنسبه إلى أهل البيت، كاتب من الهند يشرف على موقع الإمام الحسن العسكري وهو مصمم الموقع.

الأماكن المقدسة، المقالات، قسم الصور، مع باب للحوار للفتيان باللغة الفارسية[١].

(٣٢)
الإمام الحسين[٢]
(نشرة ـ لندن)

نشرة يومية بقياس (A4) في أربع صفحات باللغتين العربية والإنكليزية صدرت في لندن في محرم عام ١٤٢٣هـ (آذار ٢٠٠٢م)، عن حسينية الرسول الأعظم ﷺ[٣]، عنت بتغطية الشعائر الحسينية في شهر محرم الحرام، ثم توقفت، وكان لها صفحة في الشبكة الكهربية على الرابط التالي: (www.imam-hussein.org)[٤].

(٣٣)
الإمام الرضا[٥]
(شبكة كهربية ـ قم)

موقع كهربي على الشبكة البينية الدولية بالعنوان التالي:

---

(١) تم إنشاء الموقع سنة ٢٠٠٦م.

(٢) معجم المقالات الحسينية: ٤/ ١٧.

(٣) حسينية الرسول الأعظم: أسسها المرجع الديني الراحل السيد محمد الحسيني الشيرازي سنة ١٩٨٦م بإشراف السيد محسن بن أحمد الخاتمي الذي استعان بدوره بسماحة المؤلف الشيخ محمد صادق محمد الكرباسي، تم تأسيسها أولاً وسط لندن في منطقة إجورد رود (Edgware Road) ثم منطقة كريكل وود (Cricklewood) شمال غرب لندن، وتقع اليوم في منطقة گولدرز گرين (Golders Green) شمال شرق لندن.

(٤) ممن ساهم في الكتابة فيها الخطيب الحسيني السيد حيدر بن علي الموسوي الحائري المقيم في الكويت.

(٥) معجم المقالات الحسينية: ٢/ ٣٢.

(www.imamreza.net)، ينشر مواده باللغة العربية، والموقع جزء من نشاطات مركز آل البيت عليهم السلام العالمي للمعلوماتية الذي تأسس في مدينة قم المقدسة في إيران في ذكرى عيد الغدير في ١٨/١٢/١٤١٨هـ (١٩٩٨م)، ويشرف عليه السيد جواد بن عبد الرضا الحسيني المرعشي[1] المولود في مدينة كربلاء المقدسة سنة ١٣٧٢هـ (١٩٥٣م).

وتنشر شبكة الإمام الرضا موادها بالإضافة إلى العربية باللغتين الفارسية والإنجليزية، وتضم الصفحة العربية الأبواب التالية: الإسلام، الإمام، مشهد الرضا، المكتبة الإسلامية، العالم الإسلامي، شرفة خضراء، خريطة الموقع، قاموس مصطلحات الموقع، بطاقات إسلامية، شاهد سجل الزوار، وقّع في سجل الزوار، مناسبات خاصة، وقائع وأعمال الشهور القمرية، المكتبة الصوتية والمرئية، مواقع إسلامية، الأنواء الجوية (مدينة مشهد)، سؤال وجواب، مدينة للصغار، أشواق ملونة، وألبوم الذكريات.

---

(١) جواد عبد الرضا الشهرستاني: هو حفيد زين العابدين المرعشي الحسيني الشهرستاني، من الأسماء اللامعة في مجال إنشاء المؤسسات العلمية والتحقيقية والثقافية والإعلامية والاجتماعية، ولد في مدينة كربلاء المقدسة بالعراق سنة ١٩٥٣م، نشأ ودرس في مسقط رأسه وواصل الدراسة في حوزة النجف الأشرف وفيها تزوج من كريمة مرجع التقليد السيد علي الحسيني السيستاني، تعرّض لمضايقات نظام بغداد حيث كان والده الفقيد عبد الرضا الشهرستاني يشرف على المكتبة العامة في العتبة العباسية المقدسة، فهاجر قسراً إلى إيران سنة ١٩٧٦م وسكن مدينة مشهد المقدسة وفيها واصل الدراسة الحوزوية العليا ثم انتقل إلى مدينة قم المقدسة وتتلمذ على أعلامها، أنشأ العشرات من المؤسسات المتنوعة الأغراض في بلدان مختلفة، وعلى رأسها مؤسسة آل البيت لإحياء التراث.

(٣٤)

الإمامين الحسنين[١]

(شبكة كهربية ـ قم)

تعد شبكة الإمامين الحسنين للتراث والفكر الإسلامي[٢] من الشبكات البينية الكهربية (الإلكترونية) الموسوعية الكبرى التي تبث موادها باللغات التالية: العربية، الفارسية، الأردوية، الصينية، الهوسائية، التركية، الروسية، الفرنسية، الإنجليزية، السواحيلية، الأندونيسية، والهندية، وقد تأسست الشبكة عام ١٤٢٦هـ وانبثقت عن مؤسسة الإمام الحسين عليه السلام الخيرية الثقافية[٣] في مدينة قم المقدسة في إيران والتي أسسها[٤] في مدينة دبي

---

(١) معجم المقالات الحسينية: ١/٤٤.

(٢) للشبكة مواقع ومجلات ومؤسسات تابعة لها كما جاء في موقعها الكهربي (الإلكتروني) من قبيل: معهد الإمامين الحسنين لإعداد الخطباء والمبلغين، شبكة المجتبى الإسلامية، مؤسسة الإمام الحسين عليه السلام بمدينة ويندزور بكندا، ومجلة نور الإسلام الشهرية الصادرة في بيروت التي يرأس تحريرها الدكتور حسين بن علي الحكيم. كما لها مشاريع ثقافية وعلمية في باكستان وأفريقيا وغيرهما.

وتضم المؤسسة جهازا إداريا وعلميا وفنيا، حيث تتكون هيئة مجلس الإدارة من: الأستاذ الشيخ علي الزبيدي (العراق) والأستاذ الشيخ محمد فرج الله الأسدي (العراق)، فيما تضم هيئة الإشراف العلمي: الأستاذ علي المدن (العراق)، الأستاذ جعفر الجزائري (العراق)، والأستاذ أحمد الأسدي (العراق)، فيما يضم القسم الفني هيئة رباعية.

(٣) معظم المعلومات استقاها المؤلف من رسالة جوابية آلية (إلكترونية) من مدينة قم بعث بها إلى المركز الحسيني للدراسات بتاريخ ١٤٣١/٢/٢٤هـ (٢٠١٠/٢/٩م) الأستاذ الشيخ محمد بن عبد الجبار بن مرتضى فرج الله الأسدي المولود بمدينة النجف الأشرف في ١٣٩١/١١/١٥هـ (١٩٧٢/١/٢م).

(٤) كان معه السيد محمد مهدي بن محسن الحكيم (١٣٥٤ ـ ١٤٠٨هـ) المولود في مدينة النجف الأشرف والمغتال في الخرطوم والمدفون في مدينة قم المقدسة بإيران، والأستاذ جهاد بن=

وبيروت سنة ١٤٠٦هـ (١٩٨٦م) الدكتور خليل بن إبراهيم الطباطبائي[1] المولود في مدينة النجف الأشرف سنة ١٣٦٩هـ والمقيم حالياً في مدينة مونتريال الكندية.

ويهدف الموقع كما جاء في ديباجته العربية الى: «إشاعة الوعي الإسلامي وتأصيله، وترشيد ثقافة مجتمعاتنا الإسلامية وتنميتها، ووضع المصادر الرئيسة والدراسات العلمية الثرية في تناول أكبر عدد من المعنيين والمتابعين من المثقفين والباحثين على شبكة الإنترنت العالمية».

ويحتوي الموقع على عدد من المكتبات التخصصية بشتى أنواع المعرفة، تتوزع على أقسام فرعية عدة تغطي أبرز حقول العلوم والثقافة، ومن خلال جملة واسعة من الكتب والدراسات الجاهزة للتصفح والتحميل.

وتضم المكتبة الإسلامية وباب المقالات الأقسام التالية: القرآن الكريم، العقائد، الرسول الأعظم ﷺ وأهل بيته عليهم السلام، الحديث وعلومه، الفقه وأصوله، التاريخ والتراجم، اللغة والأدب، الأسرة والمجتمع، الأخلاق والدعاء، الفلسفة والعرفان، والرسائل والأطاريح الجامعية.

=يوسف عبد الله مدير تحرير مجلة نور الإسلام البيروتية، المولود بطرابلس اللبنانية سنة ١٣٧٧هـ (١٩٥٧م). استقى المحقق الكرباسي المعلومة عبر اتصال هاتفي للمركز الحسيني للدراسات بلندن مع الأستاذ جهاد عبد الله في ١٤٣١/٢/٢٤هـ (٢٠١٠/٢/٩م) أجريته معه.

(١) خليل إبراهيم الطباطبائي: هو حفيد علي بن محمد كاظم الطباطبائي اليزدي، طبيب وباحث ومحاضر عراقي، ولد في النجف الأشرف سنة ١٩٥٠م ونشأ في أسرة علمائية حيث كان جده الأعلى من أبيه السيد محمد كاظم الطباطبائي صاحب كتاب العروة الوثقى من كبار فقهاء ومراجع الأمة، وجده من أمه هو مرجع التقليد السيد محسن الطباطبائي الحكيم، درس الطب إلى جانب العلوم الإسلامية، عاش لسنوات في دولة الإمارات العربية ثم استقر في كندا، أمين عام مؤسسة الإمام الحسين في مونتريال بكندا، له حضور مشهود في وسائل الإعلام المختلفة للدفاع عن القضايا الإسلامية.

(٣٥)

الإنتفاضة[١]

(جريدة طهرانية)

جريدة سياسية نصف شهرية صدرت في طهران كملحق لمجلة (ثم جريدة) الشهيد تيمنا بانتفاضة الشعب العراقي ضد حكم صدام حسين في شهر شعبان من سنة ١٤١١هـ.

كانت الجريدة[٢] تعنى بشؤون انتفاضة الشعب العراقي المسلم ورأس تحريرها الأستاذ نزار حيدر[٣] المولود في كربلاء المقدسة في ٩/٣/١٣٧٨هـ، وصدر العدد الأول في ٢٠/٩/١٤١١هـ (٦/٤/١٩٩١م) من أربع صفحات بالأبيض والأسود، وتوقفت مع صدور العدد الحادي عشر في ٢٠/١٢/١٤١١هـ (٣/٧/١٩٩١م)[٤].

---

(١) معجم المقالات الحسينية: ٤٥/١.

(٢) وهي تختلف عن الجريدة التي كانت تصدر في بيروت بالإسم نفسه (الانتفاضة) من ثماني صفحات ملونة وأشرف عليها السيد عباس بن محمد كاظم المدرسي المولود في مدينة كربلاء المقدسة سنة ١٣٧٤هـ (١٩٥٥م)، وكانت تصدر باسم منظمة العمل الإسلامي العراقية، وتوقفت بعد فترة، وفي مكتبة الإمام الحسين الخاصة العدد ٢٧ الصادر في ١/١/١٤١٣هـ (٢/٧/١٩٩٢م).

(٣) نزار حيدر: الاسم الحركي ثم الإعلامي للكاتب والناشط الثقافي والسياسي العراقي عبد الكريم بن محمد علي الكريدي، المولود في كربلاء سنة ١٩٥٩م، ولا زال يحتفظ باسمه الإعلامي نسبة إلى نجله البكر، يقيم اليوم في واشنطن، نشأ ودرس في مسقط رأسه كربلاء وواصل الدراسة الجامعية في السليمانية، كتب وحرر في صحف ومجلات عدة، هاجر إلى إيران مرغما وسكن الشام واستقر في الولايات المتحدة، له حضور مشهود في وسائل الإعلام المختلفة.

(٤) بعض المعلومات استحصلها المحقق الكرباسي من خلال رسالة جوابية كهربية (إلكترونية) على رسالتي له بعث بها الأستاذ نزار حيدر إلى المركز الحسيني للدراسات في ١٨/٢/١٤٣١هـ (٣/٢/٢٠١٠م).

(٣٦)

الانتقاد[١]

(جريدة ـ بيروت)

جريدة كهربية أسبوعية عربية وحاليا من ٨ صفحات ملونة بقياس (A3)، تصدر يوم الجمعة عن شركة الضحى للصحافة والاعلام، ومعدل صفحاتها ٢٤ كما في العدد (١٠٤٦) الصادر يوم ٦ محرم ١٤٢٤هـ (٢٧/٢/٢٠٠٤م)، وتختلف الصفحات من عدد إلى آخر حسب المناسبات حيث تصل إلى ٣٢ صفحة كما في العدد (١٠٤٧) الصادر يوم ١٣ محرم ١٤٢٥هـ (٥/٣/٢٠٠٤م)، يرأس تحريرها الإعلامي اللبناني حسين رحال[٢]، وهي المكمل لجريدة العهد التي أصدرها حزب الله في لبنان، حيث صدرت مناصفة في عدد الصفحات بين جريدة الانتقاد وجريدة العهد وفي العدد الواحد، حيث توزعت صفحات قسم جريدة الانتقاد على الأبواب التالية في ١٣ صفحة: الصفحة الأولى، على العهد، الحدث، تحت المجهر، محليات، مجرد كلمة، إقليميات، دوليات. فيما توزعت صفحات قسم جريدة العهد وهي إحدى عشرة صفحة على الأبواب التالية المكملة لما قبلها: نقطة حبر،

---

(١) معجم المقالات الحسينية: ٤/ ١٧.

(٢) حسين رحال: هو إبن علي، اعلامي وأكاديمي لبناني، ولد في جنوب لبنان سنة ١٩٦٥م، حائز على الشهادة العليا (الدكتوراه) في علم اجتماع المعرفة والسياسة عام ٢٠٠٤م من الجامعة اللبنانية، مدير العلاقات الاعلامية ووحدة الإعلام الإلكتروني في حركة حزب الله، استاذ معهد العلوم الاجتماعية في الجامعة اللبنانية، يعمل في حقلي التعليم العالي والبحوث، عضو مجلس الجامعة اللبنانية، رئيس الفرقة البحثية للعلوم الاجتماعية في المعهد العالي للدكتوراه في الجامعة اللبنانية، له حضور ومشاركات في لبنان والعالم في مؤتمرات جامعية وعلمية وثقافية وسياسية، من مؤلفاته: اشكاليات التجديد الإسلامي المعاصر: شمس الدين ـ الترابي ـ الغنوشي نموذجاً (أطروحة دكتوراه)، ومحمد مهدي شمس الدين: دراسة في رؤاه الإصلاحية.

ثقافة، تقارير، محليات، رياضة، أدب، خلف القناع، بلا مواربة، والصفحة الأخيرة.

وكانت في بادئ الأمر تصدر كجريدة ورقية ثم تحولت إلى جريدة كهربية[(١)]، وهي إلى اليوم تحمل في أعلى اليسار من عنوانها كلمة (العهد) وبحجم أصغر كدلالة على المعية، وتضم هيئة التحرير مجموعة محررين[(٢)]، وحمل العدد الصادر في ٢٠١٤/٣/١٤ الرقم (١٥٩٤)، ورابطها الكهربي هو: (www.alahednews.com.lb)[(٣)].

(٣٧)
أنوار كربلاء[(٤)]
(جريدة ـ كربلاء)

جريدة أسبوعية باللغة العربية صدر عددها الأول في ١٤٢٧/١٢/٢٢هـ (٢٠٠٧/١/١٢م)، وقد جاء في ترويستها أنها جريدة أسبوعية عامة مستقلة تصدر من محافظة كربلاء المقدسة، وهي مسجلة لدى دار الكتب والوثائق في بغداد بالرقم ١١٢٥ لسنة ١٤٢٩هـ (٢٠٠٨م)، صاحب امتيازها ورئيس تحريرها الحاج علاء الكتبي[(٥)]، فيما تتولى السيدة ثريا

---

(١) للمزيد عن خصوصيات جريدة العهد والتحول إلى جريدة الانتقاد البيروتية، راجع: معجم المقالات الحسينية: ٤/٢.

(٢) المدير المسؤول لجريدة الانتقاد هو الأستاذ محمد يونس يساعده في هيئة التحرير السادة: مصطفى خازم، سعد حمية، أمير قانصوه، علي عوياني.

(٣) تكونت هيئة تحرير الجريدة الورقية من السادة: محمود ريّا، سعد حمية، محمد يونس، حسن نعيم، وغالب سرحان (المدير المسؤول)، وأحمد دبوق (المدير الفني).

(٤) راجع: معجم المقالات الحسينية: ١٢/٣، راجع: معجم المقالات الحسينية: ١٨/٤.

(٥) علاء الكتبي: هو إبن محمد حسن بن علي الفتلاوي، أديب ورجل أعمال، ولد في قضاء=

الطيار[١] نيابة التحرير، ويدير تحريرها الأستاذ عبد عون النصراوي[٢]، ولها هيئة استشارية[٣] وهيئة تحرير[٤] ومراسلون[٥]، كما للجريدة موقع كهربي في الشبكة البينية (anwarkerbala.rigala.net)[٦].

=الهندية بكربلاء المقدسة سنة ١٩٧١هـ (١/٧/١٩٥٢م)، نشأ ودرس في مسقط رأسه ونال الشهادة الجامعية (بكالوريوس لغة عربية) من كلية الفقه في النجف الأشرف سنة ١٩٧٦م، تعرض للاعتقال مرات عدة لأسباب سياسية قبل عام ٢٠٠٣م، واصل دراساته العليا ونال عام ٢٠١٢م الشهادة العليا (الدكتوراه) في تاريخ الحضارة الإسلامية، عضو مجلس سابق لمحافظة كربلاء سنة ٢٠٠٥م، رئيس تحرير جريدة أنوار كربلاء، رئيس تحرير مجلة طويريج، له مساهمات مشهودة في بناء عدد من المساجد والمكتبات والمشاريع الخيرية والثقافية، له عضوية في اتحاد المقاولين العراقيين، واتحاد الصناعات العراقية، وغرفة تجارة كربلاء، واتحاد رجال أعمال كربلاء، فتح ديوانه العامر لأعلام وأدباء ومثقفي العراق يشهد بذلك «مربد الكتبي الثقافي» الذي يقيم ندوات شهرية دورية منتظمة في موضوعات ثقافية وأدبية شتى، له عدد من المصنفات المطبوعة: فارس الحلبات محمد حسن الكتبي، سمية شهيدة الإسلام الأولى، والمساجد الأربعة.

(١) ثريا الطيار: هي بنت هاشم بن عبد الخالق، كاتبة وتربوية عراقية ولدت في مدينة كربلاء سنة ١٩٦٠م في أسرة مؤمنة صابرة سكنت منطقة باب الطاق، قدمت نحو عشرين شهيدا في عهد نظام حزب البعث، نشأت ودرست في مسقط رأسها وحصلت على الشهادة الجامعية (البكالوريوس) في الرياضيات الحديثة، مارست التدريس واختصت لنحو خمسة عشر عاماً في تعليم المعاقين وأصحاب الإحتياجات الخاصة، ولا زالت تمارس دورها في التربية والتعليم وهي اليوم مديرة مدرسة في قضاء الهندية (طويريج)، كتبت في صحف ومجلات مختلفة، لها كتاب: في رحاب الحسين (مخطوط).

(٢) عبد عون النصراوي: هو إبن صالح بن هادي، ولد في قضاء الحسينية بكربلاء سنة ١٣٩٧هـ (١٩٧٧م)، كاتب وإعلامي وتربوي، حاصل على شهادة الكفاءة (دبلوم) لغة إنكليزية، ويرأس تحرير مجلة «صوت الهندية» بقضاء طويريج ويدير تحرير جريدة «الجماهير» الكربلائية وهو مستشار تحرير جريدة «عشاير» الصادرة في طويريج، له كتاب: وجوه عرفتها.

(٣) تضم الهيئة الإستشارية التالية أسماؤهم: د. سلمان بن هادي آل طعمة، جواد بن عبد الكاظم محسن، ومحمد بن عنون عباس.

(٤) تضم هيئة التحرير التالية أسماؤهم: خالد الخزاعي، صادق البازي، مشرق علاء الكتبي، هدى حاكم الحسني، هاشم موسى النجار، رويده الدعمي، وبشار علاء الكتبي.

(٥) وهم: قاسم العبادي (بغداد)، صفاء الشريفي (بابل)، أحمد السعيدي (الناصرية)، وصباح عبد الوهاب الحلي (بغداد).

(٦) مدير الموقع هو: نور سلام الطائي، فيما يتولى تصميم الجريدة وإخراجها السيد فؤاد العرداوي.

وهي جريدة ملونة بالقطع الكبير (٥٩,٤ × ٤٢,٠٠ سم) في ثماني صفحات، صدرت أولاً بشكل أسبوعي ثم نصف شهرية وباللونين الأبيض والأسود ثم تحولت إلى شهرية ولا زالت مستمرة في الصدور[١]، وهي بشكل عام تضم الأبواب التالية: الافتتاحية، ألوان، تحقيقات، ثقافة وأدب، تراثيات، ثقافات، الرياضة، والأخيرة.

(٣٨)

أهل البيت[٢]

(مجلة ـ بيروت)

مجلة شهرية صدرت فصلياً بشكل مؤقت في بيروت، وظهر عددها الأول في شهر صفر ١٤١٤هـ (تموز ـ آب ١٩٩٣م)، وهي مجلة ملونة من ١٦٤ صفحة من القطع المتوسط، رأس تحريرها محمد علي كاظم[٣].

وجاء في ترويستها أنها مجلة إسلامية ثقافية عامة، وتزينت الصفحة الأولى للعدد الأول بصورة مرقد السيدة زينب بنت علي عليها السلام في دمشق، مع العناوين التالية: ربع مليون زائر لمقام السيدة زينب في دمشق، خمس

---

(١) في اتصال مع صاحب امتيازها الدكتور علاء الكتبي جرى يوم الخميس ٢٠١٩/٤/١١م أخبرني أن جريدة أنوار كربلاء توقفت بالعدد رقم (٥١) الصادر في شهر شباط (فبراير) ٢٠١٤م وصدر محلها مجلة «طويريج» وهي نصف سنوية خرج منها حتى تاريخ الاتصال ثمانية أعداد، والعدد الأول صدر في كانون الثاني (يناير) ٢٠١٥م.

(٢) معجم المقالات الحسينية: ٢/ ١٣.

(٣) محمد علي كاظم: لم أقف على شخصيته وسيرته الذاتية، وكان في دمشق جريدة عراقية معارضة تصدر باسم البديل الإسلامي أنشأها الأستاذ محمد عبد الجبار الشبوط وكان نائب رئيس التحرير فيها هو محمد علي كاظم، أمّا مجلة أهل البيت فقد أشرف عليها السيد عباس بن محمد كاظم المدرسي المولود في مدينة كربلاء المقدسة سنة ١٩٥٥م.

نصائح لزيادة العقل، أهل البيت تراث المسلمين في السودان، وملف أربعين الإمام الحسين عليه السلام.

والظاهر أنها توقفت عن الصدور.

(٣٩)

أهل البيت[1]

(مجلة ـ لندن)[2]

مجلة شهرية تصدر عن رابطة أهل البيت الإسلامية العالمية في لندن، يشرف عليها السيد محمد بن عبد الصاحب الموسوي[3] المولود في مدينة النجف الأشرف سنة ١٣٧٥هـ (١٩٥٥م) والمقيم حالياً في لندن.

---

(١) راجع: معجم المقالات الحسينية: ١٤/٢، معجم المقالات الحسينية: ١٨/٤.

(٢) راجع: معجم المقالات الحسينية: ١٤/٢ وهي تختلف عن نشرة (أهل البيت) التي كانت تصدر هي الأخرى في لندن بأربع صفحات حجم (A4) عن رابطة عموم الشيعة في السعودية، وفي مكتبة الإمام الحسين الخاصة بلندن العدد الخامس منها ولكنها غير مؤرخة، ولكن يظهر من الأخبار الواردة في الصفحة الثانية التي تطرقت إلى حوادث محرم ١٤١١هـ في السعودية أن النشرة صدرت عام ١٤١٠هـ.

(٣) محمد عبد الصاحب الموسوي: هو حفيد حسين بن باقر بن محمد الموسوي، من الأعلام البارزين والناشطين، ولد في النجف في ١٤/١٠/١٩٥٥م، نشأ في أسرة علمائية حيث كان جده الأعلى السيد محمد الهندي الموسوي من مراجع التقليد في النجف الأشرف بعد الشيخ الأنصاري، كما أن جده الأعلى السيد باقر بن محمد الموسوي من الفقهاء الشعراء وهو شقيق الفقيه الشاعر السيد رضا الهندي والأخير في الوقت نفسه هو الجد الأعلى لأبيه من أمه، درس في مسقط رأسه وواصل الدراسة الأكاديمية والحوزوية، ونال الشهادة العالية (الماجستير) من الكويت والشهادة العليا (الدكتوراه) من جامعة ماساشوستس (University of Massachusetts) الأميركية على أطروحته المعنونة: «طرق التدريس المقارنة في التعليم الديني»، تتلمذ في النجف على الشهيد عبد الصاحب بن محسن الحكيم والشهيد الدكتور عبد الهادي بن محسن الحكيم والشهيد محمد رضا بن محمد حسين الحكيم، وغيرهم، وفي الكويت على يد عم والدته الفقيد=

صدر عددها الأول من ٨ صفحات بقياس (A4) في ١٤١٢/٤/٨هـ (١٩٩١/١٠/١٨م)، ثم راحت تصدر منذ العدد السادس في ٢٠ صفحة وباللون الأخضر حيث جاء على يمين العنوان قوله تعالى: ﴿إِنَّمَا يُرِيدُ اللَّهُ لِيُذْهِبَ عَنكُمُ الرِّجْسَ أَهْلَ الْبَيْتِ وَيُطَهِّرَكُمْ﴾[1]، وعن يساره شعار الرابطة وتحته العبارة التالية: (شهرية تصدرها رابطة أهل البيت عليهم السلام الإسلامية العالمية بالعربية والإنكليزية والفرنسية والروسية)، وهي مستمرة في الصدور حتى يومنا[2] في ١٦ صفحة، وفي مكتبة الإمام الحسين الخاصة في لندن عدد من النسخ، منها العدد الأول والعدد ٣٧ الصادر في ربيع الثاني ١٤١٧هـ (أيلول ١٩٩٦م).

(٤٠)
أوراق عراقية[3]
(موقع كهربي ـ عراقي)

موقع كهربي أنشئ في صفر ١٤٢١هـ (أيار ٢٠٠٠م)، وهو موقع سياسي وثقافي عام يهتم بالشأن العراقي، ورابطه الكهربي هو: (www.iraqipapers.com)، ولم يعد الموقع قائماً اليوم.

=آية الله السيد علي شبّر، سكن الهند ثم نزل لندن سنة ١٩٩١م متنقلاً في البلدان لأداء مهامه الدينية والتوعوية، أسس مشاريع ثقافية وعلمية وحوزوية واجتماعية وحقوقية في بلدان مختلفة في الهند وبنغلادش وجنيف ولندن وغيرها، يواظب في المملكة المتحدة على إقامة صلاة الجمعة، له حضور مشهود في وسائل الإعلام باللغات العربية والإنكليزية والأردوية.

(١) راجع: معجم المقالات الحسينية: ٢/ ١٣، سورة الأحزاب، الآية: ٣٣.

(٢) أعلمني بذلك سماحة السيد محمد الموسوي في اتصال هاتفي أجريته معه نيابة عن المحقق الكرباسي يوم الثلاثاء ١٤٣١/٦/٤هـ وآخر يوم الأربعاء ١٤٣١/١٢/١٦هـ.

(٣) معجم المقالات الحسينية: ١٩/٤.

(٤١)

الأيام[١]

(جريدة ـ المنامة)

جريدة يومية تصدر في العاصمة البحرينية المنامة ويرأس تحريرها الإعلامي عيسى الشايجي[٢]، فيما يرأس مجلس إدارتها السيد نجيب بن يعقوب الحمر، قام بتأسيسها وزير الإعلام السابق نبيل بن يعقوب الحمر[٣] سنة ١٤٠٩هـ (١٩٨٩م)، فيما يتولى جاسم منصور إدارة التحرير فيها.

وينظر إلى الجريدة على أنها منبر للأحرار (الليبراليون)، وترفع في صدر صفحتها الأولى قول طرفة بن العبد الوائلي (ت ٧٨ ق.هـ)[٤] من الطويل:

ستبدي لك الأيام ما كنت جاهلا ويأتيك بالأخبار مَن لم تُزَوَّد

وتميزت الجريدة عند صدورها أنها أول صحيفة عربية استفادت من نظام

---

(١) معجم المقالات الحسينية: ١٥/٢، معجم المقالات الحسينية: ١٩/٤.

(٢) يرأس الشايجي جمعية الصحافيين البحرينية، حيث فاز في انتخابات الجمعية التي جرت في ٢٠٠٩/٤/١١م بفارق ٣٦ صوتا عن أقرب منافسيه بحصده ١٨٠ صوتا، كما يتولى منذ التجديد له عام ٢٠٠٩م لأربع سنوات أخرى الأمين العام المساعد لاتحاد الصحافة الخليجية ومقره المنامة.

(٣) نبيل يعقوب الحمر: كاتب وإعلامي بحريني، ولد في المنامة يوم ١٩٥٠/١٠/٢٥م، مستشار ملك البحرين الشيخ حمد بن عيسى آل خليفة للشؤون الإعلامية، رئيس مجلس أمناء معهد البحرين للتنمية السياسية، نشأ ودرس في مسقط رأسه وواصل الدراسة الجامعية في العراق وتخرج من جامعة بغداد سنة ١٩٧٣م قسم الأدب والصحافة، عمل في الصحافة كاتبا ومحررا واشتغل في وزارة الإعلام، أشرف لسنوات على وكالة أنباء الخليج، له عضوية في عدد من الاتحادات الإعلامية العربية.

(٤) طرفة بن العبد الوائلي: هو حفيد سفيان بن سعد البكري (٥٤٣ ـ ٥٦٩ ق.م) وكنيته أبو عمرو، من فطاحل الشعراء العرب في الجاهلية وصاحب معلقة، ولد في بادية البحرين الكبرى وقُتل في هجر بسيف المكعبر عامل عمرو بن هند على البحرين، له ديوان مطبوع.

الحاسوب بشكل تام، وحتى يوم الإثنين ١٤٣١/٦/١٧هـ (٢٠١٠/٥/٣١م) صدر العدد رقم ٧٧٢١ [١]، وهي تضم الأبواب التالية في ٣٢ صفحة ملونة: الصفحة الرئيسة، محليات، قضايا ومحاكم ويشرف عليه سعيد الحمد، جمعيات ونقابات ويشرف عليه محمد الأحمد، برلمان (المجلس) من إشراف محمد الأحمد، الأيام السبعة، قضايا ويشرف عليه سعيد الحمد، الملتقى وتشرف عليه إيمان علي، إخبارية ويشرف عليه عيسى جمعة، الأيام العقاري، عرض وطلب، فعاليات، والصفحة الأخيرة.

وإلى جانب الأبواب الثابتة هناك ملحق الأيام الرياضية الذي يشرف عليه عقيل السيد وملحق الأيام الاقتصادية الذي يشرف عليه سلمان العجمي، ويتولى أحمد جمعة الإشراف على الصفحات الثقافية، فيما يتولى عبد علي قربان قسم التصوير الفوتوغرافي (الشخصي)، ويشرف طارق العامر على قسم المنوعات، فيما يتولى حمد عبد الرزاق تقنية المعلومات، ويشرف عبد اللطيف عبد الخالق على شؤون المطابع والإنتاج [٢].

---

(١) صدر عدد الخميس ٦ شعبان ١٤٤٠هـ (٢٠١٩/٤/١١م) بالرقم (١٠٩٥٩).

(٢) تختلف أسماء المحررين ومسؤولي الصفحات بين فترة وأخرى، كما هناك أسماء جديدة أو عناوين صفحات جديدة، مثل: ملحق الأيام الاقتصادية ويشرف عليه حالياً الأستاذ خليل يوسف، قسم المنوعات ويشرف عليه حالياً الأستاذ جعفر البارودي، صفحة فعاليات ويشرف عليه الأستاذ عبد علي قربان، وصفحة الملتقى وتشرف عليه المحررة ياسمين شاهين، وصفحة قضايا ويشرف عليه الأستاذ سعيد الحمد، صفحة الأخبار العربية والدولية ويشرف عليه الأستاذ عيسى جمعة، وصفحة المحليات ويشرف عليه الأستاذ علي مجيد.

(٤٢)

إيران(١)

(جريدة ـ طهران)

جريدة يومية صباحية باللغة الفارسية صدرت في طهران سنة ١٤١٦هـ (١٩٩٥م)، وتزين عنوانها باللون الأحمر، وهي تضم ٣٢ صفحة من القطع الكبير (٥٩,٤ × ٤٢,٠٠ سم) وبالألوان، صاحب امتيازها وكالة أنباء الجمهورية الإسلامية ويتولى رئاسة تحريرها حاليا(٢) السيد مصيب نعيمي(٣)، وحمل العدد الصادر يوم الثلاثاء ١٤٣٣/٣/٢١هـ (٢/١٤/ ٢٠١٢م) الرقم (٥٠٠٩) وهي لا زالت مستمرة في الصدور(٤).

وجاء في ترويستها أنها صحيفة ثقافية اقتصادية سياسية واجتماعية صباحية، كما أنَّ لها موقعاً في الشبكة الدولية قيدته بالشعار التالي (كل إيراني يحب إيران)، وتضم كما هو ظاهر في الصفحة الكهربية الأبواب التالية: الأخبار السياسية، الأخبار الداخلية، الشؤون الاجتماعية، إيران الاقتصادية، الثقافة والفن، العلوم، الجغرافية، الشؤون الدينية، إيران الحياة، إيران الاجتماع، إيران الثقافة، المعلومات العامة، الرياضة، الدولية، الصفحة الأخيرة، الملحق الخاص بطهران.

وتحمل الجريدة الرقم الدولي (ISSN 1027-1449)، كما أنَّ لوكالة

---

(١) معجم المقالات الحسينية: ٣/١٣.

(٢) حمل العدد الصادر في ٢٠١٩/٤/١١م رقم ٤ للسنة ١٩.

(٣) مصيب نعيمي: كاتب ومحلل سياسي، يجيد الفارسية والعربية، مدير مسؤول صحيفة الوفاق الصادرة باللغة العربية في طهران.

(٤) العدد الصادر يوم الخميس ٥ شعبان ١٤٤٠هـ (٢٠١٩/٤/١١م) (٢٢ فروردين ١٣٩٨ش) حمل الرقم (٧٠٣٢)، السنة الخامسة والعشرون.

الجمهورية الإسلامية مطبوعات أخرى وهي جريدة «إيران عصر» إيران المسائية، «إيران ورزشي» إيران الرياضية، «IRAN DAILY» إيران اليومية الإنكليزية، جريدة «الوفاق» العربية، و«شبكة إيران» الكهربية بالعنوان التالي: (www.iran-newspaper.com).

(٤٣)

ايكسبريس[١]

(جريدة باكستانية)

جريدة يومية باللغة الأردوية صدرت في لاهور العاصمة الدينية لباكستان سنة ١٤٢١هـ (٢٠٠٠م)، كما وتصدر نسخة منها في إسلام آباد وكراچي، وهي في ١٦ صفحة من القطع الكبير وبالألوان ويرأس تحريرها الإعلامي سيد عباس أطهر[٢]، وحمل العدد الصادر في ٢٠١٤/٣/١٩م رقم ٢٠ للسنة

---

(١) معجم المقالات الحسينية: ٤/ ١٩.

(٢) عباس أطهر: هو ابن عبد الرحيم شاه، من مشاهير الكتّاب الصحفيين في باكستان، أديب وشاعر، ولد في ١٩٤٠/٥/٥م وتوفي في ٢٠١٣/٥/٦م، ولد في منطقة تاج پورا من أحياء لاهور حيث كان والده قد جاء من مدينة سرگوده، فيها نشأ ودرس وسكن وفيها دفن في الحديقة التي حملت اسمه، واشتهر بكتابة الأعمدة تحت عنوان «كنكريان» أي الحصوة الصغيرة، عمل في صحف مختلفة منها جريدة آواز (النداء) وجريدة آزاد (الحر) وجريدة أنجام (الحصيلة) في كراچي عام ١٩٥٨م ثم عاد إلى لاهور عام ١٩٦٠م وعمل في جريدة «مساواة»، تعرض للاعتقال والسجن بسبب مواقفه المضادة للأحكام العرفية العسكرية وبعد الإفراج عنه غادر إلى دبي وبعدها إلى اميركا وعاد إلى باكستان عام ١٩٨٠م، وبعد فترة عمل في جريدة صداقت (الصداقة) ونواي وقت (صوت الزمان) وغيرها، وتولى رئاسة تحرير جريدة ايكسبريس في لاهور في حزيران يونيو ٢٠٠٦م واستمر فيها حتى عام ٢٠١١م حيث أُصيب بمرض السرطان وبه مات.

١٤[1]، وللجريدة موقع كهربي بالرابط التالي: (/www.express.com.pk
epaper).

(٤٤)
الإيمان[2]
(مجلة ـ أوتاوا)

مجلة إسلامية شهرية تصدر في منتصف كل شهر عربي عن مكتبة الإمام الحسن المجتبى عليه السلام في مدينة أوتاوا في كندا وباللغة العربية وبقياس ٢١,٥ في ٢٧,٥ سم في ١٦ صفحة، أنشأها الحاج عبد الرسول بن نوروز القاري المولود في مدينة كربلاء المقدسة سنة ١٣٧٠هـ (١٩٥١م)[3]، ولقد أصدر العدد التجريبي في الخامس عشر من شعبان سنة ١٤١٢هـ (١٩٩٢م) بمناسبة ذكرى ميلاد الإمام المهدي المنتظر عليه السلام، وكان العدد التجريبي بنصف الحجم الذي صدرت به المجلة بعد ذلك، وتوقفت فيما بعد. وقد استلهم فكرة إنشائها من مجلة الإيمان البيروتية التي أسسها السيد حسن بن مهدي الشيرازي المتوفى سنة ١٤٠٠هـ حيث كان القاري يقوم بمتابعة طباعتها.

وجاء في العدد الأول الصادر في ١٤١٢/٩/١٥هـ (١٩٩٢م) في بيان أهداف المجلة: «هدفنا بشكل موجز هو تعريف مجتمعنا الإسلامي في

---

(١) العدد الصادر يوم الخميس ٥ شعبان ١٤٤٠هـ (٢٠١٩/٤/١١م) (٢٢ فروردين ١٣٩٨ش) حمل الرقم (٧٠٣٢)، السنة الخامسة والعشرون.

(٢) معجم المقالات الحسينية: ١/ ٤٦.

(٣) عبد الرسول نوروز القاري: وشهرته أبو ميثم، ناشط اجتماعي عراقي، ولد في كربلاء سنة ١٩٥١م ونشأ ودرس في الكاظمية، انتقل للسكن والعمل في لبنان واستقر في بيروت وأسس فيها دار الفردوس للطباعة والنشر، وبعد سنوات هاجر إلى كندا وسكن أوتاوا، وفيها أسس مجلة الإيمان باللغة العربية ومجلة فدك باللغة الإنكليزية وأنشأ مكتبة الإمام الحسن عليه السلام العامة.

المهجر بالإسلام العزيز من جوانبه المختلفة دون الابتعاد عن الجوهر ودون الخوض في التفرعات والآراء الخاصة، بل أخذه من مصادره الأصيلة».
وصدر العدد ٧٩ في شهر الأول ١٤١٩هـ (١٠/٧/١٩٩٨م).

(٤٥)
الإيمان[١]
(نشرة ـ لندن)

تعتبر نشرة الإيمان الملحق الشهري الصادر عن مجلة أهل البيت حيث صدر عددها الأول عام ١٤١٢هـ (١٩٩١م) عن الجمعية الإسلامية النسوية في رابطة أهل البيت الإسلامية العالمية في لندن، وهي بالأبيض والأسود من ٨ صفحات، وقد تزين عنوانها بقوله تعالى: ﴿رَّبَّنَآ إِنَّنَا سَمِعْنَا مُنَادِيًا يُنَادِي لِلْإِيمَـٰنِ أَنْ ءَامِنُوا۟ بِرَبِّكُمْ فَـَٔامَنَّا﴾[٢].

ويشرف على الرابطة السيد محمد بن عبد الصاحب الموسوي[٣] المولود في مدينة النجف الأشرف سنة ١٣٨٥هـ (١٩٥٥م) والمقيم حالياً في لندن.

(١) معجم المقالات الحسينية: ٢/ ١٦.
(٢) سورة آل عمران: ١٩٣.
(٣) محمد عبد الصاحب الموسوي: مرّت ترجمته.

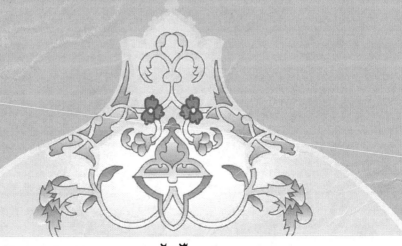

حرف الباء

(٤٦)

بازياب(١)

(موقع كهربي – إيران)

موقع كهربي إيراني باللغة الفارسية يحمل العنوان التالي (www.bazyab.ir)، ويعني بالعربية (إعادة التحقيق)، تأسس نحو سنة ١٤١٨هـ (١٩٩٨م)، وتضم صفحاته موضوعات إسلامية وثقافية وما يخص الشؤون الإيرانية، وقد توقف الموقع.

(٤٧)

باكستان(٢)

(جريدة – لاهور)

جريدة يومية باللغة الأردوية صدرت في لاهور في باكستان في ١٦ صفحة ملونة من القطع الكبير في ١٤١١/٥/١٣هـ (١٩٩٠/١٢/١م)(٣)، وهي تصدر

_____

(١) معجم المقالات الحسينية: ٣/ ١٤.

(٢) معجم المقالات الحسينية: ٥/ ١٥.

(٣) مالك جريدة باكستان اليومية وصاحب امتيازها الأستاذ أكبر علي بهتي، وأول رئيس تحرير لها=

بشكل مستقل في كل من لاهور وكراجي وملتان وپيشاور، والعدد الصادر يوم ٤ ربيع الثاني ١٤٣٦هـ (٢٠١٥/٢/٤م) حمل الرقم (٣٣٧) للسنة ٢٥[١].

وتتوزع صفحاتها على الأبواب التالية: الصفحة الأولى، صفحة الجرائم، محليات، اقتصاد، الرياضة، متفرقات، مناسبات، دوليات، أفلام وتسلية، مقالات عامة، مقالات يومية، إعلانات، وتتمات.

وللجريدة موقع كهربي بالرابط التالي: (www.dailypakistan.com.pk)، توزعت صفحاته على الأبواب التالية: تازه خبرين «أخبارة حديثة»، آج كا أخبار «أخبار اليوم»، ديلي بائيس «مختصر الأخبار»، قومي «محليات»، بين الأقوامي «دوليات»، تفريح «افلام وتسلية»، آپ كا شهر «مدينتكم»، التفلزيون، مزيد «الإضافة».

(٤٨)

بچون كا اسلام[٢]

(مجلة ـ كراچي)

مجلة أسبوعية باللغة الأردوية وتعني (الإسلام للإطفال) تصدر في كراچي كملحق مع جريدة إسلام اليومية في ١٦ صفحة بقياس (١٨,٥ × ٢٧,٥ سم)، يرأس تحريرها الإعلامي اشتياق أحمد[٣]، صدرت عام

=هو الإعلامي ضياء شاهد، وفي ١٤١٩/٩/١٣هـ (١٩٩٩/١/١م) تولى رئاسة التحرير الإعلامي مجيب الرحمان شامي ولا زال، فيما يتولى إدارة التحرير نجله عمر مجيب الرحمن شامي. ولا يخفى أن مجيب الرحمان يتولى في الوقت نفسه رئاسة تحرير جريدة يلغار (الضرب) المسائية، ومجلة زندگي (الحياة) الأسبوعية، ومجلة قومي دايجست (مختارات محلية) الشهرية.

(١) العدد الصادر يوم الخميس ٥ شعبان ١٤٤٠هـ (٢٠١٩/٤/١١م) حمل الرقم (٤٥) للسنة ٣٠.

(٢) معجم المقالات الحسينية: ٤/ ٢٠.

(٣) اشتياق أحمد: هو إبن غلام نبي محمد، أديب وروائي وكاتب، من أهل جهنگ يسكن=

١٤٢٣هـ (٢٠٠٢م)، وعدد المجلة الصادر في ٢٠١٤/٣/٩م حمل الرقم (٦١١) وهي تختلف في عدد الصفحات بين فترة وأخرى بين ١٠ و١٢ و١٦ و٣٦ صفحة ملونة، فعلى سبيل المثال صدر العدد ٥٩٥ ليوم ٢٠١٣/١١/١٧م في ١٦ صفحة، بينما صدر العدد ٦٠٠ ليوم ٢٠١٣/١٢/٢٢م في ٣٦ صفحة، وللجريدة صفحة كهربية بالرابط التالي: (www.dailyislam.pk)، والعدد الصادر يوم الأربعاء ٢٠١٤/٣/٢٦م حمل الرقم ٢٩٣ بالمجلد ١٣، أي أن المجلة والجريدة صدرتا عام ١٤٢٢هـ (٢٠٠١م).

(٤٩)

بدر^(١)

(جريدة ـ بغداد)

جريدة يومية صادرة في بغداد عن منظمة بدر العراقية، ويرأس تحريرها في الوقت الحاضر الإعلامي كريم بن حسين بن علي النوري^(٢) المولود في مدينة بغداد سنة ١٣٨٣هـ^(٣).

= لاهور، ولد عام ١٩٤٧م، بدأ بكتابة القصص القصيرة للأطفال، وصدرت له أول رواية طويلة في العام ١٩٧٣م، وحتى العام ٢٠١١م بلغ مجموع ما صدر له من قصص وروايات ومؤلفات نحو ٨٠٠ مصنف، أكثر كتاباته في مجال أدب الخيال وقصص الجريمة، يتولى حالياً رئاسة تحرير مجلة (بچون كا اسلام) الأسبوعية، من رواياته: الزعيم الكبير (Big Boss)، خوف الفتنة (Pur Khauf Fitna)، والرئاسة القاتلة (Khooni Riyasat).

(١) معجم المقالات الحسينية: ١٦/٢، معجم المقالات الحسينية: ٤/ ٢٠.

(٢) كريم حسين النوري: المولود في بغداد سنة ١٩٦٣م، تعرض للمطاردة في عهد نظام صدام حسين بسبب آرائه السياسية، واعتقل سنة ١٩٨١م وأطلق سراحه سنة ١٩٨٦م وبعد عام هاجر إلى إيران مرغما وعمل في صفوف فيلق بدر المعارض، ومارس نشاطه الإعلامي والسياسي في مكتب إعلام بدر، والمكتب السياسي وإعلام الداخل وجريدة بدر، شارك في عمليات تحرير مدن العراق من قبضة داعش، واصل دراسته الجامعية ونال الشهادة العالية (الماجستير) في العلوم السياسية تمهيداً لنيل الشهادة العليا (الدكتوراه)، شارك في انتخابات مجلس النواب العراقي لسنة ٢٠١٨م عن قائمة فتح، له حضور مشهود في وسائل الإعلام كمراقب سياسي.

(٣) في الوقت الحاضر فإن رئيس مجلس الإدارة ورئيس التحرير هو الأستاذ طالب ياسر، فيما=

٢٠٧

مرت الجريدة بمراحل متعددة، فقد صدرت أولاً سنة ١٤١١هـ (١٩٩١م) في مدينة قم في إيران أثناء تواجد المعارضة العراقية فيها كصحيفة أسبوعية، وتولى رئاسة تحريرها في الفترة (١٤١٢ ـ ١٤١٥هـ) (١٩٩٢ ـ ١٩٩٥م) الشيخ أبو أسامة البصري المقيم حالياً في أستراليا[١]، وخلفه الحاج أبو زيد السلطاني[٢] حتى العام ١٤٢٠هـ (١٩٩٩م)، وتولاها بعده الشيخ حميد معلة الساعدي[٣] حتى العام ١٤٢٦هـ (٢٠٠٥م)، ومن بعده تسلّمها الأستاذ

=يدير التحرير الأستاذ فاضل الحلو، وحضورها في الشبكة العنكبوتية بالعنوان التالي: (www.badrnewspaper.com).

(١) أبو أسامة البصري: هو جعفر بن محمد بن علي الباقري، وشهرته أبو أسامة البصري، ولد في القرنة شمال البصرة في ١٩٦٢/٦/١١م وتوفي في مشهد بإيران في ٢٠١٣/١/٦م ودفن في محل إقامته في مدينة ملبورن بأستراليا، نشأ ودرس في مسقط رأسه، تعرض للاعتقال السياسي في مقتبل عمره لمرات عدة، هاجر إلى إيران مرغما واستقر في مدينة قم المقدسة وأكبَّ على الدراسة ولبس العمامة، مارس التدريس إلى جانب الكتابة والتحرير في صحف المعارضة العراقية، وتولى لفترة رئاسة تحرير جريدة بدر، هاجر إلى استراليا في آب اغسطس ١٩٩٥م وأنشا مع وجوه الجالية المسلمة في ملبورن مركز الإمام علي عليه السلام وفيه أنشأ مدرسة إسلامية وحوزة علمية مصغرة وقافلة للحجاج وأقام الصلاة وصلاة الجمعة وتفرغ لرعاية شؤون المسلمين إلى جانب الخطابة، واصل في المهجر دراسته ونال الشهادة الجامعية (البكالوريوس) في العلوم الإسلامية (١٩٨٥م) والشهادة العالية (ماجستير) في الأدب العربي (١٩٩٢م)، والشهادة العليا (دكتوراه) في الأدب العربي (١٩٩٧م)، كما نال الشهادتين العالية (الماجستير) والعليا (الدكتوراه) في العلوم الإسلامية والفلسفة (٢٠٠١م و٢٠٠٤م)، مارس تدريس الفقه والمنطق والفلسفة في إيران وأستراليا، من مؤلفاته المطبوعة: ثوابت ومتغيرات الحوزة العلمية، مدخل إلى علم المنطق، والبدعة مفهومها وحدّها وآثارها.

(٢) (٣)

أبو زيد السلطاني: كاتب عراقي مقيم في مدينة قم الإيرانية، انتسب إلى منظمة بدر المعارضة وتولى لفترة رئاسة تحرير جريدة بدر، ولم أقف على ترجمته.

(٤) حميد معلة الساعدي: هو حميد بن رشيد بن معلة الساعدي، ناشط ديني وثقافي وسياسي عراقي، ولد في بغداد يوم ١٩٥٧/٨/٩م، نشأ ودرس في مسقط رأسه، انخرط خلال وجوده في إيران في منظمة بدر للفترة (١٩٩٢ ـ ٢٠٠٥م) تولى رئاسة تحرير جريدة بدر، عاد إلى العراق=

النوري بعد أن تفرّغ الشيخ الساعدي لمهام عمله في مجلس النواب العراقي للفترة ١٤٢٦ ـ ١٤٣١هـ (٢٠٠٥ ـ ٢٠١٠م).

ومنذ عام ١٤٢٥هـ (٢٠٠٤م) بعد استئناف صدورها من بغداد بدأت تصدر مرتين في الأسبوع حتى عام ١٤٢٦هـ (٢٠٠٥م)، ومن هذا التاريخ وحتى يومنا هذا صارت تصدر يوميا مع ملحق رياضي يومي، وملحق أسبوعي كل أربعاء[1].

(٥٠)

بدر الثقافية

(مجلة ـ قم)[2]

مجلة فصيلة سياسية ثقافية عامة صدرت في قم المقدسة سنة ١٤١٤هـ (١٩٩٤م)، وهي جزء من إصدارات مركز بدر للإعلام والثقافة[3]، وبعد

=بعد سقوط نظام صدام حسين سنة ٢٠٠٣م دخل الإنتخابات العامة وأصبح عضواً في مجلس النواب العراقي في دورته الأولى، أصبح في ٢٠١١/١١/١٥م الناطق الرسمي باسم المجلس الأعلى الإسلامي العراقي، وبعد فك السيد عمار بن عبد العزيز الحكيم ارتباطه بالمجلس الأعلى في ٢٠١٧/٧/٢٤م وتشكيل تيار الحكمة تم في ٢٠١٧/٧/٢٧م انتخاب الساعدي رئيساً للمؤتمر العام لتيار الحكمة الوطني.

(١) من رسالة كهربية (إلكترونية) جوابية بعث بها الأستاذ النوري إلى المركز الحسيني للدراسات في ٢٠١٠/٥/١٨ م. وأضاف في رسالته أن الجريدة بسبب مواقفها السياسية المعلنة كانت هدفاً لضربات القوى المناوئة للنظام السياسي الجديد، وقدمت في هذا السبيل عاملين فنّيين هما أبو علي الگرعاوي مصمم ومنضد الجريدة الذي تم اغتياله قرب منزله في منطقة أبي غريب، ومصمم الجريدة الشيخ أبو تمار اللامي الذي اغتيل في حي الإعلام ببغداد.

(٢) معجم المقالات الحسينية: ٥/ ١٦.

(٣) يعد مركز بدر للإعلام والثقافة احد مؤسسات المجلس الأعلى للثورة الإسلامية في العراق، وبعد سنوات من انتقاله إلى العراق استقل المركز كجزء من منظمة بدر.

سقوط نظام صدام حسين سنة ١٤٢٤هـ (٢٠٠٣م)، انتقل طاقهما التحريري إلى بغداد.

(٥١)
البديل الإسلامي[١]
(جريدة ـ دمشق)

جريدة شهرية من ثماني صفحات بالأبيض والأسود اهتمت بشؤون المعارضة العراقية في الخارج، أسسها أثناء تواجده في دمشق الإعلامي والسياسي العراقي الأستاذ محمد بن عبد الجبار الشبوط[٢] المولود في مدينة الكوت (واسط) سنة ١٣٦٨هـ (١٩٤٩م).

صدر العدد التجريبي (صفر) في ١٤٠٦/٤/١٩هـ (١٩٨٦/١/١م) بوصفها جريدة سياسية إسلامية مستقلة وشعارها الآية ٢٨ من سورة التكوير: ﴿لِمَن شَآءَ مِنكُمۡ أَن يَسۡتَقِيمَ﴾، وفي ١٤٠٧/٩/١هـ (١٩٨٧/٥/١م) صدر العدد الأول واستبدلت شعارها بالآية ٦٤ من سورة آل عمران: ﴿تَعَالَوۡاْ إِلَىٰ كَلِمَةٖ سَوَآءِۭ﴾، ثم صدرت فيما بعد من غير شعار، ومنذ سنة ١٤١٢هـ (١٩٩١م) أصبحت

---

(١) معجم المقالات الحسينية: ١/ ٤٧.

(٢) محمد عبد الجبار الشبوط: باحث وكاتب وسياسي عراقي، ولد في مدينة واسط (الكوت) سنة ١٩٤٩م، عمل في مجال الصحافة في الكويت وإيران والشام والمملكة المتحدة والعراق، حرر في مجلة صوت الخليج في الكويت، وفي إيران أسس جريدة الجهاد سنة ١٩٨٢م، وفي الشام كتب في صحف معارضة عدة، ورأس تحرير جريدة البديل الإسلامي الصادرة في دمشق، كما كان عضواً في هيئة تحرير مجلة القصب الصادرة في بيروت، أسس حركة كوادر حزب الدعوة الإسلامية، كما ترأس في لندن تحرير جريدة المؤتمر عام ١٩٩٣م، عاد إلى العراق بعد عام ٢٠٠٣م وواصل عمله في مجال السياسة والإعلام، وشكل التيار الإسلامي الديمقراطي، وترأس تحرير جريدة الصباح، تولى رئاسة شبكة الإعلام العراقي لسنوات عدة حتى تقاعده، من مؤلفاته: تجديد الفكر الإسلامي، مستقبل الديمقراطية في العراق، الإسلام والديمقراطية.

جريدة البديل الإسلامي تعبر عن توجهات تنظيم كوادر حزب الدعوة الإسلامية الذي أعلن عن نفسه في ١٤١١/١١/٢٦هـ (١٩٩١/٦/٩م)، وتوقفت الجريدة عن الصدور نحو عام ١٤١٤هـ (منتصف التسعينيات من القرن العشرين الميلادي)[1].

(٥٢)
البرهان[2]

(موقع كهربي ـ السعودية)

موقع كهربي سعودي بلغات عدة: العربية والفارسية والإنكليزية والأردوية والماليزية وغيرها تأسس قبل سنة ١٤٢٨هـ، اتخذ القائمون عليه شعار «دليل الباحثين عن الحقيقة» وهو موقع تفرّغ كما جاء في الديباجة لمناقشة الشيعة والقيام بواجب الرد على المخالف.

وتضم صفحة الموقع الأبواب التالية: عبرة التاريخ، منبر الصحب والآل، تساؤلات وإلزامات، عمالقة التاريخ، دعوة الشيعة، النفسية الشيعية، التشيع عالمياً، خطوة.. على الطريق، مكانة الآل والقرابة، عاشوراء.. والحسينيات، الشيعة.. عقائد وحقائق، السنة بعيون الشيعة، حوارات التقريب، الغائب المنتظر، الطعن في الصحابة، دمعة على القرآن، اسطورة الإمامة والمذهب، وروايات ودرايات.

---

(١) يوجد في مكتبة الإمام الحسين الخاصة بلندن العدد ٦٢ الصادر في ١٤١٢/١/١٤هـ (١٩٩١/٧/٢٥م)، وفي أعلى الزاوية اليسرى للصفحة الأولى اسم رئيس التحرير ونائبه الأستاذ محمد علي كاظم.

(٢) معجم المقالات الحسينية: ١٤/٣.

(٥٣)

بشرى [(١)]

(مجلة ـ كربلاء)

مجلة ثقافية إسلامية عامة خاصة بالمرأة المسلمة تطبع حاليا[(٢)] من بغداد ويرأس تحريرها السيدة زينب بنت صاحب حبيب القهوجي[(٣)].

صدرت المجلة أولاً في مدينة قم المقدسة في إيران على هيئة نشرة من ٢٠ صفحة بالأبيض والأسود وباللغتين العربية والفارسية مناصفة، حيث صدر العدد الأول سنة ١٤١٤هـ (١٩٩٣م) عن هيئة السيدة الزهراء (النساء الكربلائيات)، وكانت في المناسبات تصدر بـ ٢٤ صفحة كما هو العدد ٨ الصادر في محرم ١٤١٥هـ (حزيران ١٩٩٤م)، وكان شعار النشرة قوله تعالى: ﴿وَمَا جَعَلَهُ ٱللَّهُ إِلَّا بُشْرَىٰ وَلِتَطْمَئِنَّ بِهِۦ قُلُوبُكُمْ﴾[(٤)]، وبعد فترة انتقلت النشرة إلى الشام وكانت تصدر باللغة العربية فقط وتوزع في دمشق لكنه أشير في صفحتها الأولى أنها تصدر عن هيئة فاطمة الزهراء عليها السلام في بيروت كما في العدد ٢٧ الصادر في شعبان ١٤١٨هـ (كانون الأول ١٩٩٧م).

---

(١) معجم المقالات الحسينية: ١/٤٧.

(٢) حاليا: أي سنة صدور الجزء الأول من معجم المقالات الحسينية سنة ٢٠١٠م.

(٣) زينب القهوجي: زينب بنت صاحب حبيب القهوجي المولودة في مدينة كربلاء المقدسة سنة ١٣٨٨هـ (١٩٦٨م)، كاتبة وناشطة اجتماعية عراقية، هاجرت مرغمة مع ذويها إلى إيران وهي صغيرة وسكنت قم المقدسة وفيها بدأت الدراسة العلمية الحوزوية وواصلت في سوريا عند هجرتها مع زوجها الشيخ مرتضى معاش وتتلمذت عليه وعلى الشيخ ناصر الأسدي والشيخ جعفر رفعتي والسيدة أم مصطفى الشيرازي وغيرهم، وعادت وسكنت كربلاء بعد سقوط نظام صدام حسين سنة ٢٠٠٣م، تخصصت في المجال الإعلامي ورأست إدارة تحرير مجلة بشرى وواظبت على كتابة افتتاحيتها، وإدارة موقع بشرى حياة الإلكتروني، تترأس في الوقت الحاضر جمعية المودة والإزدهار للتنمية النسوية.

(٤) سورة آل عمران، الآية: ١٢٦.

وبعد فترة تحولت نشرة بشرى إلى مجلة بشرى حيث بدأت تصدر من بيروت في ٣٢ صفحة أبيض وأسود ما عدا الغلاف ثم في ٤٠ صفحة بالألوان باسم جمعية فاطمة الزهراء عليها السلام النسوية، ثم انتقلت إلى العراق سنة ١٤٢٥هـ (٢٠٠٤م) وبدأت تصدر عن جمعية المودة والازدهار للتنمية النسوية[١] في كربلاء المقدسة، لكن أول عدد بعد سقوط نظام صدام حسين حمل الرقم ٧٨ وصدر في جمادى الأولى ١٤٢٤هـ (تموز ٢٠٠٣م) كعدد خاص عن دور المرأة في العراق، فيما كان آخر عدد[٢] صدر هو الرقم ٩٠ في شهر ذي القعدة ١٤٢٩هـ (تشرين الثاني ٢٠٠٨م) من ٦٤ صفحة حيث ضم ملفاً خاصاً عن السيد محمد رضا بن محمد الشيرازي[٣] المتوفى في مدينة قم المقدسة في ١٤٢٩/٥/٢٦هـ.

---

(١) جمعية المودة والإزدهار للتنمية النسوية: إحدى المؤسسات النسوية التي انبثقت عن حوزة كربلاء المقدسة النسوية سنة ٢٠٠٦م، والمجلة تصدر من قبل مؤسسة النبأ للثقافة والإعلام التي يشرف عليها الأستاذ الشيخ مرتضى بن عبد الرسول معاش المولود في ١٣٨٣/١١/٢١هـ (٣/٤/١٩٦٤م) بمدينة كربلاء المقدسة حيث عاد للسكن فيها بعد سقوط نظام صدام حسين.
وجاء في رسالة للشيخ مرتضى معاش وصلتنا يوم ٢٠١٩/٤/٢٤م جوابا على سؤال سابق بشأن المجلة وما يتعلق بها أن للجمعية ثلاثة أقسام:
القسم الثقافي: يتم إقامة الدورات الثقافية والتنموية وكذلك الندوات.
القسم الاعلامي: وذلك عبر بعض الاصدارات كالسلوك المحمدي والسلوك المهدوي والسلوك الحسيني والسلوك الفاطمي وكتاب رجال صدقوا.
نادي أصدقاء الكتاب: لنشر وتعميم ثقافة القراءة والمطالعة في المجتمع.

(٢) آخر عدد ورقي لمجلة بشرى وبه توقفت عن الصدور كليا هو العدد ٩٢ والصادر سنة ٢٠١٢م وبذلك تنهي عشرين سنة من النشر الورقي بين إيران وسورية والعراق.

(٣) محمد رضا بن محمد الشيرازي: هو حفيد مهدي بن حبيب الله الحسيني (١٩٥٩ ـ ٢٠٠٨م)، من أساتذة الحوزة العلمية وفقهائها، ولد في كربلاء المقدسة بالعراق وفيها دفن، نشأ ودرس في مسقط رأسه، هاجر إلى الكويت مع والده وبقي نحو عشر سنوات ثم تركها سنة ١٩٨٠م إلى إيران واستقر مع أسرته في مدينة قم المقدسة، وواظب على الدرس وإلقاء المحاضرات، مات=

وللمجلة موقع على الشبكة البينية (الإنترنت) بالعنوان التالي: (www.bushra.annabaa.org) يتم تحديثه بين فترة وأخرى[١]، أما المجلة الورقية فهي في طور إعادة تنظيم وضعها التحريري لتستأنف إصدارها[٢].

(٥٤)

البلاد[٣]

(مجلة ـ بيروت)

مجلة عربية أسبوعية صدرت في بيروت سنة ١٤١٠هـ (١٩٩٠م) في ٦٨ صفحة ملونة بقياس (٢٩,٧٠ × ٢١,٠٠ سم)، وكانت تصدر عن دار الوحدة الإسلامية للصحافة والنشر والإعلام في بيروت، ورأس تحريرها السيد محمد حسين[٤]، وكانت تطبع في مطابع مؤسسة التاريخ العربي في بيروت ثم انتقلت للطباعة في مطابع المستقبل في العاصمة أيضاً.

وبعد سنوات من الصدور تقلص عدد صفحاتها إلى ٥٢ صفحة كما في العدد رقم (٥٠٤) الصادر يوم السبت ١٤٢١/٦/١٧هـ (٢٠٠٠/٩/١٦م) للسنة

=في داره وشيع في قم وكربلاء ودفن إلى جوار جده السيد مهدي الشيرازي في مقبرة الشيرازي بالرواق الحسيني، من مؤلفاته: كيف نفهم القرآن، الثقة بالنفس طريق الغد المشرق، والرسول الأعظم رائد الحضارة الإنسانية.

(١) أسرة تحرير مجلة بشرى كما الظاهر في الصفحة الإلكترونية متكونة من السيدات: زينب صاحب، ماجدة محمد، ليلى عادل، هدى الموسوي، فاطمة عباس، وإسراء الخالدي.

(٢) جانب من المعلومات تم استحصالها من الشيخ مرتضى معاش عبر مكالمة هاتفية في ١/٢٨/ ١٤٣١هـ (٢٠١٠/١/١٤م)، وفي اتصال آخر مع فضيلته تم يوم الخميس ٢٠١٩/٤/١١م أضاف بأن المجلة الورقية انتهى أمرها إلى مجلة إلكترونية تحت عنوان: «بشرى حياة».

(٣) معجم المقالات الحسينية: ١٥/٣.

(٤) محمد حسين: لم نقف على سيرته الذاتية.

الحادية عشرة، ثم توقفت وبدأت تظهر على صفحة الشبكة الدولية بالعنوان التالي: (www.albilad.com.lb).

وتضم المجلة[1] بشكل عام الأبواب التالية: كلمة البلاد، السلام عليكم، الرسم الساخر (الكاريكاتور)، عيون البلاد، صدى البلاد، على مدى البلاد، لبنان، موضوع الغلاف، مقابلة، تحقيق، اقتصاد البلاد، البلدان، أسرار وأخبار، إصدارات، قضايا، أسرة ومجتمع، أمواج ثقافية، حركة الثقافة، تأملات قرآنية، مختارات، رياضة، منتدى البلاد، صور من البلاد، وعليكم السلام.

(٥٥)
البلاد[٢]
(جريدة ـ جدة)

جريدة يومية تصدر في ١٦ صفحة ملونة عن مؤسسة البلاد للصحافة والنشر في جدة التي يرأس مجلس إدارتها السيد محمد بن عبد الله الخريجي[٣]، ورئيس تحريرها الأستاذ علي بن محمد الحسون[٤].

---

(١) وتتألف ادارة المجلة من السادة: غالب سرحان (مدير التحرير)، أحمد الموسوي (المدير المسؤول)، جواد عواضه (العلاقات العامة)، مصطفى خازم (الإخراج الفني).

(٢) معجم المقالات الحسينية: ٢/ ١٧.

(٣) محمد بن عبد الله الخريجي: رجل أعمال سعودي من أهل جدة ولد سنة ١٩٥١م، درس في مصر وأميركا ونال من جامعة القاهرة سنة ١٩٧٣م إجازة في الحقوق، ومن المعهد العالمي للتسويق في أميركا سنة ١٩٧٦م دبلوم في إدارة التسويق، وفي سنة ٢٠٠٠ حصل على دبلوم في إدارة القيادة والتغيير من جامعة هارفارد، عمل في مجالات مختلفة، وهو اليوم رئيس مجلس إدارة كل من: مجموعة الخريجي القابضة وشركة الخريجي للتجارة والإلكترونيات وشركة الأولى المتحدة المحدودة، وشركة أبناء عبد الله الخريجي العقارية وشركة دار المأكولات والمخابز العالمية.

(٤) علي محمد الحسون: أديب وكاتب وقصصي ومحرر سعودي ولد في المدينة المنورة سنة=

صدر عددها الأول في ١٣٥٠/١١/٢٧هـ (١٩٣٢/٤/٤م) باسم «صوت الحجاز» وأسسها الصحافي محمد صالح نصيف[1] (١٣١٠ ـ ١٣٩٣ هـ)، وفي ١٣٦٥/٤/١هـ (١٩٤٦/٣/٤م) صدرت باسم «البلاد السعودية»، ثم اندمجت مع مؤسسة عرفات الإعلامية في ١٣٧٨/٧/١٦هـ (١٩٥٩/١/٢٦م) وصدرت باسم «البلاد» عن مؤسسة البلاد للصحافة والنشر، ولا زالت.

ويذيل عنوان الجريدة بالترويسة التالية: «أول جريدة سعودية تأسست في ١٧ ذي القعدة سنة ١٣٥٠ هـ»، وتتوزع على الأبواب التالية: الأولى، محليات، اقتصاد، متابعات، دولية، الرأي، الرياضة، زمان، الأخيرة، كما لها موقع على الشبكة الدولية.

=١٣٧٠هـ (١٩٥١م)، اعتبر تكليفه رسمياً برئاسة تحرير جريدة البلاد في ١٤٢٦/٢/٢٩هـ (٢٠٠٥/٤/٩م) كحدث مهم لأنه أول مسلم إمامي يتولى هذه المسؤولية الإعلامية في المملكة العربية السعودية، وكان الحسون مدير تحرير جريدة البلاد ثم رئيساً للتحرير بالوكالة ثم نائباً لرئيس التحرير ثم رئيساً للتحرير بالوكالة منذ شهر ذي القعدة ١٤٢٢هـ (شباط ٢٠٠٢م) ثم رئيساً للتحرير أصالة، وهو عضو مؤسس في مجلس إدارة جمعية الصحافيين السعوديين في دورتها الأولى التي جرت في جمادى الثانية ١٤٢٥هـ (آب ٢٠٠٤م)، حاصل على دبلوم الصحافة والاتصالات سنة ١٩٩٨م، بدأ مشواره في التحرير في الصحافة اللبنانية ثم انتقل إلى صحيفة المدينة المنورة ثم التحق بالبلاد، عضو مجلس إدارة هيئة الصحفيين السعوديين، أمين عام مساعد للجمعيات الصحفية الخليجية في اتحاد الصحافة الخليجية، من مؤلفاته: حصة زمن (قصص)، إليها أينما كانت (وجدانيات)، والطيبون والقاع (رواية).

(١) محمد صالح نصيف: هو إبن حسن نصيف (١٨٩٢ ـ ١٩٧٣م)، من رواد الطباعة والصحافة في الحجاز، ولد في جدة وفيها مات، عمل في مجال الطباعة والصحافة في العهدين الهاشمي والسعودي، تولى في العهدين مسؤوليات مختلفة، رئيس بلدية جدة في العهد الهاشمي، رئيس ماليات وجمارك جازان في العهد السعودي وكذلك رئيس الأوقاف وعضو مجلس الشورى، مؤسس جمعية الطيران العربية، أصدر سنة ١٣٤٣هـ (١٩٢٤م) جريدة بريد الحجاز، وفي سنة ١٣٤٧هـ (١٩٢٨م) أسس المطبعة السلفية في مكة، ثم أنشأ جريدة صوت الحجاز.

(٥٦)

البلاغ[1]

(مجلة لندنية)

مجلة فصلية ملونة باللغة العربية بقياس (A4) في ٥٢ صفحة ملونة صدرت في لندن عام ١٤٢٠هـ (١٩٩٩م)، عن علماء المسلمين في أوروبا عبر المركز الإسلامي الذي أسسه وأشرف عليه الشيخ محسن الأراكي[2]، ورأس تحريرها الشيخ خالد العطية[3]، وحمل عدد رجب ـ رمضان ١٤٢٣هـ

---

(١) معجم المقالات الحسينية: ٤/ ٢١.

(٢) محسن الأراكي: هو إبن حبيب الله محمدي عراقي الشهير بالأراكي، ولد في مدينة النجف الأشرف عام ١٣٧٥هـ ١٩٥٦م، وفيها نشأ ودرس والتحق بالحوزة العلمية عام ١٩٦٨م ثم انتقل إلى إيران بعد عقدين من الزمن، ومارس وظائفه الدينية في خوزستان وفي قم وطهران، إمام جمعة، عضو مجلس الخبراء عن محافظة خوزستان، انتقل إلى المملكة المتحدة ممثلاً عن قائد الجمهورية الإسلامية عام ١٩٩٥م وفي لندن أسس المركز الإسلامي وأشرف عليه حتى عام ٢٠٠٤م، كما نال من جامعة بورتسموث الشهادة العليا (دكتوراه فلسفة مقارنة) عن رسالته المعنونة: «العلية والحرية في الفلسفة الإسلامية والغربية»، عاد إلى إيران عام ٢٠٠٤م متنقلا بين لندن وطهران، ويتولى حالياً الأمانة العامة للمجمع العالمي للتقريب بين المذاهب الإسلامية، من مؤلفاته: المختار من مقتل الحسين في البحار، نظرية النص على الإمامة في القرآن، ومدخل إلى العرفان الإسلامي.

(٣) خالد العطية: من أسرة آل مشيمش من عشائر الحميدات، وشهرته أبو ذر العطية، ولد في قضاء الشامية بمدينة الديوانية جنوب العراق عام ١٣٦٨هـ (١٩٤٩م)، نشأ ودرس في مسقط رأسه وأكمل الجامعة في كلية الفقه بالنجف الأشرف عام ١٩٧٠م ونال الشهادة العالية (ماجستير في الدراسات الأدبية) من كلية دار العلوم بجامعة القاهرة عام ١٩٨٥م وحصل على الشهادة العليا (دكتوراه فلسفة) من الجامعة العالمية للعلوم الإسلامية في لندن، تعرض للاعتقال في الفترة ١٩٧٢ ـ ١٩٧٥م وترك العراق عام ١٩٧٩م مهاجرا إلى مصر وإيران ولبنان والمملكة المتحدة وعاد إلى العراق عام ٢٠٠٣م، وتولى مسؤوليات عدة منها عضوية لجنة كتابة الدستور وعضوية الجمعية الوطنية ومجلس النواب العراقي والنائب الأول لرئيس مجلس النواب، ورئاسة هيئة الحج والعمرة للفترة ٢٠٠٥ ـ ٢٠٠٦م، وغيرها من المسؤوليات.

(أيلول ـ ديسمبر ٢٠٠٢م) الرقم ١٦، وتوزعت صفحات المجلة بشكل عام على الأبواب التالية: أول البلاغ، ملف العدد، دراسات، مقالات، لقاءات، أخبار، بحوث، قوافل النور، شخصيات، كتب، حوار هادئ، وآخر البلاغ، ثم توقفت عام ٢٠٠٣م.

(٥٧)

بنت الهدى [١]

(مجلة ـ كربلاء)

مجلة شهرية عراقية باللغة العربية تهتم بشؤون المرأة والمجتمع صدرت في كربلاء المقدسة منتصف عام ٢٠٠٣م في ٣٢ صفحة من القطع الوزيري بالأبيض والأسود ما عدا الغلاف الأول والأخير بالألوان، وقد صدر العدد العاشر في محرم الحرام عام ١٤٢٥هـ (شباط ٢٠٠٤م)، وتوقفت بعد فترة.

وتوزعت صفحاتها على الأبواب التالية: مواقيت الصلاة، الافتتاحية، شؤون سياسية، القرآن والإنسان، ملف العدد، حوار، المجموعة القصصية، أريد حلاً، منبر الشباب، الباب الفقهي، حدث وحديث، طب، المرفأ، وزهور [٢].

(٥٨)

بولتن نيوز [٣]

(موقع كهربي ـ إيران)

صحيفة كهربية إيرانية باللغة الفارسية والعربية وعلى الرابط التالي:

---

(١) معجم المقالات الحسينية: ٤/ ٢٢.

(٢) ممن ساهم في الكتابة والتحرير السيدات: عقيلة عبد الحسين، بشرى حسن، آيات الطيار، بشرى حنون محسن، سميرة جبر، ومهنا نوري.

(٣) معجم المقالات الحسينية: ٤/ ٢٢.

(www.bultannews.com)، تم بث موادها قبل عام ١٤٢٩هـ، وتتوزع صفحتها العربية على الأبواب التالية: اتصل بنا، الارشيف، ابحث، الروابط، نسخة الجوال، فارسي، فيما تتوزع صفحتها الفارسية على الأبواب التالية: تماس با ما، ارشيو، جستجو، پيوندا، نسخه موبايل، آب وهوا، عربي. وتصدّرت الموقع الفارسي العبارة التالية: (خبر هاى غير قابل انتشار را اينجا بخوانيد) أي: (إقرأ هنا الأخبار غير القابلة للنشر)، كما تولت شركة (إيران سامانة) الطهرانية تصميم الموقع.

(٥٩)
بيّنات[١]
(جريدة ـ بيروت)

جريدة أسبوعية باللغة العربية في ١٦ صفحة بقياس (٣٣ × ٢٣,٥ سم) باللونين الأبيض والأسود ما عدا الصفحة الأولى والأخيرة، صدر عددها الأول في بيروت في ١١ محرم ١٤٢٤هـ (٢٠٠٣/٣/١٤م) عن مكتب الثقافة والإعلام في بيروت وشعارها الآية الكريمة: ﴿لَقَدْ أَرْسَلْنَا رُسُلَنَا بِالْبَيِّنَاتِ وَأَنزَلْنَا مَعَهُمُ الْكِتَابَ وَالْمِيزَانَ﴾[٢]، ورأس تحريرها الأستاذ نجيب نور الدين[٣].

وتوزعت صفحاتها على الأبواب التالية: في البدء كلمة، إعلانات، محاضرة، قضايا وآراء، تحقيق، زاوية فقهية، اجتماعيات، كتاب،

---

(١) معجم المقالات الحسينية: ٤/ ٢٣.

(٢) سورة الحديد، الآية: ٢٥.

(٣) نجيب نور الدين: هو ابن حسن، أديب لبناني واعلامي واستاذ جامعي ولد في قرية خربة سلم بجنوب لبنان سنة ١٩٦٠م، أستاذ علم الاجتماع في جامعة بيروت، عضو مؤسس ومدير مؤسسة الفكر الإسلامي المعاصر للدراسات والبحوث، من مؤلفاته: محمد حسين فضل الله: العقلانية والحوار من أجل التغيير (مشترك).

نشاطات، نوافذ، رياضة، أخبار وتقارير، والصفحة الأدبية والأخيرة[1]. وفيما بعد تحولت إلى مجلة ملونة تصدر عن دائرة الإعلام في مؤسسة العلامة فضل الله، وهي شهرية غير منتظمة صدر العدد (٤١٢) في ١٤٣٥/١/٤هـ، وللمجلة موقع بالاسم نفسه يغطي نشاطات المؤسسة وفروعها داخل لبنان وخارجه، وعلى الرابط التالي: (www.arabic.bayynat.org).

(٦٠)

البيِّنة[2]

(جريدة ـ بغداد)

جريدة يومية سياسية ثقافية عامة باللغة العربية تصدر عن مؤسسة البيّنة للإعلام في بغداد وصدرت لأول مرة في أهوار العراق عام **١٩٨٩**م عن حركة حزب الله العراق كمنشور صغير[3]، ورئيس مجلس الإدارة وصاحب الامتياز الإعلامي السيد عيسى السيد جعفر[4].

والجريدة ملونة تضم الأبواب التالية: الافتتاحية، ما لا يُقال، ملفات سياسية، استراحة مجاهد، محليات، قضايا وحوارات، شؤون تربوية، بين

(١) وتألفت هيئة التحرير في بداية أمرها من الأساتذة: جعفر فضل الله، حسين الخشن، هاني عبد الله، علي سمّور، علي مهدي، ومحمد الضيقة (المدير المسؤول).

(٢) معجم المقالات الحسينية: ٤/ ٢٤.

(٣) لأسباب مالية ولأسباب صحية متعلقة بصاحب الإمتياز توقفت عن الصدور سنة **٢٠١٧**م.

(٤) عيسى السيد جعفر: الغرابي، المولود في مدينة العمارة في **١٩٥٩/٧/٢٣**م، من قيادي الحركة الإسلامية في العراق أثناء المعارضة في أهوار العراق، ومن قيادي حركة حزب الله في العراق، يسكن العمارة.

قوسين، اقتصادية، مقالات وآراء، خارج النص، كاريكاتير، ومتابعات رياضية، وحمل العدد الصادر في ٢٠١٤/٣/١٩م الرقم (١٩٨٥).

وللجريدة الورقية صفحة كهربية بالرابط التالي: (www.al-bayyna.com)، وفي كانون الثاني ٢٠١٥م تولى رئاسة التحرير الأستاذ عماد نافع الخزعلي[١]، وكان من قبل رئيساً للتحرير، وهو رئيس التحرير الفعلي لها منذ أن أصبحت جريدة في ٢٠٠٣/٢/٢٥م صدرت في الأهواز ثم انتقلت إلى بغداد بعد سقوط نظام صدام حسين.

في عام ١٤٣٠هـ (٢٠٠٩م) أصبحت جريدة مستقلة تصدر عن مؤسسة البيِّنة للإعلام[٢].

---

(١) عماد نافع الخزعلي: كاتب وأديب وفنان تشكيلي عراقي، ولد ببغداد في ١٣٨٠/٤/٢هـ (١٩٦٠م) خريج جامعة بغداد (بكالوريوس فنون اخراج مسرحي)، أقام أحد عشر معرضاً شخصياً داخل العراق وخارجه أولها في بغداد سنة ١٩٩٢م تحت عنوان: «انتبهوا إنه الإنسان» والحادي عشر في طهران سنة ٢٠١٠م تحت عنوان: «أخضر يا عراق»، شارك في مهرجان فجر سريالي عام ٢٠١٦م الذي انعقد في قاعة كولبنكيان ببغداد بلوحات تشكيلية وتم فيه توقيع كتابه المعنون (التجربة.. فجر سريالي) وحصل على جائزة عيون للإبداع، رئيس تحرير جريدة البيّنة حتى توقفها سنة ٢٠١٧م ومنذ عام ٢٠١٨م يرأس تحرير وكالة فضاءات نيوز، من مؤلفاته: حمى فوق ٤م، وخارج نطاق التغطية، وبقعة النور (مسرحية).

(٢) في اتصال عبر صفحة الفيسبوك يوم ٢٤ رمضان ١٤٣٦هـ (٢٠١٥/٧/١٣م) أفادني رئيس تحرير جريدة البيِّنة الأستاذ عماد نافع الخزعلي بمعلومات جديدة عن جريدة البينة، فقد صدرت كمنشور صغير في الأهوار سنة ١٩٨٩م عن حركة حزب الله في العراق، وأخذت اسمها من سورة البيّنة، وبارك صدورها حينها زعيم المجلس الإسلامي الأعلى العراقي السيد محمد باقر بن محسن الحكيم (١٣٥٨ ـ ١٤٢٤هـ = ١٩٣٩ ـ ٢٠٠٣م)، وكتب فيها رئيس مجلس الإدارة الحالية السيد عيسى السيد جعفر، والأستاذ حسن الساري الأمين العام لحركة حزب الله في العراق، والسيد صالح البخاتي، وفي ٢٠٠٣/٢/٢٥م قام الأستاذ عماد الخزعلي باصدارها كنشرة واسعة في الأهوار، وبعد سقوط نظام صدام حسين في ٢٠٠٣/٤/٩م انتقلت إلى بغداد وصارت تصدر كجريدة يومية، انتشرت في بادئ الأمر في ١٢ صفحة واستقرت على ١٦=

(٦١)

باكستان پوست[١]

(جريدة ـ أميركا)

جريدة أسبوعية باللغتين الأردوية والإنكليزية من القطع الكبير (٥٩,٤ × ٤٢,٠٠ سم) تصدر في أميركا وكندا، ومكتبها الرئيس في الولايات المتحدة الأميركية في نيويورك، ولها مكاتب في واشنطن وهيوستن، وتورونتو في كندا، صدرت أولاً في نيويورك سنة ١٤١٢هـ (١٩٩٢م) وحمل العدد الصادر في ٩ ـ ٢٠١٢/٢/١٥م الرقم (٩٨٥) للسنة العشرين، ويرأس تحريرها السيد محمد آفاق خيالي[٢] المقيم في نيويورك، فيما يتولى تحرير نسخة واشنطن السيد كوثر جاويد[٣].

وتضم الجريدة ١٦ صفحة من القطع الكبير (٥٩,٤ × ٤٢,٠٠ سم) الصفحتان الأولى والثانية ملونتان ويقابلهما بالألوان الصفحتان الأخيرة وما

=صفحة ملونة من القطع الكبير والطموح أن تصبح ٢٤ صفحة، وفضل الأستاذ الخزعلي تولى ادارة التحرير فيها، فيما تولى رئاسة التحرير المرحوم ستار جبار لازم السويعدي (١٣٧٢ ـ ١٤٣١هـ = ١٩٥٣ ـ ٢٠١٠م) الذي تركها بعد ثلاث سنوات وأسس جريدة البينة الجديدة، وفي عام ١٤٣٠هـ (٢٠٠٩م) استقلت بشكل كامل عن حركة حزب الله وراحت تصدر عن مؤسسة البينة للإعلام، وفي شهر ربيع الأول ١٤٣٦هـ (كانون الثاني ٢٠١٥م) عاد الأستاذ الخزعلي وتولى رئاسة تحريرها. راجع: معجم المقالات الحسينية: ٧٦/٦، محمد صادق الكرباسي، المركز الحسيني للدراسات، لندن ـ المملكة المتحدة، ١٤٣٧هـ (٢٠١٦م).

(١) معجم المقالات الحسينية: ١٦/٣، معجم المقالات الحسينية: ٤/ ٢٤.

(٢) محمد آفاق خيالي: (Muhammed Afaq Khayali)، إعلامي وصحافي باكستاني معاصر، مقيم في نيويورك بالولايات المتحدة.

(٣) كوثر جاويد: (Kausar Javed)، إعلامي وصحفي باكستاني معاصر، مقيم في واشنطن بالولايات المتحدة، يعمل في قناة دنيا التلفزيونية (Dunya TV) إلى جانب رئاسة تحرير جريدة باكستان بوست فرع واشنطن.

قبل الأخيرة، تتابع نشاطات الپاكستانيين المقيمين في أميركا وكندا، ولها موقع في الشبكة الكهربية بالعنوان التالي (www.pakistanpost.net).

(٦٢)
پايگاه اطلاع رساني دين پژوهشي إيران[١]
(موقع كهربي - قم)

موقع كهربي باللغة الفارسية، وترجمته: «المركز الاعلامي للأبحاث الدينية في إيران»، وهذا الموقع والمركز هو جزء من نشاطات مركز التبليغ الإسلامي في الحوزة العلمية في قم المقدسة (دفتر تبليغات اسلامي حوزة علمية قم) ورابطه الكهربي هو: (www.dte.ir).

وتم تأسيس المركز والموقع سنة ١٤٣٠هـ (٢٠٠٩م) في مدينة قم المقدسة، ويهدف إلى إنتاج وتنظيم الأخبار العلمية وتوزيعها في الأوساط العلمية الحوزوية والجامعية ونشر النتاجات المعرفية للمراكز العلمية الدينية والحوزوية والمرجعية، وتتوزع نشاطات المركز على الأبواب التالية ونتاجاتها: (فقه، اصول، حقوق، فلسفة، كلام، أخلاق وتربيت، قرآن، حديث، تاريخ، ودانش هاي اجتماعي «العلوم الاجتماعية»، ومراجع تقليد).

وللمركز موقع كهربي في الشبكة الدولية على العنوان التالي: (www.dipna.ir)[٢].

---

(١) معجم المقالات الحسينية: ٥/ ١٦.

(٢) ويتولى إدارة المركز في الوقت الحاضر الشيخ هادي أمين پور.

(٦٣)

پيام زينب[(١)]

(مجلة ـ لاهور)

مجلة باللغة الأردوية وترجمتها (رسالة زينب)، تصدر في لاهور في باكستان منذ سنة ١٤١٦هـ (١٩٩٥م) عن مؤسسة سچ (الصدق)[(٢)] التي أسسها ويرعاها السيد افتخار حسين بن منذور حسين النقوي النجفي[(٣)]، وبواقع ٣٠٠٠ نسخة في الشهر، ومسجلة برقم ١٥٧، وتعني بالعربية (رسالة زينب).

وهي مجلة ملونة الغلاف بقياس (٢٩,٧٠ × ٢١,٠٠ سم)، تعنى بالشؤون الإسلامية بعامة وشؤون الشيعة الإمامية بخاصة، وبمرور الأيام ازداد عدد صفحاتها حتى وصل العدد المزدوج (١٨١ ـ ١٨٢) محرم وصفر لسنة ١٤٣٣هـ إلى ٩٦ صفحة، وشعار المجلة السلام حيث اعتلى العنوان

---

(١) راجع: معجم المقالات الحسينية: ٤/ ٢٤، معجم المقالات الحسينية: ١٦/٣.

(٢) وللمؤسسة قناة فضائية بالاسم نفسه، كما يصدر عنها أيضاً في لاهور جريدة بيان صداقت (بيان الصداقة) الأسبوعية في لاهور، وفي إسلام آباد جريدة إيوان صداقت (إيوان الصداقة) الأسبوعية.

(٣) افتخار النقوي: هو افتخار حسين النجفي من علماء الإمامية في پاكستان وعضو مجلس الفقهاء الإستشاري في الحكومة المركزية، ولد في مدينة ملتان سنة ١٣٧٠هـ (١٩٥١م)، درس في مسقط رأسه وحصل على درجة سلطان الأفاضل من مؤسسة وقف المدارس، ثم انتقل إلى العراق للدراسة في النجف الأشرف للفترة ١٩٦٩ ـ ١٩٧٦م، خرج من العراق قسرا وعاد إلى ملتان ومارس التدريس في الجامعة الجعفرية في ملتان ثم أصبح رئيساً لفرعها في إسلام آباد، وبعد قيام الجمهورية الإسلامية في إيران سنة ١٣٩٩هـ هاجر إلى قم ودخل دورات مكثفة عدة في السياسة والاجتماع والفلسفة وعلم الأديان، ثم عاد إلى پاكستان وأسس حوزة الإمام الخميني العلمية، ويقيم اليوم في مدينة لاهور.

صورة حمامة وفي منقارها غصن زيتون، كما أنَّ للمجلة موقعاً كهربياً في الشبكة الدولية تحت عنوان (piyyam-e-zainab.com).

(٦٤)
پيام عمل[١]
(مجلة ـ لاهور)

مجلة شهرية تصدر في لاهور في باكستان[٢].

(٦٥)
پيام قرآن[٣]
(مجلة ـ قم)

مجلة فصلية باللغة الفارسية صادرة في قم، وبدأت بالعدد صفر الذي صدر عن دار القرآن الكريم في ربيع الثاني ـ جمادى الثانية ١٤١٤هـ (أيلول ـ تشرين الثاني ١٩٩٣م)، وتعني بالعربية (رسالة القرآن).

وهي مجلة مختصة بشؤون القرآن الكريم إضافة إلى الشؤون الإسلامية وعدد صفحاتها غير ثابت يخضع للمناسبات والبحوث المقدمة، فالعدد

---

(١) معجم المقالات الحسينية: ٤٦/١.
الترجمة: رسالة العمل.

(٢) پيام عمل: مجلة شهرية صدرت في لاهور بباكستان باللغة الأردوية مطلع عام ٢٠٠٦م، أصدرتها الجمعية الباكستانية لشؤون الإمامية عبر مطبعة مؤسسة الرضا للنشر، مديرها المسؤول هو الأديب والخطيب السيد وحيد الحسن الهاشمي، وتشكلت هيئة التحرير من السادة: سيد اعجاز الثقلين البخاري، وجاهت حسين وجاهت، وسعادت حسين، وتزين العدد الرابع للسنة الأولى الصادر في شهر ربيع الأول ١٤٢٧هـ (نيسان ٢٠٠٦م) صورة المرقد النبوي الشريف بمناسبة الذكرى السنوية لولادة رسول الرحمة محمد ﷺ.

(٣) معجم المقالات الحسينية: ٣/ ١٧.

واحد على سبيل المثال كان مكوناً من ٨٢ صفحة فيما ارتفع العدد الثاني إلى ١١٤ صفحة وانخفض العدد الثالث إلى ٧٨ صفحة، وللمجلة هيئة تحرير مشتركة يتولى رئاستها الشيخ محمد رضا الأنصاري(١)، كما أنَّ للمجلة طبعة عربية بعنوان (رسالة القرآن) صدرت مبكراً في محرم الحرام سنة ١٤١١هـ.

(٦٦)
پيغام إسلام(٢)
(مجلة ـ برلين)

مجلة باللغة الأردوية صدرت في برلين عام ١٤٣٠هـ (٢٠٠٩م)، وهي دمج لمجلة «پيغام نجات» ومجلة «سفينة النجاة»، يرأس تحريرها الإعلامي الباكستاني عبد المناف غلزئي(٣)، ولا زالت المجلة مستمرة في الصدور(٤).

---

(١) محمد رضا الأنصاري: هو إبن الميرزا حسن الأنصاري المحلاتي، ولد في مدينة محلات الإيرانية سنة ١٣٦٧هـ (١٩٤٨م)، نشأ في مسقط رأسه وأكمل دراسته الدينية في قم، وانتظم للعمل في دار القرآن الكريم ـ وهي من مؤسسات المرجع الديني السيد محمد رضا الگلپايگاني (١٣١٦ ـ ١٤١٤هـ) ـ منذ سنة ١٤٠٨هـ، يمارس التدريس في عدد من المعاهد والكليات القرآنية، من مؤلفاته: «راهي بسوي قرآن» السبيل إلى القرآن، «إمام مهدي در قرآن» الإمام المهدي في القرآن، وترجمة القرآن الكريم.

(٢) معجم المقالات الحسينية: ٤/ ٢٥.

(٣) عبد المناف غلزئي: ناشط ديني واجتماعي، من أهل مدينة غلز في مقاطعة البنجاب الباكستانية، يسكن برلين، يتولى حالياً رئاسة مؤسسة منهاج الحسين فرع ألمانيا مندوباً عن الشيخ محمد حسين أكبر مؤسس ورئيس مؤسسة ادارة منهاج الحسين ومقرها لاهور في باكستان، له كتاب: قد وصلت المقصد (اور مجهي منزل مِل گئي) يحكي قصة تحوله من المذهب الحنفي إلى مذهب أهل البيت.

(٤) انظر شرح «پيغام نجات» و«سفينة النجاة» من هذا الكتاب.

(٦٧)

پيغام نجات[١]

(مجلة برلين ـ المانيا)

مجلة فصلية باللغة الأردوية بقياس (٢٩,٧٠ × ٢١,٠٠ سم) صدرت عن الجمعية الجعفرية في برلين في ألمانيا، ويرأس تحريرها السيد علي حيدر العابدي[٢]، صدر عددها الأول في محرم ١٤٢٦هـ (كانون الثاني ـ آذار ٢٠٠٥م)، وتعني بالعربية (نداء النجاة).

بدأت بالصدور في ٣٦ صفحة بالأبيض والأسود مع غلاف ملون، وارتفع عدد الصفحات إلى ٤٤ صفحة في الأعداد التالية، لكنَّ حجمها فيما بعد تقلص إلى حجم وزيري[٣] مع الإحتفاظ بعدد الصفحات نفسها كما في العدد رقم ١ من السنة السادسة الصادر في محرم ١٤٣٢هـ، تطبع في لاهور في مطابع أكاديمية الغدير وتوزع في ألمانيا، وهي تغطي نشاطات الجاليات الإسلامية الپاكستانية في ألمانيا وخارجها، وبخاصة نشاط المؤسسات الإسلامية الإمامية فضلاً عن نشاطات الجمعية الجعفرية، وللمجلة فروع ومكاتب في باكستان والسويد والدانمارك وبلجيكا وسويسرا وفرنسا واسبانيا والبرتغال وإيطاليا واليونان وكندا والمملكة المتحدة والهند، ثم توحدت مع مجلة «سفينة النجاة» وصدرت باسم «پيغام اسلام»[٤].

---

(١) معجم المقالات الحسينية: ٣/ ١٨.

(٢) علي حيدر العابدي: أديب ومحرر هندي مقيم في برلين، رئيس جمعية بازارام الأدبية.

(٣) الوزيري: وقياسه ١٧ × ٢٤سم، وهو الوزيري المتوسط.

(٤) راجع: معجم المقالات الحسينية: ٤/ ٢٥، وانظر شرح «پيغام إسلام» من هذا الكتاب.

حرف التاء

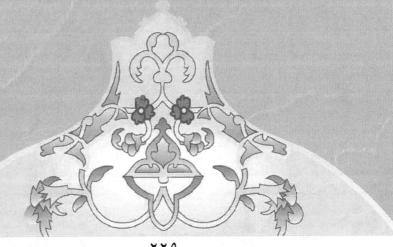

(٦٨)
تبيان[١]

(موقع كهربي ـ طهران)

موقع كهربي (إلكتروني)[٢] يدار من قبل مؤسسة تبيان للثقافة والإعلام[٣] في طهران وهي إحدى مؤسسات منظمة الإعلام الإسلامي في طهران، ويصدر في الوقت الحالي بسبع لغات: الفارسية، العربية، الأردوية، التركية، الإنجليزية، الروسية، والفرنسية.

تم تأسيس مؤسسة تبيان بعد تولي الشيخ الدكتور مهدي بن تقي آزاد الخاموشي[٤] المولود في طهران سنة ١٣٨٢هـ (١٣٤١ش) رئاسة منظمة

---

(١) معجم المقالات الحسينية: ١/٤٨، معجم المقالات الحسينية: ٤/ ٢٥.

(٢) موقع كهربي على الرابط التالي: (www.tebyan.net).

(٣) واسمها بالأصل: مؤسسة فرهنگی واطلاع رسانی تبيان.

(٤) مهدي بن تقي آزاد الخاموشي: باحث وكاتب وأستاذ حوزوي وجامعي إيراني، رئيس مؤسسة الأوقاف والأمور الخيرية في إيران حيث تولاها منذ ٢٠١٨/١٠/٢٠م، ولد في طهران سنة ١٩٦٢م، نشأ ودرس في مسقط رأسه، درس الدراستين الحوزوية والأكاديمية وحصل على الشهادة العليا (الدكتوراه) في الفقه والقانون الجنائي من جامعة الشهيد مطهري بطهران وهو عضو اللجنة العلمية فيها، عضو المجلس الأعلى للثورة الثقافية، تولى رئاسة منظمة الإعلام الإسلامي في الفترة (٢٠١٧ ـ ٢٠١٨م) ومن قبل أحد الأمناء فيها، ويشغل منذ سنة ٢٠١٨م رئاسة هيئة الأمناء في جامعة العلوم ومعارف القرآن الكريم في قم المقدسة.

الإعلام الإسلامي[1] في ١٤٢٢/٧/٨هـ (١٣٨٠/٧/٣ش)، وتم تدشين القسم الفارسي أولاً على الشبكة البينية (الانترنت) وبشكل رسمي في ٤/١١/١٤٢٣هـ (١٣٨١/٤/١ش)، ثم تلته الأقسام الأخرى، وآخرها قسم اللغة الفرنسية الذي دخل الخدمة على الشبكة البينية (الإنترنت) في شهر محرم ١٤٢٨هـ (شباط ٢٠٠٧م).

ويعتبر الموقع موسوعة معرفية في أبواب مختلفة، على أن القسم الفارسي فيه اهتمام كبير بشؤون الجمهورية الإسلامية الإيرانية وعموم تاريخ إيران وثقافات شعبها بأطيافه المختلفة.

(٦٩)
تراثنا[2]
(مجلة ـ قم)

مجلة فصلية تصدرها مؤسسة آل البيت لإحياء التراث ومقرها قم المقدسة في إيران ويشرف عليها السيد جواد بن عبد الرضا الشهرستاني[3] المولود في مدينة كربلاء المقدسة سنة ١٣٧٢هـ، صدر عددها الأول في صيف ١٤٠٥هـ (١٩٨٥م) في ١٢٨ صفحة، وتم صف حروفها في مؤسسة إطلاعات[4] في طهران وطبعت في «مطبعة نمونه» في مدينة قم.

وهي مجلة تهتم بعرض تراث أهل البيت عليهم السلام بخاصة ما يتعلق

---

(١) واسمها بالأصل: سازمان تبليغات اسلامى.

(٢) معجم المقالات الحسينية: ١٩/٢.

(٣) جواد عبد الرضا الشهرستاني: هو حفيد زين العابدين المرعشي الحسيني الشهرستاني، ولد في مدينة كربلاء المقدسة بالعراق سنة ١٩٥٣م، وقد مضت ترجمته.

(٤) مؤسسة إطلاعات: تأسست في طهران سنة ١٩٢١م، وقد مضى الحديث عنها عند شرح بيانات جريدة إطلاعات.

بالمكتبات والمخطوطات مستعينة بأجلّة الباحثين وأفاضل المحققين ومدرسي الحوزة العلمية والأكاديميين، وقد ضم العدد الأول الموضوعات التالية: نحو برمجة تراثية هادفة، أهل البيت عليهم السلام في المكتبة العربية، فرق الشيعة: للنوبختي[1] أم للأشعري[2]؟، كتب محققة تحت الطبع، نظرات سريعة في فن التحقيق، كتب قيد التحقيق، نظرة في بعض النصوص التاريخية، كتب محققة مطبوعة، كتب أعيد طبعها محققة، كتب ترى النور لأول مرة، ومن ذخائر التراث.

صدر في سنتها الأولى خمسة أعداد، وبدأت السنة الثانية بالعدد السادس الصادر في شهر محرم ١٤٠٧هـ بـ (٢٣١) صفحة مع ٩ صفحات باللغة الإنكليزية، واستمرت على هذا المنوال بزيادة صفحاتها في كل سنة جديدة، وبعض الأحيان تصدر بعدد مزدوج، كما في العدد المزدوج (٩٩ ـ ١٠٠) لشهر رجب وذي الحجة ١٤٣٠هـ، وهو العدد الثالث والرابع من السنة الخامسة والعشرين من تاريخ الصدور وخرج بـ (٥٢٦) صفحة، وطبع في «مطابع ستارة» في مدينة قم.

وتوسعت مؤسسة آل البيت لإحياء التراث بشكل مضطرد، وصدر عنها الكثير من المخطوطات، ولها موقع بارز في الشبكة البينية الدولية بلغات مختلفة.

---

(١) النوبختي: هو إبو إسحاق إبراهيم بن إسحاق بن أبي سهل بن نوبخت، من متكلمي الإمامية وفقهائها عاش في الفترة (٢٥٠ ـ ٣٥٠هـ)، من مؤلفاته: الياقوت (فص الياقوت)، والإبتهاج في إثبات اللذة العقلية لله تعالى.

(٢) الأشعري: هو أبو الحسن علي بن إسماعيل بن إسحاق (٢٦٠ ـ ٣٢٤هـ = ٨٧٤ ـ ٩٣٦م)، وإليه يُنسب مذهب الأشاعرة، ويعود بنسبه إلى أبي موسى الأشعري، ولد بالبصرة ومات ببغداد، من مؤلفاته: الإبانة عن أصول الديانة، الإجتهاد في الإسلام، مقالات المسلمين.

(٧٠)

تربية نت(١)

(موقع كهربي ـ المنامة)

موقع كهربي باللغة العربية أنشئ سنة ١٤١٩هـ (تشرين الأول ١٩٩٨م) وانطلق بثه من المنامة عاصمة البحرين بإدارة الباحث البحريني نادر الملاح(٢) بالعنوان التالي: (www.tarbya.net) واستمر بث الموقع لأكثر من عقد وتوقف بعد سنة ١٤٣٠هـ (٢٠٠٩م).

ويمثل الموقع أول موقع اجتماعي تربوي بحريني يدخل حيز الفضاء الافتراضي، وقد حصل على جوائز عدة كان آخرها جائزة «المحتوى

(١) معجم المقالات الحسينية: ١٨/٣.

(٢) نادر الملاح: هو إبن أحمد، باحث وتربوي وناشط اجتماعي بحريني، ولد في قرية الكَوَرة بالبحرين في ٤ ربيع الأول ١٣٩٤هـ (١٩٨٤/٣/٢٨م)، يتولى حالياً الإدارة العامة لجمعية الكوثر للرعاية الاجتماعية (رعاية اليتيم)، حاصل على الشهادة العليا (الدكتوراه) في الإدارة عن رسالته المعنونة: «النظام الإداري الإسلامي.. قراءة تحليلية في عهد أمير المؤمنين عليه السلام لمالك الأشتر» من جامعة آشوود (Ashwood University) بالولايات المتحدة الأميركية، ونال الدرجة العالية (الماجستير) في الإدارة من جامعة غلامورغان (University of Glamorgan) بالمملكة المتحدة عن رسالته المعنونة: «تقييم الممارسات الإدارية في منظمات المجتمع المدني بمملكة البحرين في ضوء منهجية الإدارة بالأهداف»، ونال الشهادة الجامعية (بكالوريوس) تكنولوجيا المختبرات الطبية من كلية العلوم الصحية بالبحرين، تولى رئاسة العلاقات العامة والإعلام في وزارة العمل البحرينية في عهد الوزير السابق الدكتور مجيد العلوي في الفترة (حزيران (يونيو) ٢٠٠١م ـ شباط (فبراير) ٢٠٠٣م)، السكريتر العام للمجلس الأعلى للتدريب المهني في الفترة (أيلول (سبتمبر) ٢٠٠٠ ـ حزيران (يونيو) ٢٠٠١م)، اختصاصي التوظيف والتدريب في المجموعة العربية للتأمين في الفترة (شباط (فبراير) ١٩٩٤م ـ أيلول (سبتمبر) ١٩٩٧م)، فني مختبرات طبية في مجمع السلمانية الطبي، له مقالات ودراسات ومؤلفات تربوية كثيرة، منها: حياتنا الجديدة، لماذا انحرف طفلي؟، وكربلاء الثورة الخالدة.

الإلكتروني الثقافي»[1] في سنة ١٤٣٠هـ التي منحته إياه اللجنة البحرينية العليا لتقنية المعلومات والاتصالات.

وضم الموقع الأبواب التالية: الصفحة الرئيسة، حول الموقع، مقالات، مشكلات من الواقع، فلاش، محاضرات وندوات، ملفات خاصة، إصداراتنا، سؤال وجواب، تجارب شخصية، استطلاعات وآراء، حوار في قضية، مساهمات القراء، مكتبة تربية نت، مركز الروابط، سجل الزوار، اتصل بنا، والإعلان في تربية نت.

(٧١)
ترجمان حق[2]
(مجلة ـ كراچي)

مجلة تصدر في كراچي في پاكستان باللغة الأردوية وتعني (رسالة الحق).

(٧٢)
تمازج[3]
(موقع كهربي ـ الأحساء)

موقع كهربي باللغة العربية خاص بالأستاذ الجامعي الدكتور أحمد

---

(١) جائزة المحتوى الإلكتروني الثقافي: هي فئة من ثماني فئات من الجائزة العربية للمحتوى الإلكتروني (Arab eContent Award)، تقدمها المملكة المتحدة منذ سنة ٢٠٠٩م، وهي جزء من «جائزة القمة العالمية» (World Summit Award) تحت رعاية الأمم المتحدة، والفئات الثمان هي: المحتوى الإلكتروني الحكومي، الترفيهي، الصحفي، التعليمي، العلمي، الإحتواء، والثقافي.

(٢) معجم المقالات الحسينية: ٣/ ١٩.

(٣) معجم المقالات الحسينية: ٥/ ١٧.

اللويمي[1]، يبث مواده على الرابط التالي: (www.tamazj.com) من مدينة الأحساء في السعودية.

وتتوزع صفحات الموقع على الأبواب التالية: السيرة الذاتية، أخبار، مقالات، دراسات وبحوث، المحاضرات، كتب، وترجمة.

(٧٣)
تنظيم المكاتب[2]
(مجلة ـ لكنهو)

مجلة شهرية ثقافية إسلامية عامة صادرة باللغة الأردوية في مدينة لكنهو في الهند عن دار تنظيم المكاتب للنشر[3]، رأس تحريرها السيد كرار حسين الواعظ[4]، في حين كان المشرف الفخري لها هو السيد ذيشان حيدر الجوادي[5] المتوفى في ١٤٢٠/١/١٠هـ.

---

(١) أحمد محمد اللويمي: هو حفيد إبراهيم، استاذ جامعي، من مدينة القارة بمحافظة الاحساء في السعودية، ولد في مدينة خرمشهر بإيران سنة ١٣٧٧هـ (١٩٥٧م)، أديب وكاتب وطبيب وناشط اجتماعي، استاذ في جامعة الملك فيصل بكلية الطب البيطرية والثروة الحيوانية قسم الأحياء الدقيقة والطفيليات، أسس ورأس الجمعية السعودية البيطرية، أمين جائزة الطب البيطري، من مؤلفاته: إحياء عاشوراء منهج ورسالة، التجديد والتعددية: فضل الله والفضلي أنموذجا، وقراءة في أدوات قياس الحراك الثقافي في الأحساء.

(٢) معجم المقالات الحسينية: ٤٩/١.

(٣) صدرت كتب عدة عن دار تنظيم المكاتب وهي للسيد ذيشان حيدر الجوادي منها: أصول علم الحديث، كربلاشناسى: مجموعة مجالس عزاء، وأنا من حسين: مجالس عشرة محرم الحرام ١٤١٨هـ إمام بارگاه ـ أبوظبي. وكان المرحوم جوادي من المشرفين على المركز الحسيني في أبو ظبي بالإمارات، وتولى المسؤولية بعده نجله السيد إحسان بن ذيشان حيدر الجوادي.

(٤) كرار حسين الواعظ: ولد في بيت علمائي من السادة العلويين في مدينة حيدر آباد الهند، اشتهرت العائلة بالخطابة ولذا سميت بالواعظ.

(٥) ذيشان حيدر الجوادي: إبن محمد جواد الجوادي (١٣٥٧ ـ ١٤٢١هـ = ١٩٣٨ ـ ٢٠٠٠م)،=

صدر عددها الأول سنة ١٤٠٠هـ (١٩٨٠م) وهي في ٤٠ صفحة بالأبيض والأسود ما عدا الغلاف، وتهتم بمتابعة النشاطات الإسلامية للشيعة الإمامية الإثني عشرية في الهند وخارجها، فعلى المستوى العام استقل العدد الثاني من السنة الخامسة الصادر في ١٨ شعبان ١٤٠٤هـ (١٩٨٤/٥/٢٠م) بملف خاص عن ذكرى الإمام الحسين عليه السلام بمناسبة مرور ١٤٠٠ سنة على ولادته، وعلى مستوى الخارج استقل العدد الصادر في ١٤٠٢/٦/٢٥هـ (١٩٨٢/٤/٢٠م) بملف خاص عن ذكرى إعدام السيد محمد باقر بن حيدر الصدر سنة ١٤٠٠هـ (نيسان ١٩٨٠م).

وآخر عدد صدر هو رقم (١١) من سنة (١٩) وذلك بتاريخ ١٤١٩/٣/١٤هـ (١٩٩٨/٧/٩م).

(٧٤)

التوافق الإخبارية[1]

(موقع كهربي ـ القطيف)

وهي شبكة كهربية فاعلة بالعنوان التالي: (www.altwafoq.net)، يتولى الإشراف عليها إعلاميون إسلاميون من المنطقة الشرقية في السعودية.

=من أعلام الهند وفقهائها ومفسريها وخطبائها، ولد في مدينة إله آباد بمقاطعة آتر براديش (Uttar Pradesh)، ودفن في مسقط رأسه، نشأ ودرس في مسقط رأسه وفي مدينة لكنهو وهاجر إلى العراق سنة ١٩٩٥م ودرس في حوزة النجف الأشرف على يد السادة الخوئي والخميني والصدر وغيرهم، سكن أبو ظبي بدولة الإمارات في الفترة (١٩٧٨ ـ ١٩٩٨م) إماما في مسجد الرسول الأعظم ثم عاد إلى مسقط رأسه مؤديا لوظائفه الدينية إلى جانب التدريس في جامعة أنوار العلوم الإمامية، تنقل في بلدان أميركا وأوروبا وكندا مرشداً ومبلغاً، ترك مؤلفات وتراجم كثيرة: أنوار القرآن (ترجمة القرآن الكريم)، كربلاء، والمجتمع الطاهر (پاكيزه معاشره).

(١) معجم المقالات الحسينية: ٣٣/٢.

وهي تغطي الشأن الداخلي، ومنفتحة على العالم العربي والإسلامي وتستقطب كتّاباً من جنسيات مختلفة. وتضم شبكة التوافق الأبواب التالية: الأولى، وطنية، دولية، نبض المجتمع، رياضة، الأخيرة، فكرة، أصداء وآراء[١].

(٧٥)
التوحيد[٢]
(مجلة ـ قم)

مجلة إسلامية فكرية تصدر كل شهرين في مدينة قم المقدسة في إيران بلغات عدة منها اللغة العربية، أشرف عليها الشيخ محمد علي بن علي أكبر التسخيري[٣] المولود في مدينة النجف الأشرف في ١٣٦٤/١١/١١هـ المقيم في طهران، ومن رؤساء تحرير النسخة العربية الدكتور علي بن حسين المؤمن الغريفي[٤] المولود في مدينة النجف الأشرف في ١٣٨٣/١٢/١٦هـ

---

(١) والظاهر أن شبكة التوافق الإخبارية متوقفة عن البث منذ عام ٢٠١٢م.

(٢) معجم المقالات الحسينية: ١/٥٠، ٢/ ٢٠، ٤/٢٦.

(٣) محمد علي بن علي أكبر التسخيري: من أعلام الحوزة العلمية في العراق وإيران، ولد في النجف في ١٩٤٤/١٠/١٩م في أسرة علمائية كان أبوه من مدينة رامسر بمحافظة مازندران الإيرانية قدم للعراق للدراسة الحوزوية، نشأ ودرس في مسقط رأسه وتخرج من كلية الفقه، تتلمذ على الشهيد الصدر والسيد الخوئي والشيخ جواد التبريزي، وغيرهم، تعرض للاعتقال سنة ١٩٦٩م بسبب نشاطه السياسي وأبعد إلى إيران سنة ١٩٧٠م، ودرس في حوزة قم المقدسة، تولى بعد انتصار الثورة الإسلامية مسؤوليات عدة، منها: عضو مجلس الخبراء، أمين عام المجمع العالمي لأهل البيت، أمين عام المجمع العالمي للتقريب بين المذاهب، من مؤلفاته: في الطريق إلى التوحيد الإلهي، الحوار مع الذات والآخر، والتوازن في الإسلام.

(٤) علي حسين المؤمن: هو حفيد صادق الغريفي، باحث وكاتب وأديب عراقي مدير مركز دراسات المشرق العربي، ولد في النجف الأشرف في ١٩٦٤/٤/٢٩م في أسرة علمائية، نشأ ودرس في مسقط رأسه، انخرط في العمل السياسي مبكرا، أبعد مع أسرته إلى إيران سنة=

والمقيم حالياً في بيروت، ثم تولى رئاسة تحريرها سنة ١٤١٥هـ (١٩٩٥م) الباحث العراقي الشيخ ماجد بن موسى الغرباوي[1] المولود في مدينة قلعة سكر من توابع الناصرية في ١٣٧٣/٧/٥هـ.

صدر العدد الأول منها في ربيع الأول ١٤٠٣هـ (١٩٨٢م) عن مؤسسة التوحيد للنشر الثقافي[2] وبعد سنوات بدأت تصدر عن مؤسسة الفكر

=١٩٨٠م، وسكن طهران وانتظم في العمل الصحفي في جريدة الجهاد ثم سكن قم والتحق بدراستها الحوزوية، كما واصل دراسته الجامعية في الجامعة العالمية للعلوم الإسلامية ونال منها الشهادة الجامعية (البكالوريوس) والشهادة العالية (الماجستير) والشهادة العليا (الدكتوراه) عن اطروحته المعنونة «التقنين الدستوري للفقه السياسي الإسلامي»، تولى رئاسة تحرير مجلة التوحيد في قم للسنوات (١٩٩١ ـ ١٩٩٥م)، سكن السودان للفترة (١٩٩٥ ـ ١٩٩٨م)، كما سكن بيروت وأسس سنة ١٩٩٩م المركز الإسلامي للدراسات المستقبلية حتى سنة ٢٠٠٤م وخلالها رأس تحرير مجلة اتجاهات مستقبلية الشهرية ومجلة المستقبلية الشهرية، بعد سقوط نظام صدام حسين سنة ٢٠٠٣م عاد وسكن موطنه، من مؤلفاته: الإسلام والتجديد.. رؤى في الفكر الإسلامي المعاصر، سنوات الجمر.. مسيرة الحركة الإسلامية في العراق، وقيادة آية الله الخامنئي: المباني الشرعية والدستورية.

(١) ماجد موسى الغرباوي: أديب وكاتب وإعلامي عراقي، من مواليد ناحية قلعة سكر بمحافظة الناصرية في ١٩٥٤/٣/١٠م، نشأ ودرس في مسقط رأسه، وسكن إيران واستراليا حيث يقيم اليوم في سدني، لظروف سياسية ترك العراق وهاجر إلى إيران وسكن قم المقدسة وانتظم في الدراسة الحوزوية دارساً ومدرساً، تولى سنة ١٩٩٥م رئاسة تحرير مجلة التوحيد التي كانت تصدر في قم كل شهرين وذلك للأعداد (٨٥ ـ ١٠٦م)، عضو الهيئة العلمية لكتاب التوحيد، أصدر سلسلة رواد الإصلاح وكان رئيساً لتحريرها، مارس التدريس ضمن اختصاصه في المعاهد العلمية لسنوات عدّة في مهجره الثاني وأنشأ صحيفة المثقف الكهربية ثم أنشأ سنة ١٤٣١هـ (٢٠١٠/١/٥م) مؤسسة المثقف العربي في سيدني، ولجهوده المعرفية تم في ٤/٧/ ٢٠١٩م تكريمه من قبل منتدى الجامعيين وجمعية الكفاءات العراقية في أستراليا ونيوزلندا، من مؤلفاته المطبوعة: إشكاليات التجديد، التسامح ومنابع اللاتسامح.. فرص التعايش بين الأديان والثقافات، وتحديات العنف. وعنه صدر للدكتور صالح الرزوق كتاب: جدلية العنف والتسامح ـ قراءة في المشروع الإصلاحي لماجد الغرباوي.

(٢) إلى جانب مجلة التوحيد صدر عن المركز مجموعة كتب تحت عنوان «كتاب التوحيد» منها=

الإسلامي، وفي الذكرى العشرية الأولى من إصدارها (١٤٠٣ ـ ١٤١٣هـ) (١٩٨٢ ـ ١٩٩٢م) نشرت كشافاً مستقلاً في ٢٤٢ صفحة. وبلغات مختلفة منها اللغة الفارسية، صدرت متزامنة مع صدور النسخة العربية.

=«الدولة الإسلامية دراسة في وظائفها السياسية والاقتصادية» للشيخ محمد علي التسخيري،
«منهج الشهيد الصدر في تجديد الفكر الإسلامي» للدكتور عبد الجبار الرفاعي.

حرف الثاء

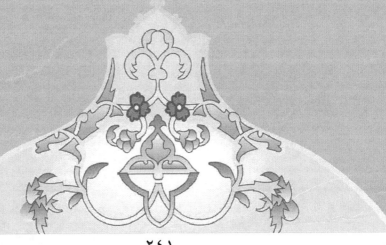

(٧٦)
الثقافة الإسلامية[١]

(مجلة إيرانية)

مجلة إسلامية فكرية عامة، تصدر باللغة العربية مرة كل شهرين عن المستشارية الثقافية للجمهورية الإسلامية الإيرانية في دمشق، صدر العدد الأول منها سنة **١٤٠٦**هـ (**١٩٨٦**م).

وتمثل المجلة واجهة إيران إلى المجتمع السوري، حيث صدر في الذكرى الخامسة والعشرين لانتصار الثورة الإسلامية العدد **٩٣**، كما تعكس المجلة نشاطات الملحقية الثقافية الإيرانية في سوريا والندوات والمؤتمرات الثقافية والعلمية والفكرية التي تعقدها في دمشق والمدن السورية الأخرى.

(٧٧)
الثقلين[٢]

(نشرة ـ قم)

نشرة يومية صدرت طوال شهر محرم عام **١٤١٧**هـ (أيار ـ حزيران

---

(١) معجم المقالات الحسينية: ١/٥٠.

(٢) معجم المقالات الحسينية: ٢/٢٠.

١٩٩٦م) تولت جمعية الهيئات القرآنية للجالية العراقية في قم المقدسة في إيران إصدارها من صفحتين بقياس (A4).

وتزينت واجهتها اليمنى بقول النبي محمد ﷺ: «إني تارك فيكم الثقلين كتاب الله وعترتي أهل بيتي ما إن تمسكتم بهما لن تضلوا بعدي أبدا»[١]، وفي اليسرى بالقول المشهور: «كل يوم عاشوراء كل أرض كربلاء».

وكانت النشرة تجري في كل يوم لقاءً مع أحد الشخصيات العراقية الفاعلة في الساحة الدينية والسياسية الموجودة في إيران للحديث عن النهضة الحسينية، من قبيل الحاج أبو ياسين[٢]، والأستاذ أبو بلال الأديب[٣] والسيد كمال الحيدري[٤]، والشيخ طالب السنجري[٥]، وغيرهم.

---

(١) المسترشد في إمامة أمير المؤمنين علي بن أبي طالب: ٥٥٩، محمد بن جرير الطبري، مؤسسة الثقافة الإسلامية لكوشانبور، طهران ـ إيران، مطبعة سلمان الفارسي، قم ـ إيران، ١٤١٥هـ.

(٢) إشارة إلى الباحث والسياسي العراقي الذي كان يكتب باسم عز الدين سليم وهو عبد الزهراء بن عثمان العبادي (١٣٦٢ ـ ١٤٢٥هـ) المولود في البصرة والمقتول في بغداد والمدفون في مسقط رأسه.

(٣) أبو بلال الأديب: إشارة إلى السياسي العراقي القيادي في حزب الدعوة الإسلامية والنائب في مجلس النواب العراقي الأستاذ علي بن محمد حسين الأديب المولود في مدينة كربلاء المقدسة سنة ١٣٦٥هـ (١٩٤٦م).

(٤) كمال الحيدري: هو إبن باقر، عالم مفكر ومحقق إسلامي، ولد في مدينة كربلاء المقدسة سنة ١٣٧٥هـ (١٩٥٦م)، وهو من أساتذة الحوزة العلمية في مدينة قم الإيرانية، من مؤلفاته: المعاد رؤية قرآنية، شرح نهاية الحكمة الإلهيات بالمعنى الأخص، ومقدمة في علم الأخلاق.

(٥) طالب السنجري: هو إبن جليل بن عبد، من علماء العراق وأدبائه، ولد في مدينة الشطرة بالناصرية سنة ١٣٧١هـ (١٩٥٢م)، درس في حوزة النجف الأشرف، شارك السيد محمد باقر الصدر حركتَه السياسية واعتقل معه سنة (١٣٩٩ هـ)، ثم انتقل ليستقر في إيران حيث اشتغل في التعليم في جامعة الفردوسي في كلية الإلهيات بمدينة مشهد، ثم شغل إدارة حوزة «أهل البيت» في مدينة قم، ثم أصبح عضواً في مجمع البحوث الإسلامية، وانتقل بعدها للعيش متنقلاً ما بين سوريا ولبنان وافريقيا حتى استقر أخيراً في الولايات المتحدة في مدينة ميشغن وأسس «حركة=

(٧٨)

الثورة الحسينية[١]

(نشرة ـ لندن)

نشرة إسلامية باللغة العربية غير منتظمة الصدور خاصة بالنهضة الحسينية، صدر العدد صفر في لندن يوم ١٤٠٩/١/٩هـ (١٩٨٨/٨/٢٢م)، كما صدر العدد السادس على سبيل المثال يوم ١٤٠٩/١١/٤هـ (١٩٨٩/٦/٨م)، والعدد الثامن يوم ١٤١٠/٢/٢١هـ (١٩٨٩/٩/٢٣م)[٢].

=إرشاد» ويشغل منصب مرشدها العام، من مؤلفاته: تلك سيرته: فصول من حياة النبي الأكرم محمد ﷺ، أوراق من عمري، والإملاء ورسم الكلمة العربية.

(١) معجم المقالات الحسينية: ٥١/١.

(٢) الظاهر أنها صدرت لسنتين ثم توقفت.

حرف الجيم

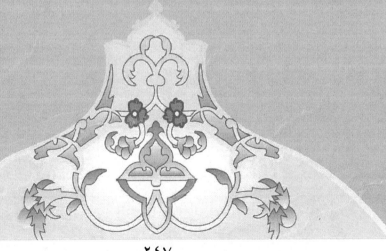

(٧٩)
الجامعة العالمية[1]
(مجلة ـ لندن)

مجلة فصلية دراساتية معظم صفحاتها باللغة العربية، وهي جزء من إصدارات الجامعة العالمية للعلوم الإسلامية في لندن، صدر عددها الأول في رجب ـ رمضان ١٤١٤هـ (كانون الثاني ـ آذار ١٩٩٤م)، بحلّة خضراء من ٢٥١ صفحة باللغة العربية و٦١ صفحة باللغة الإنجليزية.

وجاء في ترويستها أنها «مجلة أكاديمية[2] فصلية مُحكمة»، وأسرة التحرير مكونة من: الدكتور محمد علي الشهرستاني[3]، والأستاذ حبيب

---

(١) معجم المقالات الحسينية: ٢١/٢.

(٢) أكاديمية: (Academia) كلمة يونانية وتعني منهج البحث العلمي الذي تعتمده الجامعة في التدريس وكتابة الرسالة الجامعية.

(٣) محمد علي الشهرستاني: هو إبن محمد صالح (١٣٥١ ـ ١٤٣٢هـ = ١٩٣٢ ـ ٢٠١١م)، من أعلام الإمامية جمع بين علوم مختلفة وبرع في الهندسة ونال فيها الدكتوراه من المملكة المتحدة حيث سكنها في وقت مبكر من عمره، ولد في كربلاء ومات في طهران ودفن في مسقط رأسه بمقبرة العائلة عند باب السدرة من الصحن الحسيني الشريف، له الفضل في تأسيس الجامعة العالمية للعلوم الإسلامية في لندن كأول جامعة في المملكة المتحدة جمعت بين المناهج الحوزوية والأكاديمية الحديثة، له مشاريع هندسية كبيرة في بلدان مختلفة مثل العراق وإيران=

غانم[١]، والدكتور حسين غربية[٢]، وجاء في افتتاحية المشرف العام: (ولأن الجامعات الأكاديمية، هي الملتقى الفكري للتفاعل، وتبادل الآراء، والخبرات، وهي المنبر، والمختبر ليس لطلابها وحسب وإنما للمجتمع.. ولأن المجلات العلمية هي للحوار، والبحث، والنقاش، وعرض الخبرات لهذا، ولأكثر من هذا، قررت الجامعة العالمية للعلوم الإسلامية ـ لندن ـ إصدار مجلتها الأكاديمية باسم ـ الجامعة الإسلامية ـ وهي مجلة مفتوحة لرجال الفكر، والبحث، دون تمييز بين كاتب إسلامي، وآخر غير إسلامي).

والملاحظ أن الدكتور محمد علي الشهرستاني قام سنة ١٤٠٩هـ بتأسيس

=ولبنان والسعودية، من مؤلفاته وأبحاثه: مدخل إلى علم الفقه، أزمة الحضارة المعاصرة وأطروحة الخلاص، والنهضة الحسينية وصلتها بقاعدة اللطف.

(١) حبيب غانم: كاتب لبناني، تولى من مقر إقامته رئاسة تحرير مجلة الجامعة العالمية التي كانت تطبع في بيروت واستمر فيها للأعداد (١ ـ ٧).

(٢) حسين غربية: هو إبن مصطفى باحث ومحلل سياسي وأكاديمي لبناني، ولد في بيروت في ٢٨/١/١٩٦١م، بروفيسور وأستاذ القانون والعلاقات الدولية في الجامعة اللبنانية، نشأ ودرس في مسقط رأسه وواصل دراسة الإعدادية في دولة الكويت للفترة (١٩٧٥ ـ ١٩٧٩م) والدراسة الجامعية في الجامعة اللبنانية للفترة (١٩٧٩ ـ ١٩٨٣م) ونال الشهادة الجامعية (البكالوريوس) في العلوم السياسية والإدارة العامة، انتقل إلى المملكة المتحدة للدراسة ونال الشهادة العالية (الماجستير) من جامعة اكستر (University of Exeter) للفترة (١٩٨٦ ـ ١٩٨٨م) في العلاقات الدولية والاقتصاد السياسي في الشرق الأوسط، والشهادة العليا (الدكتوراه) في العلوم السياسية من جامعة درهام (Durham University) في سياسة الشرق الأوسط، تولى إدارة تحرير مجلة الجامعة العالمية للأعداد (١ ـ ٥)، يمارس التدريس منذ سنة ١٩٩٩م وحتى اليوم، مدير العلاقات العامة في الجامعة العالمية للعلوم الإسلامية بلندن للفترة (١٩٨٨ ـ ١٩٩٦م)، محرر مسؤول في مجلة الجامعة العالمية بلندن للسنوات (١٩٩٢ ـ ١٩٩٦م)، من مؤلفاته: النظام الطائفي في لبنان وأثره في إنشاء الوعي السياسي عند الشيعة، حزب الله وإرث الإمام موسى الصدر (Hizbullah and the Legacy of Imam Musa al-Sadr)، ومبادئ الديمقراطية وجدوائية الفقه الإسلامي (Principles of Democracy and the viability of Islamic Jurisprudence).

الجامعة العالمية للعلوم الإسلامية ومقرها لندن ويتولى رئاسة مجلس الأمناء فيها، ولها فروع ومكاتب في عدد من الدول العربية والإسلامية.

وتوقفت المجلة[1] في سنتها الثانية مع صدور العدد السابع في ربيع الثاني (صفر) ١٤١٦هـ (تموز ـ أيلول ١٩٩٥م) وضم ٣٠٩ صفحات باللغة العربية و٦٧ صفحة باللغة الإنجليزية، واقتصرت أسرة التحرير على المشرف العام الدكتور محمد علي الشهرستاني ورئيس التحرير الأستاذ حبيب غانم، ومع ذلك فإن الجامعة العالمية للعلوم الإسلامية لا زالت عامرة وقد افتتحت لها إلى جانب كلية الشريعة، كلية القانون وكلية آداب اللغة العربية، ويتولى عمادة الدراسات العليا فيها الأديب الدكتور إبراهيم بن عبد الزهراء العاتي[2] المولود في مدينة النجف الأشرف سنة ١٣٦٨هـ.

---

(١) عادت وصدرت مجلة الجامعة العالمية في ربيع ١٤٣٤هـ (٢٠١٣م) بالعدد الثامن للسنة التاسعة عشرة، بأسرة تحرير جديدة متكونة من: الدكتور فاضل الميلاني (المشرف العام)، الدكتور حميد الهاشمي (رئيس التحرير)، مصطفى إبراهيم الدسوقي (مدير التحرير)، الدكتور فرات كاظم (عضو هيئة التحرير)، والدكتور نضير الخزرجي (عضو هيئة التحرير)، ومع صدور العدد المزدوج (٩ ـ ١٠) في شتاء ١٤٣٥هـ (٢٠١٤م) للسنة العشرين، والعدد (١١) الصادر في شهر أيار (مايو) ٢٠١٥م (١٤٣٦هـ) للسنة الواحدة والعشرين، غاب الدسوقي عن إدارة التحرير مع بقاء المشرف العام ورئيس التحرير وهيئة التحرير.

(٢) إبراهيم عبد الزهراء العاتي: هو حفيد عاتي بن حبيب بن بركة العيسى، ولد في النجف الأشرف سنة ١٩٤٩م، وينتسب إلى جدّه، أديب وشاعر ومفكر وأكاديمي عراقي، نشأ في مسقط رأسه وواصل الدراسة الجامعية في دمشق في الفلسفة والاجتماع ونال من جامعة دمشق الشهادة الجامعية (البكالوريوس) سنة ١٩٧٥م، وأكمل الدراسة العليا في القاهرة ونال من جامعة عين شمس سنة ١٩٨٠م الشهادة العالية (الماجستير) في الفلسفة والاجتماع، ومن الجامعة نفسها حصل عام ١٩٨٤م على الشهادة العليا (دكتوراه) فلسفة، مارس التدريس في جامعة قسطنطينة وجامعة الأمير عبد القادر للعلوم الإسلامية في الجزائر، ترأس قسم الفلسفة بكلية الآداب والتربية في جامعة ناصر بليبيا، انتقل للتدريس في لندن في الجامعة العالمية للعلوم الإسلامية منذ عام ١٩٩٢م ويتولى فيها حالياً عمادة الدراسات العليا، كما واصل منذ عام=

(٨٠)

الجديدة[١]

(مجلة ـ لندن)

مجلة أسبوعية صدرت باللغة العربية عن جريدة الشرق الأوسط اليومية الصادرة في لندن، ظهر عددها الأول سنة ١٤٠٨هـ (١٩٨٧م)، رأس تحريرها الإعلامي السعودي الأستاذ عثمان بن موسى العمير[٢] المولود في مدينة الزلفي في ١٣٦٩/١١/١١هـ والمقيم حالياً في الدار البيضاء في المغرب، وهو في الوقت نفسه كان رئيساً لتحرير جريدة الشرق الأوسط، فيما أدار تحريرها الكاتب السعودي الأستاذ عبد العزيز الخميس[٣]، المقيم حالياً في لندن.

=٢٠١٢م التدريس في جامعة الكوفة في العراق حتى تقاعده، من مؤلفاته: الزمان في الفكر الإسلامي، الإنسان في فلسفة الفارابي، والظاهرة الحسينية في الشعر العربي.

(١) معجم المقالات الحسينية: ١/ ٥١.

(٢) عثمان موسى العمير: كاتب ومحرر ومن رجال الأعمال والصحافة في السعودية، ولد في مدينة الزلفي من مدن الرياض الكبرى في ١٩٥٠/٨/٢٥م، نشأ ودرس في مسقط رأسه وتخرج من الجامعة الإسلامية بالمدينة المنورة، وواصل في لندن دراسة اللغة الإنكليزية إلى جانب الصحافة وإدارة الأعمال، يقيم اليوم بين المملكة المتحدة والمغرب، إبتدأ مشواره الصحفي كمراسل ومحرر رياضي، عمل في صحف ومجلات مختلفة مثل جريدة المدينة والندوة ومجلة اليمامة ومجلة الرياض وصحيفة الجزيرة السعودية ومجلة المجلة وجريدة الشرق الأوسط، أسس في ٢٠٠١/٥/٢١م موقع إيلاف للنشر الإلكتروني، صاحب مجموعة ماروك سوار للنشر الصحفي في الدار البيضاء بالمغرب اشتراها من رجل الأعمال المغربي عثمان بن جلون سنة ٢٠٠٤م.

(٣) عبد العزيز الخميس: التميمي، صحفي وكاتب ومقدم برامج سعودي، ولد في الرياض سنة ١٩٦١م، نشأ ودرس في مسقط رأسه وواصل الدراسة في المملكة المتحدة وحصل على شهادة دبلوم في الصحافة من كلية موريس للصحافة في لندن (Morris College of Journalism) سنة=

وصدرت المجلة لسنوات طوال ثم توقفت، وصفحاتها ملونة، ولكنها اختلفت من حيث عدد الصفحات بين سنة أخرى، فعلى سبيل المثال ظهر العدد ٥٧٤ في سنته الحادية عشرة بتاريخ ١٤١٨/٢/٢٠هـ (١٩٩٧/٦/٢٥م) في ٦٨ صفحة، فيما ظهر العدد ٦١٩ في سنته الثانية عشرة في ١٠ محرم ١٤١٩هـ (١٩٩٨/٥/٦م) في ٨٤ صفحة.

وفي معظم الأحيان كانت صفحاتها موزعة على أبواب متفرقة منها: ذاكرة العدسة، تحقيق خاص، سياحة، حوار، شخصية الأسبوع، ٧ أيام، العالم، سينما، في خدمتك، فكر والعب، ومن التاريخ.

(٨١)

جريدة البصرة الإلكترونية(١)

(موقع كهربي ـ البصرة)

موقع كهربي يبث مواده من مدينة البصرة جنوب العراق، بالرابط التالي: (www.basraelc.com)، أنشأه الإعلامي ناظم الجابري(٢) بداية سنة ١٤٣٢هـ

=١٩٨٤م، عمل في الصحافة داخل السعودية وخارجها مثل صحيفة الجزيرة السعودية في الرياض ومكتب جريدة السياسة الكويتية في الرياض، وجريدة اليوم في الرياض، ومجلة اليمامة وصحيفة الشرق الأوسط في الرياض، ومجلة المجلة، ومجلة الجديدة، وجريدة العرب اللندنية، وموقع ميدل أيست أونلاين في لندن، ومجلة المراقب العربي، إلى جانب تقديم عدد من البرامج التلفزيونية في شبكات مختلفة وحضوره كمحلل ومراقب، ترك مسقط رأسه سنة ١٩٩٥م وعاد إليه سنة ٢٠١٤م

(١) معجم المقالات الحسينية: ٣/ ١٩.

(٢) ناظم الجابري: هو إبن جواد بن محسن، ولد في قضاء شط العرب بالبصرة سنة ١٣٩٠هـ (١/ ١٠/١٩٧٠م)، كاتب وإعلامي، درس في مدارس البصرة وتخرج من إعدادية العشار، هاجر إلى إيران سنة ١٤١١هـ (١٩٩١م) وفي طهران اشتغل بالدراسات الإسلامية في مدرسة الرسول=

(نهاية ٢٠١٠م)، مستفيداً من تجربته في العمل الصحفي لسنوات عدة في إيران وسوريا والعراق.

وهو موقع يتجدد كل يوم يضم الأبواب التالية: الرئيسة، ولنا كلمة، العراق، محليات، ثقافة وفن، آراء ودراسات، سياحة، اقتصاد، اسلاميات، منوعات، الفضاء الحر، تقارير مصورة، رياضة، الرسم الساخر (كاريكاتير)، واتصل بنا. ويهتم الموقع بأخبار محافظة البصرة وشؤونها الداخلية فضلاً عن انفتاحه على المحافظات الأخرى والموضوعات المختلفة في الأبواب المتفرقة.

(٨٢)
جريدة الرفاعي نت [١]
(موقع كهربي ـ الناصرية)

جريدة كهربية (إلكترونية) مستقلة باللغة العربية تهتم بشؤون قضاء الرفاعي التابع لمحافظة الناصرية جنوب العراق، تأسست عام ١٤٢٦هـ (٢٠٠٥م)، وهي معتمدة لدى نقابة الصحفيين العراقيين بالرقم ١٠٩٨، يرأس تحريرها الإعلامي عادل الركابي [٢]، وهي موجود في الشبكة البينية

=الأعظم، مارس العمل الصحفي وكتب في صحف الشهيد والشهادة والجهاد والوفاق وأصبح مراسلاً لمجلة الرأي الآخر الصادرة في لندن، انتقل سنة ١٤٢٠هـ (٢٠٠٠م) إلى سوريا وواصل عمله مراسلاً لمجلة الرأي الآخر إلى جانب الكتابة في صحف أخرى، عاد إلى البصرة سنة ١٤٢٥هـ (٢٠٠٤م) وفيها أسس نشرة (المرصد) ثم أصبح رئيساً للتحرير في جريدة البصرة التابعة للحكومة المحلية، عمل في اعلام مجلس المحافظة للفترة (١٤٢٦ ـ ١٤٢٨هـ) (٢٠٠٥ ـ ٢٠٠٧م)، ثم أصبح لفترة مدير إعلام مجلس المحافظة، دخل في دورتين إعلاميتين في الإمارات والأردن، ولا زال يمارس عمله الإعلامي في مكتب محافظة البصرة.

(١) معجم المقالات الحسينية: ٤/ ٢٦.

(٢) عادل الركابي: هو ابن خضر بن فشاخ الركابي، أديب وكاتب عراقي من قضاء الرفاعي في=

على الرابط التالي: (www.alrefiey.net)، ومتوزعة على الأبواب التالية: الرئيسة، أخبار متفرقة، مقالات، هموم المدينة، أخبار الجالية، الثقافية، تاريخ مدينة الرفاعي، خالدون، معرض الصور، واتصل بنا، يبث الموقع مواده من الرفاعي وواشنطن حيث يسكن رئيس تحريرها(١).

(٨٣)
جعفري تايمز(٢)
(مجلة ـ بومباي)

مجلة شهرية ثقافية إسلامية عامة صادرة باللغة الإنجليزية(٣) عن مؤسسة الإيمان الخيرية في مدينة بومباي الهندية، أسسها ويشرف عليها السيد محمد بن عبد الصاحب الموسوي(٤) المولود في مدينة النجف الأشرف سنة ١٣٧٥هـ (١٩٥٥م) والمقيم حالياً في لندن.

=الناصرية، ولد سنة ١٣٨١هـ (١/٧/١٩٦١م)، نشأ ودرس في مسقط رأسه وأنهى الدراسة الاعدادية عام ١٩٨٠م من إعدادية الرفاعي للبنين، غادر العراق عام ١٩٩١م ويسكن حالياً واشنطن.

(١) نائب رئيس تحريرها هو الإعلامي علاء العتابي، مدير إعلام جامعة سومر.

(٢) معجم المقالات الحسينية: ١/ ٥٢، راجع: معجم المقالات الحسينية: ٤/ ٢٦.

(٣) وتصدر باللغتين الأردوية والهندية أيضا، وقد صدر العدد الأول من النسخة الأردوية الهندية في شهر شوال ١٤٢٠هـ (كانون الثاني ٢٠٠٠م) وهي مجلة شهرية، وحتى شهر ذي الحجة ١٤٢٩هـ (كانون الأول ٢٠٠٨م) كانت تصدر بشكل غير منتظم، ولكنها من عدد صفر ١٤٣٠هـ (شباط ٢٠٠٩م) بدأت تصدر بانتظام كل شهر، وآخر عدد علمنا به هو رقم ٥٧ صادر في شهر ذي الحجة ١٤٣٠هـ ـ محرم ١٤٣١هـ (كانون الأول ٢٠٠٩م)، ولا زالت مستمرة في الصدور.

(٤) محمد عبد الصاحب الموسوي: له تأليفات باللغات العربية والأردوية والإنكليزية، منها: خلاصة الخصال، أبو طالب المؤمن المظلوم (ABU TALIB, THE VICTIMISED BELIEVER)، حياة الإسلام أو الإسلام المعاصر (LIVING ISLAM)، ألف سؤال وجواب حول الإسلام (1000 QA on Islam)، وألف سؤال وجواب حول المسلمين الشيعة (1000 QA on Shia Islam).

وتتخذ المجلة من قوله تعالى: ﴿عَلَّمَ ٱلْإِنسَٰنَ مَا لَمْ يَعْلَمْ﴾[1] كشعار لها، وقد صدر العدد الأول في شهر شعبان ١٤٠٨هـ (نيسان ١٩٨٨م) في مدينة بومباي الهندية وكانت تصدر باسم جعفري تايمز (JAFARI TIMES) في ٢٤ صفحة وفي بعض الأحيان ٣٢ صفحة حسب المناسبات، ولأسباب قانونية راحت من شهر ربيع الثاني ١٤٠٩هـ (كانون الأول ١٩٨٨م) تصدر باسم جعفري اوبزيرفر (JAFARI OBSERVER)، وبعد فترة ازدادت صفحاتها إلى ٣٢ صفحة ثم إلى ٣٦ صفحة، وفي بعض الأحيان ٤٠ صفحة حسب المناسبات، بالأبيض والأسود ما عدا الغلاف.

واحتفلت المجلة في العدد المزدوج ربيع الأول ـ ربيع الثاني ١٤١٧هـ (آب ـ أيلول ١٩٩٦م) بصدور العدد ١٠٠، ولا زالت إلى يومنا تصدر بانتظام، وقد بلغت الأعداد الصادرة حتى عدد شهر ذي الحجة ١٤٣٠هـ ـ محرم ١٤٣١هـ (كانون الأول ٢٠٠٩م) ٢٤٠ عدداً[2].

(٨٤)
الجمعة[3]
(نشرة ـ باريس)

نشرة غير منتظمة تصدرها الجالية المسلمة في باريس باللغة العربية، وهي في ١٢ صفحة بشكل عام، صدر عددها الأول سنة ١٤٠٩هـ (١٩٨٩م).

---

(١) سورة العلق، الآية: ٥.

(٢) جانب من المعلومات جاءت في رسالة جوابية كهربية (إلكترونية) لسماحة السيد محمد الموسوي إلى المركز الحسيني للدراسات في ١٤٣١/٢/١١هـ (٢٠١٠/١/٢٦م)، وفي اتصال هاتفي مع سماحته قال إنها صدرت لفترة باللغة الكجراتية أيضاً.

(٣) معجم المقالات الحسينية: ٣/٢٠.

(٨٥)

جمهوري إسلامي[١]

(جريدة ـ طهران)

جريدة سياسية اجتماعية تصدر صباح كل يوم في طهران بواقع ١٦ صفحة وتوزع في المدن الإيرانية الأخرى.

وتعد أول جريدة يومية باللغة الفارسية وتعني (الجمهورية الإسلامية) تصدر بعد قيام الجمهورية الإسلامية وسقوط النظام الملكي عام ١٣٩٩هـ، وهي تمثل خط الثورة الإسلامية وأركان الحزب الجمهوري الإسلامي الذي جمد العمل به بعد فترة قصيرة، صدر عددها الأول في طهران يوم الأربعاء ١٣٩٩/٧/٣هـ (١٣٥٨/٣/٩ش) (١٩٧٩/٥/٣٠م) أي بعد أقل من أربعة أشهر من قيام النظام الجمهوري الإسلامي في ١٣٩٩/٣/١٣هـ (١١/٢٢/ ١٣٥٧ش)، ورأس تحريرها المهندس مير حسين بن مير إسماعيل الموسوي[٢] المولود في مدينة خامنه سنة ١٣٦٠هـ (١٣٢٠ش)، وتركها بعد عامين حينما أصبح وزيراً للخارجية.

---

(١) معجم المقالات الحسينية: ٢/ ٢٣، راجع: معجم المقالات الحسينية: ٤/ ٢٧.

(٢) مير حسين مير إسماعيل الموسوي: من رجالات الثورة الإسلامية في إيران، خامس وآخر رئيس وزراء في العهد الجمهوري الإسلامي، ولد في مدينة خامنه من توابع آذربايجان الشرقية في ٢/ ١٩٤٢/٣م، نشأ ودرس في مسقط رأسه وواصل الدراسة في طهران، وتخرج من الجامعة الوطنية (جامعة شهيد بهشتي) سنة ١٩٦٩م قسم الهندسة المعمارية والمدنية، عارض النظام الملكي، وبعد انتصار الثورة الإسلامية في إيران سنة ١٩٧٩م تولى مسؤوليات عدة منها عضو الشورى المركزي للثورة الثقافية، عضو الشورى المركزية في حزب الجمهورية الإسلامية ثم مديره، عضو مجلس تشخيص مصلحة النظام، تولى وزارة الخارجية في حكومة الرئيس محمد علي رجائي، تولى رئاسة الوزراء لدورتين، اعتزل العمل السياسي ثم عاد ورشح نفسه في الدورة العاشرة لرئاسة الجمهورية التي جرت في ٢٠٠٩/٦/١٢م وجاء ثانيا بعد الرئيس=

ولا زالت الجريدة مستمرة في صدورها وهي في سنتها الثانية والثلاثين وبلغ عدد يوم الأربعاء الصادر في ١٤٣١/١٢/١٧هـ رقم (٩٠٥٢)[1].

(٨٦)

الجمهورية[2]

(جريدة ـ بغداد)

جريدة يومية سياسية صدرت عام ١٣٧٨هـ (١٩٥٨م) بعد سقوط النظام الملكي وقيام العهد الجمهوري، وتولى رئاسة التحرير فيها الدكتور سعدون بن لولاح حمادي الكراكشي[3] (١٣٤٩ ـ ١٤٢٨هـ) المولود في كربلاء

=محمود أحمدي نژاد، وهو إلى جانب السياسة أستاذ جامعي وفنان تشكيلي، من مؤلفاته: دولة الأمل (دولت أميد)، الخطب الخمس: حول الثورة والمجتمع والدفاع المقدس (پنج گفتار: درباره انقلاب، جامعه، دفاع مقدس)، اللوحات الفنية (آثار نقاشي)

(١) العدد الصادر يوم الثلاثاء ١٠ شعبان ١٤٤٠هـ (٢٠١٩/٤/١٦م) (٢٧ فروردين ١٣٩٨ش) حمل الرقم (١١٤١٠) للسنة الأربعين، ورئيس تحريرها منذ سنة ١٩٨١م وحتى الآن هو الشيخ مسيح بن علي محمد مهاجري.

(٢) معجم المقالات الحسينية: ٢/ ٢٢.

(٣) سعدون لولاح حمادي الكراكشي: حزبي وسياسي عراقي ولد في كربلاء المقدسة في ٦/٢٢/ ١٩٣٠م ومات في إحدى مستشفيات ألمانيا في ٢٠٠٧/٧/١٤م ودفن في قطر حيث سكنها سنة ٢٠٠٤م، نشأ ودرس في كربلاء وبغداد وواصل الدراسة في بيروت وحصل على الشهادة العالية (الماجستير) سنة ١٩٥٢م وفي سنة ١٩٥٦م حصل على الشهادة العليا (الدكتوراه) من جامعة ويسكونسن ـ ماديسون (University of Wisconsin-Madison) الأميركية، يعد من أوائل الأعضاء في حزب البعث العربي الإشتراكي وهو أول من شكّل حلقة حزبية في كربلاء، تولى رئاسة تحرير جريدة الجمهورية بعد انقلاب ١٩٥٨/٧/١٤م، كما تولى وزارة الإصلاح الزراعي، وبعد انقلاب ١٩٦٨/٧/١٧م تولى رئاسة شركة النفط الوطنية، كما تولى وزارة الخارجية للفترة (١٩٧٤ ـ ١٩٨٣م)، وتولى رئاسة مجلس الوزراء سنة ١٩٩١م ثم رئاسة المجلس الوطني سنة ١٩٩٦م، تعرّض للاعتقال بعد سقوط نظام صدام وأفرج عنه في شباط=

المقدسة والمدفون في الدوحة في قطر، كما تولاها يوم الإثنين ٢/٩/١٣٨٧هـ (١٩٦٧/١٢/٤م) وهو يوم تأميم الصحافة العراقية، الإعلامي والحقوقي أحمد فوزي بن عبد الجبار الجبوري[١] المولود في بغداد سنة ١٣٤٥هـ والمتوفى عام ١٤١١هـ، ثم تلاه الإعلامي سعد بن قاسم حمودي[٢] المولود في بغداد سنة ١٣٥٦هـ والمتوفى في دمشق سنة ١٤٢٨هـ حيث تولاها للفترة (١٩٦٨ ـ ١٩٧٧م) وتركها لتسنمه وزارة الإعلام.

=(فبراير) ٢٠٠٤م وسكن الأردن ثم قطر سنة ٢٠٠٥م ومات في ألمانيا ودفن في قطر، من مؤلفاته: قضايا الثورة العربية، قضية القومية العربية، ونحن والشيوعية في الأزمنة الحاضرة.

(١) أحمد فوزي بن عبد الجبار الجبوري: هو حفيد مصطفى بن عبد الله، باحث وكاتب وسياسي وحقوقي عراقي، ولد في بغداد يوم ١٩٢٧/٧/٢٤م ومات فيها سنة ١٩٩١م، نشأ ودرس في مسقط رأسه ونال شهادة الحقوق من جامعة بغداد سنة ١٩٥٢م، كتب وحرر في صحف عدة في العهدين الملكي والجمهوري في العراق ومصر التي سكنها لفترة، تولى رئاسة وكالة الأنباء العراقية، كما مارس المحاماة وأصبح سنة ١٩٦٥م أول رئيس لجمعية الحقوقيين العراقيين، وتولى رئاسة تحرير مجلة الحقوقي، كما تولى رئاسة تحرير جريدة الجمهورية، وأصبح مديراً لدار الكتب والوثائق العراقية، من مؤلفاته: أشهر المحاكمات الصحفية في العراق، أشهر الإغتيالات السياسية في العراق، وأين الحقيقة في مصرع عبد الكريم قاسم.

(٢) سعد قاسم حمودي: كاتب وإعلامي وسياسي عراقي (١٩٣٧ ـ ٢٠٠٧م)، ولد في بغداد ومات في دمشق ودفن في مقبرة نجها، نشأ ودرس في مسقط رأسه وتخرج من كلية الآداب سنة ١٩٦٠م، مارس العمل الصحفي والتحرير في الصحافة العراقية في العهدين الملكي والجمهوري، وبخاصة في جريدة الحرية التي كان والده صاحب امتيازها، كما رأس تحرير مجلة وعي العمال (١٩٦٣م)، والجمهورية (١٩٦٨م)، ورئيس إدارة دار الجماهير (١٩٧١م)، نقيب الصحفيين العراقيين (١٩٧١م)، تولى وزارة الإعلام سنة ١٩٧٧م ثم رئاسة تحرير جريدة الثورة سنة ١٩٧٩م، وفي سنة ١٩٨٣م تولى إدارة مكتب العلاقات الخارجية في القيادة القومية لحزب البعث العربي الإشتراكي، ثم مدير مكتب العلاقات الخارجية في القيادة القطرية لحزب البعث، وحين سقوط نظام صدام في ٢٠٠٣/٤/٩م كان يتولى رئاسة لجنة الشؤون العربية والخارجية في المجلس الوطني، ورئاسة منظمة المؤتمر الشعبي العربي، في سنة ٢٠٠٦م انتقل إلى سوريا وسكن دمشق حتى وفاته في السنة التالية، وعند وفاته نعته قيادة حزب البعث العراقي.

وتعاقب على رئاسة التحرير فيها عدد من الإعلاميين منهم الإعلامي صلاح المختار[1] المولود سنة ١٣٦٣هـ والمقيم حالياً في الأردن، حيث تولى رئاسة التحرير فيها في الفترة ١٤١٣ ـ ١٤١٨هـ (١٩٩٣ ـ ١٩٩٨م)، والإعلامي سلمان بن زيدان إرخيص[2] من أهالي الديوانية، والظاهر أنها توقفت مع سقوط نظام صدام حسين عام ١٤٢٤هـ (٢٠٠٣/٤/٩م)[3].

وكانت تصدر بقياس (B3)، وبعد عام ١٤١٢هـ بدأت تصدر بثماني صفحات من حجم (A3)، كما كان لها ملاحق أسبوعية رياضية وفنية وأدبية، وأول ملحق رياضي لها ظهر يوم الإثنين ١٣٩٥/٤/٩هـ (١٩٧٥/٤/٢١م).

---

(١) صلاح المختار: كاتب وسياسي ودبلوماسي عراقي، ولد في بغداد في ١٩٤٤/٤/١م، نشأ ودرس في مسقط رأسه، وانتظم في حزب البعث العربي الإشتراكي، حصل على الشهادة الجامعية (البكالوريوس) في العلوم السياسية من جامعة بغداد، والشهادة العالية (الماجستير) من جامعة لونج ايلند (Long Island University) في نيويورك، والدبلوم العالي في الإعلام من ألمانيا، عمل في قسم الصحافة والإعلام، وتولى مسؤوليات مختلفة، منها المستشار الصحفي للبعثة العراقية الدائمة في الأمم المتحدة (١٩٨٠م)، عمل في السلك الدبلوماسي بوظيفة مدير عام، الأمين العام المساعدة للشؤون الإعلامية في جامعة الدول العربية، نائب نقيب الصحفيين العراقيين، رأس تحرير جريدة الجمهورية، رأس منظمة الصداقة والسلم والتضامن العراقية، رئيس تحرير مجلة شؤون سياسة، وعند سقوط نظام صدام حسين في ٢٠٠٣/٤/٩م كان يشغل منصب سفير العراق في فيتنام والهند، سكن الأردن واليمن وألمانيا وسويسرا، وهو اليوم من المدافعين عن نظام صدام حسين، من مؤلفاته: حرب الخليج وعمليات غسل الدماغ، مفهوم الحضارة، وسياسة الإحتواء المزدوج.

(٢) سلمان بن زيدان إرخيص: كاتب ومحرر ودبلوماسي عراقي، تولى في عهد صدام حسين مسؤوليات رسمية عدة، منها: مسؤول إعلام جامعة المستنصرية، تولى رئاسة تحرير جريدة الجمهورية، ثم أصبح وكيلاً لوزير الإعلام، ودخل السلك الدبلوماسي وأصبح سفيرا، قيل انه لا زال يعمل في وزارة الخارجية.

(٣) آخر رئيس تحرير هو هاني وهيب.

(٨٧)

الجنائن[١]

(جريدة ـ الحلة)

جريدة أسبوعية باللغة العربية صدرت في مدينة الحلة العراقية (بابل) سنة ١٤٢١هـ (٢٠٠٠م)، وكانت تهتم بشكل عام بأخبار المحافظة، وكان لها هيئة تحرير منهم التربوي السيد جبار الكواز[٢]. والظاهر أنها توقفت بعد سقوط نظام صدام حسين سنة ١٤٢٤هـ (٩/٤/٢٠٠٣م)[٣]، وهي غير مجلة الجنائن التي صدرت بعد هذا التاريخ.

---

(١) معجم المقالات الحسينية: ٣/٢٠، راجع: معجم المقالات الحسينية: ٤/ ٢٧.

(٢) جبار الكوّاز: هو إبن عبد الحسين بن رضا الحلي، ولد في مدينة الحلة سنة ١٣٦٧هـ (١٩٤٨م)، أديب وشاعر وتربوي، نال الشهادة الجامعية (بكالوريوس لغة عربية) من كلية التربية بجامعة بغداد سنة ١٣٩٠هـ (١٩٧٠م)، مارس التدريس خارج العراق في الجزائر ثم عاد إلى العراق وواصل المهنة، رأس اتحاد الأدباء والكتاب في محافظة الحلة للفترة (١٤٠٥ ـ ١٤١٥هـ) (١٩٨٥ ـ ١٩٩٥م)، ثم واصل التدريس في ليبيا للفترة (١٤١٧ ـ ١٤١٩هـ) (١٩٩٧ ـ ١٩٩٩م)، له عضوية في اتحاد الأدباء والكتاب العراقيين، واتحاد الأدباء والكتاب العرب، ونادي الكتاب العراقي، من دواوينه: سيدة الفجر، رجال من طراز خاص، وحمامة الروح.

(٣) وهناك مجلة بالإسم نفسه صدرت بعد سقوط نظام صدام حسين، حمل عددها الصادر في شهر صفر ١٤٣٣هـ (كانون الثاني ٢٠١٢م) الرقم ٥١، ولها موقع في الشبكة الكهربية بالعنوان التالي (www.aljnaan-m.com)، ويرأس مجلس إدارتها المهندس عبد الله عويز الجبوري، وعداي السلطاني لرئاسة التحرير، ومحمد جبر لإدارة التحرير، وصلاح عبد الكاظم مساعد التحرير، ورياض القره غولي للتصحيح الطباعي.

(٨٨)

جنگ[(١)]

(جريدة ـ كراچي)

جريدة يومية أردوية صدرت لأول مرة في كراچي في باكستان سنة ١٣٩١هـ (١٩٧١م)، مؤسسها وصاحب امتيازها مير خليل الرحمان[(٢)]، ولها فروع ومكاتب في معظم المدن الباكستانية، كما لها حضور متميز في الشبكة البينية (الإنترنت) بالرابط التالي: (www.jang.com.pk).

ورأس تحريرها عدد من الإعلاميين وآخرهم الوزير السابق الأستاذ إرشاد أحمد حقاني[(٣)] المتوفى في مدينة لاهور في ١٤٣١/٢/٨هـ الذي تسلم رئاسة تحريرها منذ العام ١٤٠١هـ (١٩٨١م) حتى وفاته.

---

(١) معجم المقالات الحسينية: ٥٣/١.

(٢) مير خليل الرحمن: هو إبن مير عبد العزيز (١٣٤٥ ـ ١٤١٢هـ = ١٩٢٧ ـ ١٩٩٢م)، ولد في كوجرانوالا شمال شرق البنجاب في باكستان ومات في كراچي، يوصف بأنه أبو الصحافة الأردوية، درس في مسقط رأسه وانتقل إلى نيودلهي اثناء الحرب العالمية الثانية واستهوته الصحافة، وأسس سنة ١٩٤٠م جريدة جنگ، ومع استقلال باكستان في ١٩٤٧/٨/١٤م انتقل للسكن في كراجي ومنها أصدر جريدة جنگ اليومية ومجموعة جنگ، نشأ ودرس في مسقط رأسه وانتقل إلى لاهور ونال من جامعتها (University of the Punjab) الشهادة الجامعية (البكالوريوس) في الحسابات، استمر في عمله حتى وفاته، وخلفه في ادارة المجموعة ولداه الأستاذ مير شاكل الرحمن والأستاذ مير جاويد الرحمن، نال خلال حياته العملية وبعدها ١٢ جائزة محلية ودولية، أولها جائزة مكسيكو سنة ١٩٧٨م وآخرها جائزة حقوق الإنسان سنة ٢٠٠٠م.

(٣) إرشاد أحمد حقاني: (Irshad Ahmed Haqqani) من مشاهير المحررين وكتاب الأعمدة في الباكستان (١٣٤٧ ـ ١٤٣١هـ) (١٩٢٨/٩/٦ ـ ٢٠١٠/١/٢٤م)، ولد في مدينة قصور (Kasur) بمقاطعة الپنجاب ومات في لاهور ودفن في مسقط رأسه، تولى وزارة الأعلام في الفترة (١٩٩٦ ـ ١٩٩٧م)، تولى رئاسة تحرير جريدة جنگ لنحو عقدين، انتظم لسنوات في حركة الجماعة الإسلامية ورأس تحرير مطبوعة تسنيم، اشتهر بعنوان عموده (حرف التمنا)، جمعت=

وللجريدة طبعة خارجية تصدر في لندن باسم (جنگ لندن)، وهي متكونة من ١٦ صفحة نصفها باللغة الأردوية والنصف الآخر باللغة الإنكليزية، وبعض الأحيان تتقلص الصفحات الإنكليزية إلى صفحتين، وتحمل الصفحة الأولى من الجانب الإنكليزي عنوان الأخبار ـ الدولية (THE NEWS - INTERNATIONAL)، تأسست في بداية سنة ١٩٧١م وهي يومية. تمتاز الجريدة بإصدار طبعات خاصة في المواسم الدينية، وبالذات في شهر محرم في ذكرى استشهاد الإمام الحسين عليه السلام. وتعتبر الطبعة اللندنية الأولى والأكبر انتشاراً من حيث الصحف الأردوية الصادرة في المملكة المتحدة، ولا زالت مستمرة في الصدور.

(٨٩)
جنگ[١]

(جريدة ـ لندن)

جريدة يومية باللغة الأردوية تصدر كطبعة دولية في لندن عن طبعتها الأصلية[٢] في كراچي في باكستان، وقد يقال لها لندن ديلي جنگ (THE DAILY JANG LONDON)، أسسها بما فيها مجموعة جنگ الباكستانية والدولية الإعلامي السيد مير خليل الرحمن[٣]، وكان بدء التأسيس في الهند

=أعمدته في مجلدات عدة وأخذت أسماء مختلفة منها: عين الأيام (Aina Ayam)، معركة الكرجيل (Marka e Kargil)، الرئيس خاتمي والثورة في إيران (صدر خاتمي اور انقلاب إيران).

(١) معجم المقالات الحسينية: ٣/ ٢٤، معجم المقالات الحسينية: ٤/ ٢٧.

(٢) سبق التعريف بجريدة جنگ الصادرة في كراچي في معجم المقالات الحسينية: ١/٥٣، راجع المطبوعة السابقة.

(٣) مير خليل الرحمن: هو إبن مير عبد العزيز (١٣٤٥ ـ ١٤١٢هـ)، السابق الذكر.

سنة ١٣٥٩هـ (١٩٤٠م)، وسماها بهذه الاسم ويعني (الحرب) نكاية بالحرب العالمية الثانية.

وهي في ١٦ صفحة أو ١٢ صفحة حسب المناسبات بلغتين أردوية وإنكليزية صدر عددها الأول بتاريخ ١٣٩١/١/٢٧هـ (١٩٧١/٣/٢٥م)، وتتخد الصفحة الإنكليزية عنوانين الصغير (INTERNATIONAL) (الدولية) في الأعلى والكبير (THE NEWS) (الأخبار) في الأسفل، وتعتبر الجريدة الأولى والأكثر انتشاراً في المملكة المتحدة، وهي مستمرة في صدورها[١]، ويرأس تحريرها في الوقت الحاضر الإعلامي افتخار قيصر[٢].

(٩٠)

الجهاد[٣]

(جريدة ـ طهران)

جريدة أسبوعية باللغة العربية صدرت في طهران بداية سنة ١٤٠٢هـ (أواخر ١٩٨١م) ناطقة باسم حزب الدعوة الإسلامية، أصدرها الإعلامي

---

(١) عدد يوم الأربعاء ١٢ شعبان ١٤٤٠هـ (٢٠١٩/٤/١٧م) حمل الرقم (١٠٥) للسنة (٤٧).

(٢) إفتخار قيصر: هو إفتخار أحمد قيصر (Iftikhar Ahmed Qaisar)، أديب وشاعر وكاتب وإعلامي باكستاني يعيش في لندن منذ سنة ١٩٨٣م، ولد في مدينة پاكپاتان (Pakpattan) بمقاطعة الپنجاب في ١٩٥٦/٥/٢م، ونشأ ودرس في مدينة جاشتيان (Chishtian)، دأب على مراجعة المكتبة العامة في مدينته وقرأ كتبها ونبغ في نظم الشعر مبكرا، وفي سنة ١٩٨١م انخرط في العمل السياسي ضمن طبقة العمال والمزارعين ثم مال إلى حزب الشعب، وكتب في الصحافة، وفي سنة ١٩٨٣م هاجر إلى المملكة المتحدة وسكن لندن، ثم التحق سنة ١٩٩١م بجريدة جنگ حتى اليوم.

(٣) معجم المقالات الحسينية: ٢/ ٢٤، معجم المقالات الحسينية: ٤/ ٢٨.

والسياسي العراقي الأستاذ محمد بن عبد الجبار الشبوط[1]، المولود في مدينة واسط في ١٣٦٨/٣/١٢هـ (١٩٤٩/١/١٢م).

وحمل العدد الأول من جريدة الجهاد الأسبوعية رقم ١٧ لكون الجريدة كانت على هيئة مجلة صغيرة صدر منها ١٦ عدداً[2] وحولّها الأستاذ الشبوط إلى صحيفة واستمرت في الصدور حتى عام ٢٠٠٣م حيث عاد الحزب إلى العراق.

وبعد فترة قصيرة من إنشاء الجريدة عمل الشبوط على إصدار مجلة دراساتية سياسية باسم «مجلة الجهاد» أيضاً وعهد رئاسة التحرير فيها إلى الإعلامي العراقي الدكتور سليم الحسني[3] المقيم حالياً في لندن، وكان العدد ١٢ يحمل تاريخ ربيع الثاني ١٤٠٤هـ (كانون الأول ١٩٨٣م)، كما تناوب على رئاسة التحرير في مجلة الجهاد وفي جريدة الجهاد الأستاذ عز الدين سليم[4]، حيث

---

(١) محمد عبد الجبار الشبوط: باحث وكاتب وسياسي عراقي، ولد في مدينة واسط (الكوت) سنة ١٩٤٩م، وقد مضت سيرته.

(٢) ويذكر أنه كان لمنظمة العمل الإسلامي المعارضة أثناء تواجدها في إيران مجلة باسم «مجلة الجهاد» صدرت في طهران، وهي أول مجلة للمعارضة العراقية صدرت في إيران ورأس تحريرها الأستاذ عبد الله الجيزاني المقيم حالياً في الدانمارك، وحرّر فيها عدد من الإعلاميين العراقيين منهم الدكتور نضير بن رشيد الخزرجي المولود بكربلاء في ١٣٨٠/٧/١٣هـ (١/١/١٩٦١م)، وسبقت من حيث الصدور مجلة وفيما بعد جريدة الجهاد التي صدرت في طهران باسم حزب الدعوة الإسلامية أيام المعارضة.

(٣) سليم الحسني: هو الاسم الصحفي للكاتب العراقي علي هاشم سلمان، من قيادات الحركة الإسلامية في العراق، هاجر إلى إيران وعمل في الصحافة ورأس تحرير جريدة الجهاد الناطقة باسم حزب الدعوة الإسلامية، سكن لندن وله حضور في وسائل الإعلام، من مؤلفاته: صراع الإرادات، السقوط (رواية)، ومبادئ الرؤساء الأميركان.

(٤) عز الدين سليم: اسم صحافي استخدمه الكاتب أيام المعارضة، وهو عبد الزهراء بن عثمان العبادي (١٣٦٢ ـ ١٤٢٥هـ = ١٩٤٣ ـ ٢٠٠٤م) ولد في قرية الهوير من نواحي البصرة واغتيل في بغداد عندما كان رئيساً لمجلس الحكم ونقل جثمانه إلى البصرة، وتسمّت ناحية الهوير باسمه=

ترك الشبوط رئاسة تحرير جريدة الجهاد بعد نحو ١٥ شهراً[١].

(٩١)

الجواد[٢]

(مجلة ـ بناراس)

مجلة شهرية باللغة الأردوية تصدر في الهند في مدينة بناراس[٣]، وهي تهتم بالشؤون الإسلامية بعامة وبشؤون أهل البيت عليهم السلام بخاصة، صدر عددها الأول سنة ١٣٦٩هـ (١٩٥٠م) عن جامعة العلوم الجوادية[٤]، تحت عهدة السيد ظفر الحسن الرضوي[٥].

= تيمناً، من مؤلفاته: الحجاب الإسلامي، هكذا تقرأ السيرة، والإمامة في الرسالة الإسلامية.

(١) معظم المعلومات استقاها المؤلف من الأستاذ الشبوط مباشرة عبر اتصال هاتفي أجريته معه خلال وجوده في بغداد في ١٤/١٢/١٤٣١هـ (٢٢/١١/٢٠١٠م).

(٢) معجم المقالات الحسينية: ٥/ ١٧.

(٣) بناراس: (Banaras)، ويُقال لها فاراناسي، وهي مدينة هندية تقع على ضفاف نهر الجانج في ولاية اوتار براديش الواقع على بعد ٣٢٠ كيلو متراً جنوب شرق مدينة لكنهو عاصمة الولاية.

(٤) جامعة العلوم الجوادية: ويقال لها كلية الجواد العربية، أسسها في مدينة بناراس سنة ١٣٤٦هـ (١٩٢٨هـ) السيد محمد سجاد بن علي جواد الحسيني، وهي مدرسة خاصة بعلوم أهل البيت.

(٥) ظفر الحسن الرضوي: هو إبن ضمير الحسن بن تصديق الحسن الرضوي، من علماء الهند وفضلائها، ولد في ٢١/٩/١٣٢٨هـ (٢٦/٩/١٩١٠م) في بلدة خطيپور بمدينة اعظم غار في ولاية اتارا براديش، وتوفي في ١٥/٣/١٤٠٤هـ (٢٠/١٢/١٩٨٣م)، نشأ ودرس في مسقط رأسه وفي عمر ١٢ انتقل إلى المدرسة الإسلامية في نظام آباد وبعدها إلى المدرسة الايمانية في مدينة بناراس، وفي عمر ١٨ انتقل إلى لكنهو ودرس في مدرسة سلطان المدارس ونال درجة صدر الأفاضل سنة ١٣٥٤هـ (١٩٣٥م)، وبعد عامين انتقل إلى النجف الأشرف في العراق ودرس في حوزتها وفي العام ١٣٥٩هـ (١٩٤٠م) عاد إلى الهند وعمل مساعداً في ادارة المدرسة الجوادية في بناراس في الفترة (١٣٥٩ ـ ١٣٦٧هـ) (١٩٤٠ ـ ١٩٤٨م) وفي سنة ١٣٦٧هـ (١٩٤٨م) حتى وفاته تولى رئاسة جامعة العلوم الجوادية، من مؤلفاته: شرح الكفاية، انتظار قائم آل محمد، مناظرات مع علماء المدارس الإسلامية الأخرى.

ويختلف عدد صفحاتها بين إصدار وآخر حسب المناسبات وهي بشكل عام بين ٣٦ و٤٢ صفحة بالأبيض والأسود، وقد تولى إدارة التحرير فيها منذ سنة ١٣٨٩هـ (١٩٦٩م) السيد شميم الحسن الرضوي[١].

(٩٢)

الجيران[٢]

(موقع كهربي ـ الكويت)

صحيفة كهربية على الشبكة الدولية باللغة العربية تأسست سنة ١٤٢٢هـ (٢٠٠١م) بالرابط التالي: (www.aljeeran.net)، وهي تهتم بشؤون العراق وجيرانه تبث موادها من الكويت[٣].

وتتوزع أبواب الصحيفة على العناوين التالية: الرئيسة، أخبار العراق، العربي والدولي، الخليج ودول الجوار، مقالات اليوم، مقالات الكتاب، مال واقتصاد، منظمات وجاليات، شعر وشعراء، المرأة والأسرة، هي وأخواتها، ثقافات، تقارير، منوعات، تراث وأدب شعبي، صحافة

---

(١) شميم الحسن الرضوي: هو ابن محمد، كاتب وأديب وخطيب حسيني، ولد في مدينة بناراس سنة ١٣٧٠هـ (١٩٥١م)، فيها نشأ ودرس، تولى إدارة مدرسة الجواد العربية خلفاً للسيد ظفر الحسن بن ضمير الحسن الرضوي المتوفى سنة ١٤٠٤هـ (١٩٨٣م)، من مؤلفاته: العزاء في الحسين، فتاوى العلماء في العزاء الحسيني.

(٢) معجم المقالات الحسينية: ٥/ ١٨.

(٣) يرأس تحريرها الشاعر والكاتب والقصصي العراقي زهير الدجيلي (١٩٣٧ ـ ٢٠١٦م) الذي كان مقيماً في الكويت والمحرر في جريدة القبس الكويتية والعامل في إذاعة الكويت، رئيس جمعية الصداقة العراقية الكويتية، ولد في مدينة الشطرة جنوب العراق، وتنقل في البلدان مهاجراً منذ ٣٥ عاماً وأقام في كندا واستقر في الكويت وعمل في صحيفة القبس وإذاعة الكويت، وفيها مات، من مؤلفاته: بيت العقرب، أيام شارع الرشيد، والانتخابات العراقية الأولى، واشتهر بكتابة مسلسل «افتح يا سمسم» الخاص بالأطفال.

٢٦٧

ومعلومات، رياضة، صحتك، علوم وتقنيات، حوادث وجرائم، كاريكاتير، فيديو، مواهب، فنون، واتصل بنا.

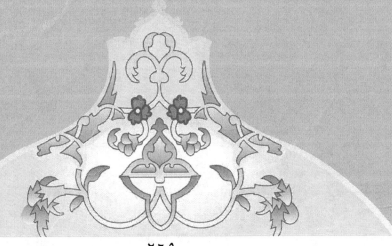

حرف الحاء

(٩٣)

الحب والحياة[١]

(مجلة ـ الكويت)

مجلة[٢] صدرت في الكويت باللغة العربية عن تجمع الحب والحياة الوطني المستقل[٣] الذي رأسه[٤] الدكتور علي النقي[٥]، وهي مجلة موسمية

---

(١) معجم المقالات الحسينية: ٣/٢١.

(٢) صدرت المجلة في مائة صفحة ملونة، وجاء تحت عنوانها البارز العبارة التالية: (تجمع الحب والحياة الطلابي الوطني المستقبل ـ جامعة الكويت ـ التطبيقي ـ الثانويات)، وتوزعت أبوابها على النحو التالي: لنا كلمة، بانوراما الحب والحياة، معاناة، عالم المرأة، عقائد، لقاء، من مرفأ الذاكرة، اجتماع وأخلاق، الطب والصحة، حج الحجة عليه السلام، قانون، أضواء، نخبة المجتمع، محطات، خبر وتعليق، حصاد عالمي، واحة الحياة.
وتشكلت هيئة التحرير من السادة والسيدات: علي عباس النقي (كلية التربية ـ جامعة الكويت)، عادل صادق الحسن (التربية الأساسية ـ التطبيقي)، محمد عادل الموسوي (كلية التربية ـ جامعة الكويت)، ألطاف القطان (كلية العلوم الاجتماعية ـ جامعة الكويت)، هدى أشكناني (كلية الدراسات التجارية ـ التطبيقي)، بدور الصراف (معهد الاتصالات والملاحة)، عبد الهادي عباس الموسوي، علي الصفار (منسق لجان الثانويات)، محمد أحمد عاشور (اللجنة الإعلامية)، وسلوى جواد بوعباس.

(٣) تجمع الحب والحياة: هو تجمع طلابي تأسس في جامعة الكويت سنة ١٤٢٠هـ (٢٠٠٠م) يدعو إلى السلم والمحبة ونبذ الطائفية والعنف وتطبيق التعاليم الإسلامية في الحياة اليومية.

(٤) كان الدكتور علي عباس النقي حينها الممثل العام لتجمع قائمة الحب والحياة، فيما كان أمين سر التجمع هو السيد عبد الهادي عباس الموسوي. راجع: جريدة القبس الكويتية الصادرة يوم ٢٠٠١/١٠/٥م، وراجع: مجلة الحب والحياة: العدد الأول، الصفحتان: ١٩ و٢٥، الكويت، سنة ٢٠٠٢.

(٥) علي النقي: هو إبن عباس بن علي، من رجال الأعمال الشباب، تخرج من كلية التربية=

غير منتظمة صدرت أولاً سنة ١٤٢٢هـ (٢٠٠٢م) استعداداً لانتخابات مجلس الأمة الكويتي سنة ١٤٢٤هـ (٢٠٠٣م)[١].

(٩٤)

حديث قزوين[٢]

(جريدة ـ قزوين)

جريدة أسبوعية من اثنتي عشرة صفحة باللغة الفارسية تصدر في مدينة قزوين الإيرانية، تغطي الساحة القزوينية بشكل خاص وإيران بشكل عام، وقد بدأت عند نشأتها سنة ١٤١٨هـ (١٩٩٧م) كصحيفة اجتماعية، ومنذ سنة ١٤٢٣هـ أصبحت جريدة اجتماعية سياسية، ويرأس إدارتها الأستاذ نقي الأفشاري[٣]، كما رأس تحريرها الأستاذ رحيم سركار[٤].

=بجامعة الكويت، يرأس مركز الكويت للدراسات التنموية، نائب رئيس مجلس إدارة شركة (دي بي بي)، مستشار سياسي في مجلس الأمة الكويتي، له عضوية في: اتحاد الصحافيين العرب، جمعية الصحافيين الكويتيين، والجمعية الكويتية لحقوق الإنسان.

(١) ولم تستمر المجلة طويلا، وممن كتب فيها: أحمد الصيرفي، طارق عبد الله الحبيب، ألطاف القطان، هادي عبد الله الصراف، علي حسن القلاف، نورة حسن، عادل الحسن، محمد عادل الموسوي، محمد أحمد عاشور، سلوى جواد بو عباس، بدور الصراف، د. ميمونة خليفة الصباح، الشيخ علي الصالح، د. أحمد البستان، الوزير علي أحمد البغلي، الحاج عبد اللطيف الصراف، القس عمانويل بنيامين غريب، د. أنطون يوسف بارا، د. صالح عبد الله الصفار،

(٢) معجم المقالات الحسينية: ٢١/٣.

(٣) نقي الأفشاري: الشهير بـ «بدر علي أفشاري» نسبة إلى نجله (علي)، المتوفى يوم ٥ شوال ١٤٣٧هـ (٢٠١٦/٧/١٠م) في إحدى مستشفيات قزوين بعد ست سنوات من المعاناة مع مرض السرطان، من كبار الإعلاميين والصحافيين والمؤلفين والمحققين في قزوين، فيها ولد ونشأ ومات ودفن، درس الدراستين الجامعية والحوزوية، تولى اللجنة السياسية لمكتب الوحدة الإسلامية في قزوين، من مؤلفاته: أعلام الثقافة في قزوين (فرهنگ نام آوران قزوين).

(٤) رحيم سركار: هو إبن محمدي تاكندي، ولد سنة ١٣٨٥هـ، ونشأ في أسرة علمائية فأبوه من=

تعرضت الصحيفة منذ نشوئها إلى التوقف مرات عدة لأيام وأسابيع وربما أشهر كما حصل بتوقفها الأخير الذي استمر ستة أشهر بسبب رسم ساخر (كاريكاتير) اعترضت عليه السلطة القضائية، وعادت الصحيفة إلى الصدور سنة ١٤٢٣هـ[١]، وهي لا زالت مستمرة وبانتظام، كما أنَّ لها موقعاً كهربياً على الشبكة الكهربية، ولها شبكة خبرية بالعنوان التالي: (www.hadisnews.com).

(٩٥)

الحركة الربانية[٢]

(موقع كهربي ـ إيران)

موقع كهربي يبث مواده باللغة الفارسية.

(٩٦)

الحسينية[٣]

(مجلة ـ المنامة)

مجلة موسمية باللغة العربية صدر عددها الأول في العاصمة البحرينية المنامة في محرم ١٤١٩هـ (أيار ١٩٩٨م) وهي الآن في ٢٨ صفحة ملونة بقياس (A4)، تصدر كل عام في ذكرى عاشوراء عن مجلس طلاب

=علماء قزوين، كما أنه تخرج معلماً ومارس التربية والتعليم إلى جانب الصحافة، يتولى حالياً رئاسة جمعية الصحافيين الإصلاحيين في قزوين، من مؤلفاته: نقد حاكمان (نقد الحكام)، وحديث امروز (حديث اليوم).

(١) من المحررين فيها الإعلامي الأستاذ حميد مافي المولود سنة ١٣٩٩هـ.

(٢) معجم المقالات الحسينية: ٤/ ٢٨.

(٣) معجم المقالات الحسينية: ٥/ ١٩.

العلوم الدينية في منطقة النعيم[1]، وقد تختلف صفحاتها من موسم إلى آخر كما في العدد ١٢ حيث كان في ٣٦ صفحة. وكانت المجلة من قبل تصدر في نشرة يومية توزع مجاناً في المجالس الحسينية، ثم أصبحت منذ محرم ١٤٢٥هـ (شباط ـ آذار ٢٠٠٤م) مجلة موسمية ملونة تباع في الأكشاك والمكتبات.

(٩٧)
حسينية جنتري[2]
(نشرة ـ لاهور)

تقويم حولي يصدر بمناسبة عاشوراء من لاهور على شكل نشرة، يضم نصوصاً عن الإمام الحسين عليه السلام ومعلومات عامة عن النهضة الحسينية.

(٩٨)
حسينية الشياح[3]
(نشرة ـ بيروت)

تقع حسينية الشياح في ضاحية بيروت الجنوبية في لبنان، ولها أقسام مختلفة، ومنها القسم الإعلامي الذي تصدر عنه نشرات حسب المناسبات، وبخاصة في شهر محرم الحرام.

---

(١) يشرف على المجلة السيد محمد الغريفي فيما يرأس المجلس السيد محسن الغريفي.

(٢) معجم المقالات الحسينية: ١/٥٣.
الترجمة: التقويم الحسيني.

(٣) معجم المقالات الحسينية: ٥/ ١٩.

(٩٩)

الحكمة^(١)

(مجلة ـ البحرين)

مجلة أسبوعية ملونة باللغة العربية صدرت في المنامة عاصمة البحرين مطلع عام ١٤٢٧هـ (٢٠٠٧م)، تهتم بالشأن الإسلامي والثقافي في داخل البحرين وخارجه، أشرف عليها الشيخ حسين النجاتي^(٢)، وتوقفت عن الصدور عام ٢٠١٠م.

(١٠٠)

الحكمة^(٣)

(صحيفة ـ لوس انجلس)

صحيفة شهرية باللغتين العربية والإنكليزية في عشرين صفحة ملونة بقياس (A3) صدر عددها الأول في شهر ذي الحجة ١٤٢٢هـ (آذار ٢٠٠٢م) عن مركز الإعلام الإسلامي في جنوب كاليفورنيا، أسسها وأدار

---

(١) معجم المقالات الحسينية: ٤/ ٢٨.

(٢) حسين النجاتي: هو ابن ميرزا عبد الباقي بن محمد عبد الرزاق، من أعلام البحرين وعلمائها ولد في المحرق، نشأ ودرس في مسقط رأسه وهاجر عام ١٩٧٤م للدراسة الحوزوية في مدينة النجف الأشرف وهو في مقتبل العمر، وفي العام ١٩٧٩م انتقل للدراسة في مدينة قم المقدسة، وفي العام ١٩٨٠م عاد إلى البحرين لفترة ثم رجع إلى مدينة قم ونال من حوزتها درجة الإجتهاد، وفي العام ٢٠٠١م عاد إلى البحرين وفيها أسس حوزة النور الأكاديمية النسائية، كما يؤم المصلين في جامع الحياك في المحرق وله مكتب في منطقة الحالة بالمحرق ومنها صدرت مجلة الحكمة، أُبعد من البحرين في ٢٠١٤/٤/٢٣م إلى بيروت بعد تجريده من الجنسية.

(٣) معجم المقالات الحسينية: ٥/ ١٩.

تحريرها الشيخ محمد فلاح العطار[١]، وتوقفت الجريدة مع صدور العدد ١٤ في شهر صفر ١٤٢٤هـ (نيسان ٢٠٠٣م) واستبدلت بنشرة شهرية[٢].

وهي جريدة مهتمة بالشؤون الإسلامية بعامة وشؤون أهل البيت بخاصة، والواقع العراقي، إلى جانب استعراض نشاطات وفعاليات الجاليات المسلمة في جنوب كاليفورنيا بخاصة وعموم أميركا والعالم، وكانت تصدر بخمسة آلاف نسخة شهرياً، وكان عنوانها باللون الأخضر وتحتها بخط صغير قوله تعالى: ﴿ٱدْعُ إِلَىٰ سَبِيلِ رَبِّكَ بِٱلْحِكْمَةِ وَٱلْمَوْعِظَةِ ٱلْحَسَنَةِ﴾[٣].

(١٠١)

حماسه حسيني[٤]

(مجلة ـ طهران)

مجلة شهرية باللغة الفارسية وتعني «الملحمة الحسينية» صدرت في طهران سنة ١٤٠٠هـ (١٩٧٩م) ثم توقفت، واسمها مستل من كتاب حماسه

---

(١) محمد فلاح العطار: هو إبن مهدي جعفر العطار، ناشط اسلامي واجتماعي وخطيب منبري، ولد في مدينة كربلاء المقدسة سنة ١٣٨٤هـ (١٩٦٤م)، نشأ ودرس فيها ثم انتقل إلى بغداد وسكن الكويت ودرس في مدينة قم المقدسة، واستقر في اميركا منذ سنة ١٤٠٨هـ (١٩٨٨م) حيث سكن لوس انجلس حتى يومنا هذا، ومنها واصل نشاطه الثقافي المتنوع، أسس المركز الاعلامي الإسلامي وهو امام الجمعة في المركز الحسيني في لوس انجلس.

(٢) أخبرنا الشيخ محمد فلاح العطار في رسالة كهربية إلى المركز الحسيني للدراسات بلندن في ٢٠١٥/٢/١١م وفي ٢٠١٥/٢/١٢م، أنه ومنذ ١٣ سنة أخذ مركز الاعلام الإسلامي في جنوب كاليفورنيا يصدر نشرة شهرية تحت عنوان «على مائدة الموعظة الحسنة» وكل مرة فيه موضوع معين، والعدد (١٤٤) صدر في شهر ربيع الثاني ١٤٣٦هـ (شباط ٢٠١٥م)، حيث صدر عددها الأول في شهر ربيع الأول ١٤٢٤هـ (أيار ٢٠٠٣م)، وهي في أربع صفحات بحجم (A4).

(٣) سورة النحل، الآية: ١٢٥.

(٤) معجم المقالات الحسينية: ٤/ ٢٩.

حسيني للشيخ المطهري[1]، وغطت المجلة كل المقالات الواردة في كتاب المطهري من ثلاثة أجزاء.

(١٠٢)

الحوار المتمدن[2]

(موقع كهربي ـ الدانمارك)

صحيفة كهربية مرتبطة بمؤسسة الحوار المتمدن، وهي مؤسسة مجتمع مدني تطوعية تعنى بقضايا الثقافة والإعلام وبخاصة الثقافة اليسارية، يتولى رئاسة هيئة التحرير فيها الإعلامي العراقي رزگار عقراوي[3]، ورابطها الكهربي هو: (www.ahewar.org)، وتضم المؤسسة الكهربية أبواباً عدة في

---

(١) المطهري: هو مرتضى بن محمد حسين (١٣٣٨ ـ ١٣٩٩هـ) (١٩٢٠ ـ ١٩٧٩م)، من أعلام الإمامية ووجهاء الثورة الإسلامية في إيران، ولد في مدينة فريمان من توابع خراسان واغتيل في طهران على يد حركة فرقان، درس في مشهد وبروجرد وقم وطهران، من اساتذته: السيد روح الله الخميني، والشيخ مهدي المازندراني، والسيد حسين البروجردي، ومن مؤلفاته: العدل الإلهي، في رحاب نهج البلاغة، والإنسان الكامل.

(٢) معجم المقالات الحسينية: ٤/ ٢٩.

(٣) رزگار عقراوي: هو إبن شاكر، كاتب ومحرر وإعلامي عراقي، ولد في مدينة عقرة من توابع محافظة دهوك عام ١٩٦٦م، نشأ ودرس في مسقط رأسه ونال الشهادة الجامعية (بكالوريوس ادارة صناعية) من كلية الاقتصاد بجامعة الموصل عام ١٩٨٩م، انتظم شابا في العمل السياسي ضمن الحزب الشيوعي العراقي للفترة (١٩٨٤ ـ ٢٠٠٠م) ثم منظمة التيار الشيوعي للفترة (١٩٩٠ ـ ١٩٩٢م)، وبعدها ضمن الحزب الشيوعي العمالي العراقي في الفترة (١٩٩٣ ـ ٢٠٠٠م)، انتقل إلى الدانمارك للسكن، وفيها عمل محرراً ومذيعاً بالقسم العربي في راديو التضامن في كوبنهاغن، وفيها درس ونال الدبلوم العالي في علوم الكومبيوتر سنة ٢٠٠٠م من كلية كوبنهاغن الدولية، عضو في منظمة العفو الدولية للفترة ١٩٩٨ ـ ٢٠٠٢م، وعضو الهيئة الادارية في الجمعية العراقية لحقوق الإنسان (الدانمارك) للفترة ١٩٩٨ ـ ٢٠٠٠م، وهو الآن منسق مركز دراسات وأبحاث الماركسية واليسار.

ثلاث لغات عربية وكردية وإنكليزية، وهي: أخبار عامة، وكالة أنباء المرأة، أخبار الأدب والفن، وكالة أنباء اليسار، وكالة أنباء العلمانية، وكالة أنباء العمال، وكالة أنباء حقوق الإنسان، أخبار الرياضة، أخبار الاقتصاد، أخبار الطب والعلوم.

(١٠٣)

حوزة[١]

(مجلة ـ لاهور)

مجلة شهرية إسلامية علمية أدبية تحقيقية كانت تصدر باللغة الأردوية من لاهور في باكستان من خمسين صفحة أسسها وأشرف عليها الشيخ حسن رضا بن مزمِّل حسين الغديري[٢] المولود سنة **١٣٧٢**هـ في مدينة دير غازي خان والمقيم حالياً في لندن، والشيخ محمد حسين أكبر[٣] المقيم حالياً في لاهور.

---

(١) معجم المقالات الحسينية: ٥٣/١.

(٢) حسن رضا بن مزمل حسين الغديري: الميثمي، نسبة إلى جده ميثم التمّار رضوان الله تعالى عليه أحد حواريي الإمام علي عليه السلام، من أعلام باكستان وفقهائها وأدبائها وخطبائها وشعرائها، ولد في **١٩٥٢/٨/١٤**م في مدينة ديرا غازي خان بمقاطعة البنجاب، درس في لاهور وقم المقدسة بإيران وقد تخرج فيها على مراجع الأمة في الفقه والأصول وسائر العلوم الإسلامية، تولى القضاء في زاهدان، هاجر إلى المملكة المتحدة سنة **١٤٠٨**هـ وسكن پرستون ثم منجستر ثم لندن. يواصل نهجه العلمي ويقوم بوظائفه الشرعية ويمارس التأليف اينما حل وارتحل. من مؤلفاته: ومضات البسملة، جام غدير، ذكر حسين.

(٣) محمد حسين أكبر: هو إبن ملك خدابخش الكهچي، من أعلام باكستان وزعاماتها الدينية، ولد في مدينة سرگودها الواقعة في ولاية البنجاب شمال غرب باكستان يوم **١٣٧٦/٥/١٩**هـ (**١٩٥٦**م)، درس في جامعة المنتظر بلاهور كما درس في حوزة قم المقدسة، وأنشأ في الأولى مؤسسة إدارة منهاج الحسين وتم افتتاحها يوم **١٧** ربيع الأول **١٤١١**هـ، ومنها تصدر مجلة=

وتمثل المجلة لسان حال حوزة وجامعة المنتظر العلمية وقد أخذت اسمها من اسم الجامعة العلمية، وهي واحدة من إصدارات قسم النشر والإعلام في الحوزة وأشرف عليها فيما بعد العلامة السيد شاهد حسين النقوي البخاري المولود في قرية بدوچيده الباكستانية سنة ١٣٧٥هـ (١٩٥٦م)[١] ويحررها السيد أجمل حسين بن تجمّل حسين النقوي المولود في مدينة شيروكي (شيخو پوره) بمقاطعة البنجاب الباكستانية في ٦/٧/١٣٨١هـ (١٤/١٢/١٩٦١م) ويقيم حالياً في لاهور.

وفي المناسبات الدينية كانت تخصص مقالاتها لتلك المناسبة ومن ذلك العدد المزدوج ٣٧ ـ ٣٨ لشهري محرم وصفر ١٤١٣هـ (تموز ـ آب ١٩٩٢م) من السنة الرابعة لصدورها، حيث خصصته لتناول النهضة الحسينية وواقعة كربلاء، وفي بعض الأحيان كانت تصدر في ٤٠ صفحة ثم بعد فترة توقفت.

(١٠٤)
الحياة[٢]

(جريدة ـ بيروت، لندن)

جريدة يومية، أسسها الأستاذ كامل بن جميل مروة (١٣٣٣ ـ

=«منهاج الحسين» كما لها جامعة للذكور على اسم المؤسسة، وأخرى للنساء باسم «الجامعة الزينبية»، إلى جانب عدد من المؤسسات الثقافية والاجتماعية والخدمية الأخرى، له حضور بارز في المناسبات الدينية لمختلف الأديان والمذاهب في داخل باكستان وخارجها وحضوره المتميز في وسائل الإعلام المختلفة، أصبح في حكومة الرئيس الباكستاني محمد رفيق تارر عضوا في مجلس مراقبة الدستور إسلامياً، وبالإضافة إلى تأدية وظائفه الدينية وإمامة الجمعة والجماعة فهو خطيب ومحاضر بليغ، من مؤلفاته المطبوعة: أحكام الحج، مرتضوي نظام حكومت (نظام حكومة المرتضى)، وسلاح المعصومين.

(١) واصل دراسته في الحوزة العلمية في قم المقدسة بإيران، وهو إلى جانب الكتابة خطيب حسيني.

(٢) معجم المقالات الحسينية: ٢/٢٥.

١٣٨٦ه)[١] المولود في قرية الزرارية جنوب لبنان واغتيل[٢] في مكتبه في بيروت، وهو من أسرة تعود إلى قبيلة همدان العربية، وصدر عددها الأول في بيروت في ١٣٦٥/٢/٢٥هـ (١٩٤٦/١/٢٨م) ثم توقفت وأعيد إصدارها في ربيع الأول ١٤٠٩هـ (تشرين الأول ١٩٨٨م) عن دار الحياة ومقرها الحالي في لندن في ٢٤ صفحة بقياس (B3)، وجاء في التعريف بها أنها: «صحيفة يومية سياسية عربية دولية مستقلة»، وجاء في ترويستها: «إن الحياة عقيدة وجهاد»، كما لها ملاحق أسبوعية هي التالية: شباب، آفاق، صحافة العالم، أسرة، سينما، تراث، وتيارات.

وتناوب على رئاسة تحريرها عدد من الإعلاميين منهم الكاتب جهاد الخازن[٣] المولود في مدينة رام الله سنة ١٣٥٩هـ، ويرأس تحريرها في

---

(١) كامل جميل مروة: (١٩١٥ ـ ١٩٦٦م)، من كبار الإعلاميين في لبنان وباحث وسياسي، ولد في بلدة الزرارية بجنوب لبنان وانتقل رضيعاً إلى صيدا وفيها نشأ ودرس وواصل الدراسة في الجامعة الأميركية في بيروت، ثم امتهن التربية والتعليم قبل أن يتوجه إلى الصحافة كليا، لأسباب سياسة هاجر إلى تركيا وتنقل بين بلغاريا ورومانيا وألمانيا، ومن قبل كان قد ساهم في إنشاء مجلة الحرب الجديدة المصورة قبل أن يهاجر مرغما، عاد إلى وطنه واعتقلته السلطات الفرنسية لأشهر عدة ثم تفرغ للصحافة وأصدر جريدة الحياة وجريدة ذا ديلي ستار (انكليزية) وجريدة بيروت ماتان (فرنسية)، واشتهر بعموده (قل كلمتك وامشِ)، أغتيل في مكتبه ببيروت، من مؤلفاته: نحن في أفريقيا، مقالات ويوميات، وستة في طيارة.

(٢) بعد اغتياله تولت زوجته السيد سلمى عبد اللطيف البيسار إدارة صحيفة الحياة للفترة (١٩٦٦ ـ ١٩٧٣م).

(٣) جهاد الخازن: أديب وإعلامي لبناني فلسطيني الأصل، ولد في رام الله يوم ١٩٤٠/٦/٢٤م وأصله من الناصرة، هاجرت أسرته صغيراً إلى لبنان وفيها نشأ ودرس نال الشهادة الجامعية (البكالوريوس في العلوم السياسية) سنة ١٩٦٣م والشهادة العالية (ماجستير الأدب العربي) من الجامعة الأميركية ببيروت سنة ١٩٧٥م، امتهن الصحافة وعمل في وكالة رويتز والديلي ستار وساهم في تأسيس جريدة النهار أراب ريبورت، وفي العام ١٩٧٥م استقر في لندن حتى اليوم=

الوقت الحاضر[(١)]، الأستاذ غسان شربل[(٢)]، ولها مكاتب في عدد من البلدان العربية والأجنبية مثل السعودية، باريس، ودمشق.

ويصدر عن دار الحياة بالإضافة إلى جريدة الحياة، مجلة لها الأسبوعية النسوية، وجريدة الحياة السعودية وهي النسخة التي تصدر في السعودية ولها مكاتب في الرياض وجدة والدمام، كما لدار الحياة موقع في الشبكة البينية الدولية بالرابط التالي: (www.alhayat.com) يضم الأبواب التالية بالنسبة للجريدة الرئيسة: الأولى، أخبار عربية، أخبار دولية، الاقتصادية، رأي وأفكار، قضايا وتحقيقات، بريد القراء، آداب وفنون، تلفزيون، منوعات، علوم وتكنولوجيا، معلومات واتصالات، سيارات، خدمات، ميديا، بيئة، صحة وتغذية، سياحة، رياضة، الأخيرة، وملاحق أسبوعية. فيما تضم الحياة السعودية في الموقع الكهربي الأبواب التالية: الأولى، أخبار رسمية، أخبار محلية، الاقتصادية، تحقيقات، رياضة، الرأي، مقابلات، قانون، هموم الناس، بريد، آداب وفنون، شعر، منوعات، مرأة وأزياء، طفل، والواحة.

=حيث ساهم في تأسيس جريدة عرب نيوز ثم جريدة الشرق الأوسط سنة ١٩٧٨م وعمل في جريدة الحياة بعد عودتها للصدور وتولى مسؤوليات عدة ولا زال واشتهر بعموده (عيون وآذان)، من مؤلفاته: صباح الخير، والمحافظون الجدد والمسيحيون الصهيونيون.

(١) في نهاية العام ٢٠١٦م تم تعيين الإعلام زهير قصيباتي رئيساً لتحرير جريدة الحياة بعد استقالة غسان شربل الذي تولى رئاسة تحرير الشرق الأوسط منذ ٢٠١٦/١١/٢٤م.

(٢) غسان شربل: أديب وإعلامي لبناني من بلدة البرامية في صيدا، عمل مبكرا في الصحافة والإعلام وحرر في صحيفة النهار ووكالة الصحافة الفرنسية، انتقل إلى المملكة المتحدة وسكن لندن مواصلا العمل في الصحافة، تولى للفترة (٢٠٠٤ ـ ٢٠١٦م) رئاسة تحرير جريدة الحياة، ليتولى بعدها رئاسة تحرير جريدة الشرق الأوسط، كما تولى من قبل رئاسة تحرير مجلة الوسط، نال في العام ٢٠١٧م جائزة «شخصية العام» الإعلامية عن منتدى الإعلام العربي في دبي، من مؤلفاته: صدّام مرّ من هنا، في خيمة القذافي، وفي عين العاصفة.

(١٠٥)

حياء[١]

(مجلة ـ الكويت)

مجلة فصلية باللغة العربية صدر عددها الأول في الكويت في شهر رمضان ١٤٢٥هـ في ٦٨ صفحة ملونة بقياس (A4)، تهتم بالشؤون الاجتماعية والتربوية والقضائية للأسرة المسلمة، صاحبة الامتياز ورئيس التحرير الناشطة الاجتماعية الدكتورة فهيمة العيد[٢]. وتتوزع صفحات المجلة على الأبواب والموضوعات التالية: كلمة رئيسة التحرير، أخبار الوطن، أخبار حول العالم، لقاءات، قضية للنقاش، الصحة والصحة النفسية، الشعر، المسائل الدينية، القضايا القانونية، الأسرة، الأطفال، قضية البدون، وغيرها من الأبواب الاجتماعية والثقافية.

وللمجلة كادر إعلامي من الجنسين[٣]، وهي لا زالت مستمرة بالصدور

---

(١) معجم المقالات الحسينية: ٤/ ٣٠.

(٢) فهيمة العيد: هي ابنة خليل بن أحمد العيد، ناشطة اجتماعية في مجال حقوق الإنسان، ولدت في الكويت يوم ١٣٧٩/٨/٨هـ (١٩٦٠/٢/٦م)، نشأت ودرست في مسقط رأسها ومارست التدريس في ثانويات الكويت نحو ١٦ عاماً بعد أن نالت الشهادتين الجامعية (بكالوريوس) والعالية (ماجستير)، وبعد التقاعد نالت الشهادة العليا (الدكتوراه) من جامعة القاهرة بكلية دار العلوم، رئيسة المكتب النسائي لتجمع العدالة والسلام، عضو سابق في لجنة حقوق المرأة بمجلس الأمة الكويتي، من مؤلفاتها المطبوعة: منهج السيد محمد باقر الصدر في التاريخ، الدور الاستراتيجي للإعلام الإسلامي والعربي في المواجهة، وكوني من أهل الله.

(٣) يتكون طاقم التحرير من: عبد الله خسرو (مستشار إعلامي)، بشرى الجدي (نائبة رئيس التحرير)، إبراهيم العاسي (مدير التحرير)، عبد الناصر بودقه، عاطف حلمي، سميرة العيد، سلوى خليل، حنان مهدي، صبيحة اشكناني، سهيلة جدي (كتابة وتحرير ولقاءات).

وآخـر عـدد خـرج من المطبعـة في شهـر كانون الثاني (يناير) ٢٠١٤م بالرقم ٢٥[١].

(١) وبعد فترة توقفت المجلة الورقية، وانتقلت إلى شبكة النت.

حرف الخاء

(١٠٦)
خبر پو[(١)]
(موقع كهربي - إيران)

موقع كهربي إيراني باللغة الفارسية ويعني (مسح خبري) أو (تغطية خبرية)، يهتم بالشؤون السياسية والثقافية والرياضية والفنية وبخاصة ما يتعلق بالشأن الإيراني، تشرف على بثه في الشبكة البينية «شركت فناوري واطلاعات سايه»[(٢)] بالرابط التالي: (www.khabarpu.com).

(١٠٧)
خبرگزاري فارس[(٣)]
(وكالة وموقع كهربي - إيران)

أول وكالة خبرية مستقلة إيرانية تأسست في طهران في شهر ذي الحجة ١٤٢٣هـ (شباط ٢٠٠٣م = بهمن ١٣٨١ش) على أعتاب الذكرى السنوية لانتصار الثورة الإسلامية، واسمها بالعربي هو: (وكالة أنباء فارس)[(٤)].

---

(١) معجم المقالات الحسينية: ٣٠/٤.

(٢) أي: شركة الظل للتقنية التكنولوجية والمعلومات.

(٣) معجم المقالات الحسينية: ٢٠/٥.

(٤) تصدر الوكالة عن «مؤسسة فرهنگي خبرگزاري فارس» (المؤسسة الثقافية لوكالة أنباء فارس)، ويرأس تحريرها السيد نظام الدين الموسوي.

وللوكالة موقع كهربي باللغات الفارسية والعربية والتركية والإنكليزية، وعلى الرابط التالي: (www.farsnews.com). حيث تتوزع صفحات الموقع الفارسي على الأبواب التالية[١]: صفحة أصلى «الصفحة الرئيسة»، عناوين كل أخبار، أخبار برگزيده «أخبار منتخبة»، اجتماعي، اقتصادي، بين الملل «أخبار دولية»، سياسي، سياست خارجي «السياسة الخارجية»، دانشگاه «الجامعة»، فرهنگي «الثقافية»، ورزشي «الرياضية»، استانها «أخبار المحافظات»، عكس «الصورة»، گرافيك كاريكاتير «رسوم وكاريكاتير»، صوت وتصوير، دفاتر منطقه «المكاتب المناطقية»، ديدگاه «وجهة نظر»، تاريخ، داستني ها «القصص»، أخبار ويژه «أخبار خاصة»، فضاي مجازي «الشبكة الكهربة ـ النت»، حماسه ومقاومت «الملحمة والمقاومة»، تحولات سورية «التحولات في سوريا»، تحولات عراق «التحولات في العراق»، انتشارات، أرشيوه ويژه نامه «آرشيف الرسائل الخاصة»، ٩ دي[٢].

(١٠٨)

خبرين[٣]

(جريدة ـ لاهور)

جريدة يومية باللغة الأردوية تصدر في مدينة لاهور الباكستانية عن

---

(١) تتوزع الصفحات العربية لموقع وكالة أنباء فارس على الأبواب التالية: أخبار، إيران، العالم الإسلامي، العالم، اقتصاد، ثقافة وفن، صحة وطب، علوم وتكنولوجيا، والمزيد.

(٢) ٩ دي: ودي هو الشهر العاشر من التقويم الفارسي، واليوم التاسع، اشارة إلى تظاهرات ٩ دي ١٣٨٨هـ الموافق لـ ١٤٣١/١/١٣هـ، (٢٠٠٩/١٢/٣٠م) التي جرت في المدن الإيرانية بدعوة من جناح المحافظين في الإدارة الإيرانية رداً على الجناح الإصلاحي الذي رفض نتائج الانتخابات الرئاسية التي جاءت ثانية بالرئيس السابق محمود أحمدي نژاد.

(٣) معجم المقالات الحسينية: ٣١/٤.

مجموعة خبرين منذ عام ١٤٠٨هـ (١٩٨٨م)، واسمها يعني (الأخبار)، وهي من ١٤ صفحة من القطع الكبير بالأبيض والأسود ما عدا الصفحة الأولى والأخيرة فهما بالألوان، وفي المناسبات تصدر بصفحات أكثر، يرأس تحريرها الإعلامي ضيا شاهد[1]، وهي جزء من مجموعة خبرين التي تصدر عنها جريدة «نيا أخبار» أي الأخبار الجديدة، وكذلك مجلة «سندي ميگزين» أي مجلة الأحد وهي طبعة أسبوعية ملونة تصدر بقياس (A3) في ٢٤ صفحة، ولمجموعة خبرين صفحة في الشبكة الكهربية بالرابط التالي: (www.khabraingroup.com).

والجريدة بالأصل كانت أسبوعية باسم (صحافت) ثم تم تغيير الاسم إلى (أخبار) وفي العام ١٩٨٩ أصبحت يومية بالاسم الأردوي.

(١٠٩)
خواجگان[2]
(مجلة ـ لاهور)

مجلة شهرية صادرة باللغة الأردوية في مدينة لاهور في باكستان، أسسها سنة ١٣٨٩هـ (١٩٧٠م) المرحوم الشيخ حاجي ظهير علي جاوا، ويشرف عليها الشيخ محمد تقي جاوا ويرأس تحريرها الشيخ رياض حسين ننگل والي.

---

(١) ضيا شاهد: وهو الاسم الصحافي للإعلامي الباكستاني محمد ضياء الدين بن محمد شاهد حسين، وهو أول رئيس تحرير لجريدة باكستان الصادرة في لاهور في ١٩٩٠/١٢/١م وظل فيها حتى ١٩٩٩/١/١م.

(٢) معجم المقالات الحسينية: ١/ ٥٤، والترجمة العربية لاسم المجلة هو: «جماعة الخوجة» تصدر عن منظمة آل عمران.

وازدادت صفحاتها بين فترة وأخرى كما في العدد الثامن للسنة الثالثة والعشرين الصادر في شهر صفر ١٤١٤هـ (آب ١٩٩٣م) حيث بلغت الصفحات ٨٠ صفحة باللونين الأبيض والأسود، وفي السنوات الأخيرة ازدادت عدد صفحات المجلة إلى ٢١٠ صفحات[1] بغلاف ملون مع الملزمة الأولى التي اختصت بالإعلانات الدينية والتجارية لتمويل المجلة، كما اعتادت المجلة على تخصيص ملفات في المناسبات الخاصة بالمسلمين مثل شهري رمضان ومحرم كما في العدد ٢ من السنة ٣٥ الصادر في محرم ١٤٢٦هـ (شباط ٢٠٠٥م) حيث تزينت صفحة الغلاف بالعبارة التالية: (قال رسول الله حسين منّي وأنا من حسين)[2] مع رايات ملونة مستلة من حرفي الألف واللام في العبارة الأخرى: (السلام عليكم يا أبا عبد الله الحسين عليه السلام).

(١) صدر العدد ٢ للسنة ٣٧ في شهر محرم ١٤٢٨هـ (شباط فبراير ٢٠٠٧م) في ٢٣٦ صفحة بحجم وزيري.

(٢) أنظر: السيرة الحسينية: ١٩/٢، محمد صادق الكرباسي، المركز الحسيني للدراسات، لندن ـ المملكة المتحدة، ١٤٢٤هـ (٢٠٠٣م).

١ ـ فهرس الأعلام

٢٩١

إحسان بن ذيشان بن حيدر الجوادي: ٢٣٦، ٢٣٦هـ

أحمد الأسدي: ١٨٧هـ

أحمد البستان: ٢٧٢هـ

أحمد السعيدي: ١٩٢هـ

أحمد الصيرفي: ٢٧٢هـ

أحمد الموسوي: ٢١٥هـ

أحمد بن إسماعيل بن علي السعدي: ١٧٧، ١٧٧هـ

أحمد بن حسون بن سعيد الوائلي: ١٤١، ١٤١هـ

أحمد بن شعيب النسائي: ٦٦هـ، ٦٧هـ

أحمد بن عبد الهادي الجلبي: ١٥٤هـ

أحمد بن عزيز بن هاشم الفالي الحائري: ١٤٧، ١٤٧هـ

أحمد بن محمد بن إبراهيم اللويمي: ٢٣٥، ٢٣٦، ٢٣٦هـ

أحمد جمعة: ١٩٧

أحمد حسن البكر: ١٠٥هـ

أحمد دبوق: ١٩١هـ

أحمد عبد الرحمن: ١٥١هـ

أحمد فوزي بن عبد الجبار بن مصطفى الجبوري: ٢٥٩، ٢٥٩هـ

الأحمدي = علي بن حسين علي

الآخوند الخراساني = محمد كاظم بن حسين الخراساني

إدريس بن يارد بن مهلائيل ﷺ: ٣٧، ٣٧هـ

آدم ﷺ: ٢٥، ٣٧، ٣٧هـ، ٥١

أبو زيد السلطاني: ٢٠٨، ٢٠٨هـ

أبو عثمان = عمرو بن بحر بن محبوب الليثي البصري

أبو علي الدقاق = حسن بن علي النيسابوري

أبو علي الگرعاوي: ٢٠٩هـ

أبو عمرو = طرفة بن العبد بن سفيان البكري الوائلي

أبو عمير الطائي: ١١٦هـ

أبو فراس الحمداني = الحارث بن سعيد بن حمدان التغلبي الوائلي

أبو فلاح = عبد الحي العكري الحنبلي

أبو القاسم = محمد بن عبد الله بن عبد المطلب القرشي

أبو القاسم بن علي أكبر بن هاشم الموسوي الخوئي: ٩هـ، ٢٣٧هـ، ٢٣٨هـ

أبو مشتاق = صادق بن عبد الصاحب الطائي الشكرجي

أبو موسى الأشعري = عبد الله بن قيس بن سليم

أبو ميثم = عبد الرسول نوروز القاري

أبو النعمان: ١١٦، ١١٦هـ

أبو الوليد = حسان بن ثابت بن المنذر الأنصاري الخزرجي

أبو ياسين = عبد الزهراء بن عثمان العبادي

أجمل حسين بن تجمّل حسين النقوي: ٢٧٩هـ

٢٩٢

٢٩٥

حسين بن عبد الباقي بن محمد عبد الرزاق النجاتي: ٢٧٥، ٢٧٥هـ
الحسين بن علي بن أبي طالب عليه السلام: ٨هـ، ٧١، ٧٢، ٧٢هـ، ٨٢هـ، ١٣٨، ١٦٣، ٢٣٧، ٢٦٣، ٢٧٤هـ
حسين بن علي الحكيم: ١٨٧هـ
حسين بن علي رحال: ١٩٠، ١٩٠هـ
حسين بن علي الطباطبائي البروجردي: ١٠٣، ١٠٣هـ، ١٠٤، ١٧٠هـ، ١٧٢هـ، ١٧٣هـ، ٢٧٧هـ
حسين بن محمد تقي النوري الطبرسي: ١٠٨هـ
حسين بن محمد الدياربكري: ١١٦هـ
حسين بن محمد علي الفاضلي: ١٣٧هـ
حسين بن مصطفى غربية: ٢٥٠، ٢٥٠هـ
حسين بني أحمد: ١٧٤، ١٧٤هـ
حسين تم لايبنر: ١٣٦هـ
حسين الخشن: ٢٢٠هـ
حسين راستي الكاشاني: ١٠٣هـ
حسين السلامي: ١٥٦هـ
حسين الشيخ علي: ١٥٦هـ
حسين القمي: ١٠٣هـ
حسين النعمة: ١٥٦هـ
حسين الواعظ: ١٥١هـ
الحصين بن بدر التميمي السعدي: ٩٦، ٩٦هـ
حصين بن علقمة بن ربيعة: ١١٣
الحكيم = مهدي بن محسن
الحلبي = عبيد الله بن علي آل شعبة
حمد بن عبد الرزاق: ١٩٧
حمد بن عيسى آل خليفة: ١٩٦هـ
حميد الهاشمي: ٢٥١هـ
حميد بن رشيد بن معلة الساعدي: ٢٠٨، ٢٠٨هـ، ٢٠٩، ٢٠٩هـ
حميد بن مجيد هدو: ١٥٦هـ
حميد مافي: ٢٧٣هـ
حميدة بنت صاعد البربرية الأندلسية: ٨٢هـ
حنان مهدي: ٢٨٢هـ
حوشب ذي ظليم: ١١٥
حيدر بن علي الموسوي الحائري: ١٨٥هـ
حيدر عدنان: ١٥٦هـ
حيدر المنكوشي: ١٥٦هـ

- خ -

خالد الخزاعي: ١٩٢هـ
خالد العطية (أبو ذر العطية): ٢١٧، ٢١٧هـ
الخالصي = مهدي بن محمد حسين بن عزيز
خديجة بنت خويلد القرشية: ٣٨هـ
الخزعلي = عماد بن نافع
الخطيب = علي الحيدري الكاشاني
خليل بن إبراهيم بن علي الطباطبائي اليزدي: ١٨٨
خليل بن عبد العزيز الرحمن: ٢٦٢، ٢٦٢هـ
خليل المرعشي: ١٣٣هـ
خليل يوسف: ١٩٧هـ

سعد بن صفوك المسعودي: ١٧٩هـ
سعد بن قاسم حمودي: ٢٥٩، ٢٥٩هـ
سعد بن كامل بن حسون الكعبي (أسعد كامل): ١٧٦، ١٧٦هـ، ١٧٧هـ
سعد حمية: ١٩١هـ
سعدون بن لولاح حمادي الكراكشي: ٢٥٨، ٢٥٨هـ
سعيد الحمد: ١٩٧، ١٩٧هـ
سعيد بن عبد النبي الشهابي: ١٤٥، ١٤٥هـ
سقراط: ٣٠، ٣٠هـ
سلطان علي بن حسين الصابري التستري: ١٣٥، ١٣٥هـ، ١٣٦هـ
سلمان إبراهيم الجبوري: ١٨٣، ١٨٣هـ
سلمان العجمي: ١٩٧
سلمان بن زيدان إرخيص: ٢٦٠، ٢٦٠هـ
سلمان بن هادي آل طعمة: ١٩٢هـ
سلمى عبد اللطيف البيسار: ٢٨٠هـ
سلوى جواد بو عباس: ٢٧١هـ، ٢٧٢هـ
سلوى خليل: ٢٨٢هـ
سليط بن عمرو العامري: ١١٢
سليمان بن داوُد بن إيشا عليه السلام: ٨٠
سمعان بن عمرو الكلابي: ١١٣
سميرة جبر: ٢١٨هـ
سميرة العيد: ٢٨٢هـ
سهيلة جدي: ٢٨٢هـ
سيت: ٧٣هـ

- ش -

شاكل الرحمن: ٢٦٢هـ
شاهد بن حسين النقوي البخاري: ٢٧٩
الشايجي = عيسى
الشبوط = محمد بن عبد الجبار
شجاع بن وهب الأسدي: ١١٢
شكسبير: ٥٠هـ
شمس الدين بن أحمد سادات آل أحمد: ١٧٣، ١٧٣هـ
شميم الحسن بن محمد الرضوي: ٢٦٧، ٢٦٧هـ
شهاب بن أحمد محمود: ١٧٧
الشيخ الأنصاري: ١٩٤هـ
شيخ الشريعة الإصفهاني: ١٠٣هـ

- ص -

صاحب بن جواد الحكيم: ١٧٠هـ
صادق البازي: ١٩٢هـ
صادق بن جعفر الهلالي: ١٣٥، ١٣٥هـ
صادق بن عبد الصاحب الطائي الشكرجي: ١٥٠، ١٥٠هـ
صادق بن مهدي بن حبيب الله الشيرازي: ١٤٩، ١٤٩هـ
صادق العبادي (خضر بن محمد علي پور عبادي): ١٥٢، ١٥٢هـ
صالح البخاتي: ٢٢١هـ
صالح الرزوق: ٢٣٩هـ
صالح عبد الله الصفار: ٢٧٢هـ
صباح عبد الوهاب الحلي: ١٩٢هـ
صبيحة اشكناني: ٢٨٢هـ
صدام بن حسين بن عبد المجيد التكريتي:

٢٩٩

٣٠٠

فاطمة المعصومة: ١٤٩هـ
فائق بن محمد آل هاني: ١٥٣، ١٥٤هـ
فرات كاظم: ٢٥١هـ
الفرزدق: ٧١هـ
فرهاد بن عباس المسعودي الطهراني: ١٧٢، ١٧٢هـ
فروة بن عمرو الجذامي: ١١٣
فري بن بوليفراسمون نيكوس: ٧١، ٧١هـ
الفضل بن الحسن الطبرسي: ٨٣هـ
فهد بن عبد العزيز آل سعود: ١٥٢هـ، ١٥٤هـ
فهيمة بنت خليل بن أحمد العيد: ٢٨٢، ٢٨٢هـ
فؤاد بن علي بن إبراهيم آل إبراهيم: ١٥٢، ١٥٢هـ
فؤاد العرداوي: ١٩٢هـ
فيلو فارنزورث: ٣٤هـ

- ق -

القاري = عبد الرسول نوروز
قاسم العبادي: ١٩٢هـ
القرضاوي = يوسف بن مصطفى
قيس بن عمرو بن مالك النجاشي: ١١٥
قيس بن مالك: ١١٥
قيس بن نمط: ١١٤

- ك -

كارل هارير: ٣٣هـ
كاظم بن صالح بن محمد المخزومي الحلفي: ١٧٠
كامل بن جميل مروة: ٢٧٩، ٢٨٠هـ
كرار بن حسين الواعظ: ٢٣٦، ٢٣٦هـ
الكرباسي = محمد صادق بن محمد بن أبو تراب (علي)
كريم بن حسين بن علي النوري: ٢٠٧، ٢٠٧هـ، ٢٠٩هـ
كريم بن عيسى المحروس: ١٥٤، ١٥٤هـ
كمال بن باقر الحيدري: ٢٤٤، ٢٤٤هـ
كمال بن محمود المنوفي: ٩٠هـ
الكميت بن زيد بن خنيس الأسدي: ٧١، ٧١هـ، ٧٢
كميل بن زياد: ١٤١هـ
كوثر جاويد: ٢٢٢، ٢٢٢هـ

- ل -

لارس جوهان بن كارل ديدريك هيرتا: ١٨١، ١٨١هـ
لندلي ماكناتن فريزر: ٣١هـ
الله جل جلاله: ٢١، ٢٥، ٢٥هـ، ٢٦، ٢٧، ٣١، ٣٧هـ، ٣٨، ٣٩، ٤١، ٥١، ٥٢، ٦١، ٦٤هـ، ٦٥، ٦٦، ٦٧، ٦٨، ٧٠، ٧٥، ٧٨، ٧٩، ٨٠، ٨١، ٨١هـ، ٨٢، ٩٤، ٩٥، ٩٧، ٩٨، ١٠٠، ١٠١، ١٠٢، ١٠٢هـ، ١٠٦، ١٠٧، ١٠٨، ١٠٩، ١١٠، ١١٥، ١١٦، ١٢٥، ١٣٨، ١٤٨، ١٤٩
ليلى عادل: ٢١٤هـ

محمد البخاتي : ١٥٦هـ

محمد بن أبي تراب (علي) بن محمد جعفر الكرباسي : ٤٣هـ

محمد بن أحمد عاشور : ٢٧١هـ، ٢٧٢هـ

محمد بن بدر السادة : ١٦٧هـ

محمد بن جرير الطبري : ٢٤٤هـ

محمد بن الحسن الطوسي : ١٧هـ، ٦٣هـ

محمد بن الحسن العسكري (المهدي عليه السلام) : ١٠٧، ٢٠٠

محمد بن سعد الزهري : ١١٦هـ

محمد بن عبد الجبار بن مرتضى فرج الله الأسدي : ١٨٧هـ

محمد بن عبد الجبار الشبوط : ١٩٣هـ، ٢١٠، ٢١٠هـ، ٢٦٥، ٢٦٥هـ، ٢٦٦هـ

محمد بن عبد الصاحب بن حسين الموسوي : ١٩٤، ١٩٤هـ، ١٩٥هـ، ٢٥٥، ٢٥٥هـ، ٢٥٦هـ

محمد بن عبد القادر حاتم : ٢٩هـ، ٣٠هـ، ٣٢هـ

محمد بن عبد الله ﷺ : ٢٩، ٣٧، ٣٧هـ، ٣٨، ٣٨هـ، ٣٩، ٤٢، ٦٣، ٦٦، ٦٧، ٧٩، ٨١، ٨٢، ٨٦، ٩٣، ٩٤هـ، ٩٥، ٩٦، ٩٦هـ، ٩٧، ٩٨، ١٠٧، ١١١، ١١٥، ١١٦، ١١٦هـ، ٢٢٥هـ

محمد بن عبد الله الخريجي : ٢١٥، ٢١٥هـ

محمد بن عبد المنعم خفاجي : ٤٨هـ

- م -

ماجد بن موسى الغرباوي : ٢٣٩، ٢٣٩هـ

ماجدة محمد : ٢١٤هـ

ماهر بن حبيب البعيوي الشمري (عقيل الطائي) : ١٥٤، ١٥٤هـ

مجيب الرحمان شامي : ٢٠٦هـ

مجيد العلوي : ٢٣٤هـ

محسن بن أحمد الخاتمي : ١٨٥هـ

محسن بن حبيب الله محمدي الأراكي : ٢١٧، ٢١٧هـ

محسن بن مهدي بن صالح الحكيم الطباطبائي : ١٧٠، ١٧٠هـ، ١٨٨هـ

محسن الحسيني (جاسم محسن الأسدي) : ١٥١هـ

محسن الغريفي : ٢٧٤هـ

محمد أبو الفضل إبراهيم : ٩٦هـ

محمد الأحمد : ١٩٧

محمد آفاق خيالي : ٢٢٢، ٢٢٢هـ

محمد أكبر بن محمد أمان كركر : ١٣٦هـ

محمد أمين الغفوري : ١٣٢هـ

محمد باقر بن إسماعيل بن محمد حيدر الصدر : ١٧٠، ١٧٠هـ، ٢٣٧، ٢٣٧هـ، ٢٣٨هـ، ٢٤٤هـ

محمد باقر بن علي الحيدري الكاشاني : ١٠٣هـ

محمد باقر بن محسن الحكيم : ١٧١هـ، ٢٢١

محمد باقر بن محمد تقي المجلسي : ٢٥هـ

محمد بن علي الباقر ﷺ: ٢٤هـ، ٢٧هـ، ٨٢هـ، ٨٢هـ، ١٠٧هـ

محمد بن علي (الصدوق) القمي: ٦٥هـ، ٨٢هـ، ١٦١هـ

محمد بن عمر بن أذينة: ١٠٧هـ

محمد بن عنون عباس: ١٩٢هـ

محمد بن محمد الغزالي: ٦٨هـ

محمد بن مسلم المدني الزهري: ١١٦هـ

محمد بن مهدي بن حبيب الله الشيرازي: ٩هـ، ١٤٧هـ، ١٤٩هـ، ١٤٩هـ، ١٨٥هـ

محمد بن مهدي مبارك: ١٨٣، ١٨٣هـ

محمد بن يعقوب الكليني: ٣٧هـ

محمد تقي بن محمد كاظم بن محمد باقر المدرسي: ١٥١، ١٥١هـ

محمد تقي جاوا: ٢٨٩

محمد تقي الفقيه: ١٧٠هـ

محمد جبر: ٢٦١هـ

محمد حسن بن محمد حسين بن سليمان الأعلمي (حسن الأعلمي): ١٦٠، ١٦٠هـ

محمد حسن القزويني: ٢٧هـ

محمد حسين: ٢١٤، ٢١٤هـ

محمد حسين أكبر بن ملك خدابخش الكهجي: ١٣٢هـ، ١٣٣هـ، ٢٢٦هـ، ٢٧٨، ٢٧٨هـ

محمد حسين بن عبد الرؤوف بن نجيب الدين فضل الله: ٢٢٠

محمد حسين بن محمد حسين بن سليمان

الأعلمي (حسين الأعلمي): ١٦١، ١٦١هـ

محمد حسين بن محمد الطباطبائي: ١٧٣هـ

محمد حسين العميدي: ١٥٦هـ

محمد حسين الغروي: ١٤٦هـ

محمد حسين النائيني: ١٧٠هـ

محمد رضا بن حسن الأنصاري المحلاتي: ٢٢٦، ٢٢٦هـ

محمد رضا بن محمد بن مهدي الشيرازي: ٢١٣، ٢١٣هـ

محمد رضا بن محمد حسين الحكيم: ١٩٤هـ

محمد رضا پهلوي: ١٧٣هـ

محمد رضا الگلپايگاني: ٢٢٦هـ

محمد رضا المظفر: ٦٣هـ

محمد رفيق تارر: ٢٧٩هـ

محمد سجاد بن علي جواد الحسيني: ٢٦٦هـ

محمد سعيد الحكيم: ١٧٠هـ

محمد الشامي: ١٥٦هـ

محمد شفيق غربال: ٥٣هـ

محمد صادق بن محمد بن أبو تراب (علي) الكرباسي: ٩، ٩هـ، ١٠، ١١، ١٢هـ، ١٣هـ، ٢١هـ، ٢٩، ٢٩هـ، ٣٧هـ، ٣٨هـ، ٤٤، ٤٥، ٥٤هـ، ٥٥، ٥٨، ٦١، ٦٨هـ، ٦٩، ٧٢هـ، ٧٥هـ، ٧٦، ٨٣هـ، ٩١هـ، ٩٣، ٩٥هـ، ٩٦هـ، ٩٧هـ، ٩٩، ١٠٢هـ، ١٠٨هـ، ١٠٩،

محمد كاظم الطباطبائي اليزدي: ١٤٦هـ، | ١١١، ١١٦هـ، ١١٩، ١٢١، ١٢١هـ،
١٤٧هـ، ١٧٠هـ، ١٨٨هـ | ١٣١، ١٣٣هـ، ١٤٢هـ، ١٤٣هـ،

محمد كاظم بن حسين الخراساني: | ١٤٧هـ، ١٥١هـ، ١٥٥هـ، ١٨٢هـ،
١٤٦هـ | ١٨٥هـ، ١٨٨هـ، ١٨٩هـ، ١٩٥هـ،

محمد مهدي بن عبد الهادي المازندراني: | ٢٢٢هـ، ٢٩٠هـ
٢٤هـ، ٧٢هـ | محمد صادق بن محمد رضا بن محمد

محمد مهدي بن محسن الحكيم: ١٨٧هـ | هاشم القزويني: ١٤٧، ١٤٧هـ

محمد النائب: ١٥٥هـ | محمد صالح بن حسن نصيف: ٢١٦،

محمد الهاجري: ١٤٧هـ | ٢١٦هـ

محمد هادي بن علي بن محمد علي معرفة | محمد صالح بن محمد بن أبو تراب
الميسي: ١٤٧، ١٤٧هـ | (علي) الكرباسي: ١٣٧

محمد الهندي الموسوي: ١٩٤هـ | محمد صفي زاده: ١٤٤، ١٤٤هـ

محمد يوسف نجم: ٤٩، ٤٩هـ، ٥٠هـ | محمد ضياء الدين بن محمد شاهد حسين

محمد يونس: ١٩١هـ | (ضيا شاهد): ٢٠٦هـ، ٢٨٩، ٢٨٩هـ

محمود أحمدي نجاد: ٢٥٨هـ، ٢٨٨هـ | محمد الضيقة: ٢٢٠هـ

محمود الأرناؤوط: ٢٧هـ | محمد عادل الموسوي: ٢٧١هـ، ٢٧٢هـ

محمود بن محمد دعائي: ١٧٣، ١٧٣هـ | محمد علي آل درويش: ١٥١هـ

محمود ريّا: ١٩١هـ | محمد علي بن علي بن أكبر التسخيري:

محمود العذاري: ١٥١هـ | ٢٣٨، ٢٣٨هـ، ٢٤٠هـ

مرتضى بن عبد الرسول معاش: ٢١٢هـ، | محمد علي بن محمد صالح الشهرستاني:
٢١٣هـ، ٢١٤هـ | ٢٤٩، ٢٤٩هـ، ٢٥٠، ٢٥١

مرتضى بن محمد حسين المطهري: | محمد علي كاظم: ١٩٣، ١٩٣هـ، ٢١١هـ
٢٧٧، ٢٧٧هـ | محمد عوض محمد: ٤٩، ٤٩هـ

مرتضى الموسوي: ١٥٠هـ | محمد الغريفي: ٢٧٤هـ

مرثد بن ظبيان السدوسي: ١١٣ | محمد فرج الله الأسدي: ١٨٧هـ

مرزبان: ١١٥ | محمد فلاح بن مهدي جعفر العطار:

مسروح بن عبد كلال: ١١٢ | ٢٧٦، ٢٧٦هـ

مسعود بن سعد: ١١٣ | محمد الكاشاني: ١٠٣هـ

مسعود بن وائل: ١١٤ | محمد كاظم الخراساني: ١٠٣هـ

ناظم بن جواد بن محسن الجابري: ٢٥٣، ٢٥٣هـ
نبيل يعقوب الحمر: ١٩٦
نجم = محمد يوسف
نجيب بن حسن نور الدين: ٢١٩، ٢١٩هـ
نجيب بن يعقوب الحمر: ١٩٦
نضير بن رشيد بن حميد الخزرجي: ١٠، ١٣٢هـ، ١٣٣هـ، ١٥٣، ١٥٣هـ، ٢٥١هـ، ٢٦٥هـ
نظام الدين الموسوي: ٢٨٧هـ
نعيم بن عبد كلال: ١١٢
نفاثة بن فروة: ١١٥
نقي الأفشاري (پدر علي أفشاري): ٢٧٢، ٢٧٢هـ
النوبختي = إبراهيم بن إسحاق بن أبي سهل
نوت: ٧٣هـ
نوح بن لامك بن متوشلخ عليه السلام: ٦١
نور سلام الطائي: ١٩٢هـ
نورة حسن: ٢٧٢هـ
النوري = كريم حسين
نوري بن كامل المالكي: ١٨٠هـ
نوفل بن هلال (أبو رغيف) بن عبد المطلب الموسوي: ١٨٤، ١٨٤هـ

- هـ -

هادي أمين پور: ٢٢٣هـ
هادي عبد الله الصراف: ٢٧٢هـ
هادي الميلاني: ١٤٧هـ
هارون بن عمران بن وهيب عليه السلام: ٨١هـ
هارير = كارل
هاشم بن حسن رضا الغديري: ١٣هـ، ١٣٢هـ، ١٣٣هـ، ١٣٦هـ
هاشم بن سلطان علي بن حسين الصابري: ١٣١، ١٣١هـ
هاشم بن عبد الرحيم السيد: ١٦٧هـ
هاشم الخاتمي: ١٦٤، ١٦٤هـ
هاشم موسى النجار: ١٩٢هـ
هاني عبد الله: ٢٢٠هـ
هاني وهيب: ٢٦٠هـ
هتلر = ادولف بن الويس هتلر
هدايت قوشاجا: ١٣٦هـ
هدى أشكناني: ٢٧١هـ
هدى حاكم الحسني: ١٩٢هـ
هدي الموسوي: ٢١٤هـ
هرقل الأول (قيصر): ١١٢
هشام بن الحكم بن منصور الشيباني: ٦٤، ٦٤هـ
الهلال: ١١٢
هنري بن بوكلي تشارلتن: ٥٠، ٥٠هـ
هوذة بن علي الحنفي: ١١٢
هورس بن أوزيريس: ٧٣، ٧٣هـ

- و -

واصل بن عطاء: ٦٤هـ
الوائلي = أحمد بن حسون بن سعيد
وجاهت حسين وجاهت: ٢٢٥هـ
وحشي: ٩٤هـ

٢ ـ فهرس وسائل الإعلام

٣ ــ فهرس المحتويات

بسم الله الرحمن الرحيم

أُنجزت طباعة هذا الكتاب

بدعم مشكور من

مبرّة الكرباسي

عن روح آية اللّٰه الفقيه

الشيخ محمد الكرباسي

(قدّس سرّه)

بيروت ـ لبنان